과학
수업

CoRe 질문을
활용한 배움중심

CoRe 질문을 활용한 배움중심 과학수업

과학
수업

성취기준 중심의 오개념, 난개념 이해학습

박태호 | 김규섭 | 김경애 | 김현옥 | 김주현 | 김수진 | 김태우
노영수 | 류성창 | 소재석 | 우성제 | 유지은 | 정석준 지음

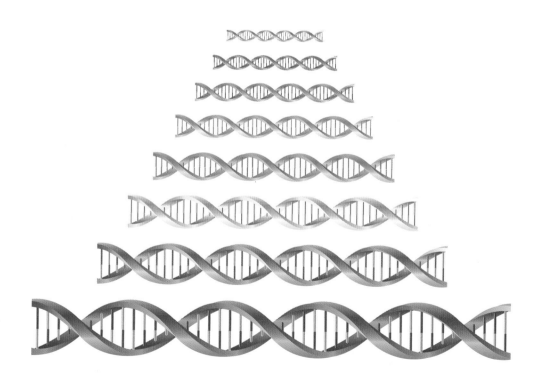

아카데미프레스

서문

2000년대 중반에 한국교육과정평가원이 주축이 되어 '내용교수법' 혹은 '내용교수지식'이라는 이름으로 PCK(Pedagogical Content Knowledge)를 교육 현장에 소개하였다. 더불어 영어, 수학, 사회, 과학 등 교과별 PCK 사례집을 발간하고, PCK 수업 컨설팅 전문가 양성 프로그램도 운영하였다. 당시에는 전통적 수업 장학의 영향으로 활동중심의 수업, 방법중심의 수업, 평가자에 초점을 맞춘 보여 주는 수업 등이 유행할 때였다. 이때에 특정 교과 내용을 특정 학생에게 가르치는 교수법을 교사의 수업 전문성으로 표방한 PCK의 등장은 신선함 그 자체였다.

잘 가르치는 교사를 표방하고 등장한 PCK에 대한 교육 현장의 반응은 긍정적이었다. 지역 교육청별로 PCK 수업 컨설팅 연구회가 만들어지고, 교과별 워크숍이 개최되었다. 일부 교육청에서는 PCK를 해당 교육청의 장학 이론이나 수업 컨설팅 이론으로 삼았고, PCK 교수 · 학습 과정(안) 작성법 대회를 개최하기도 하였다. 그러나 PCK에 대한 교육 정책 담당자나 교사들의 관심이 높아질수록 이론과 실제 혹은 총론과 각론 사이의 괴리도 점점 커져 갔고, 그 부담은 전적으로 현장 교사의 몫이 되었다.

PCK의 핵심 요소는 맥락 지식(Context Knowledge)과 교수 변환(눈높이 교수법)이다. 맥락 지식은 지금 이 자리에 있는 학생들이 해당 교과의 내용에 대해 지니고 있는 선개념(기능), 오개념(기능), 난개념(기능)을 파악하는 지식이다. 교수 변환은 지금 이 자리에 있는 학생들이 해당 내용에 대해 지니고 있는 선개념(기능), 오개념(기능), 난개념(기능)을 학생의 눈높이에 맞게 변환하여 가르치는 지식이다. PCK를 창시한 Shulman(1986, 1987)을 비롯해 후속 연구자들은 교수 변환 도구의 유형으로 설명, 시범, 발문, 연습, 서사, 과제, 매체 등을 들었고, 우리는 수업 모형중심의 큰 교수법과 대비되는 개념으로 사용하기 위해 이것을 '작은 교수법'이라 명명하였다. PCK의 핵심 요소인 맥락 지식과 교수 변환에 따르면 똑똑하지만 못 가르치는 교수 부진아, 열심히 가르치지만 학생 배움과 관계없이 가르치는 교수 부진아가 존재한다.

그러나 잘 가르치는 교사의 교수법을 중시하는 PCK 수업 설계는 교사주도의 수업으로 진행될 가능성이 높다. 아울러 교사의 가르침이 항상 학생의 배움으로 이어지는 것은 아니므로 PCK 역시 한계를 지닌다. 이에 우리는 구성주의 이론에 기초한 학생 공부법을 보완하였다. 여기에는 관찰, 추론, 조작, 메모, 요약, 토의와 토론, 발표 등이 해당되고, 우리는 이것을 '학생 배움중심의 수업'이라 명명한다.

그동안 PCK 수업 이론을 교실 수업 현장에 적용하기 위해 'PCK 수업 설계 시리즈'를 기획하였고, 이를 위해 'PCK 수업 설계 전문가 학습공동체'를 운영하였다. 2014년에는 경상남도교육청 소속의 초등 수석 교사들과 함께 국어, 수학, 사회, 과학 교과의 PCK 수업 설계를 다룬 〈PCK 수업 설계 I〉을, 2015년에는 경기도교육청 소속의 초등 수석 교사들과 함께 영어, 도덕, 음악, 미술, 실과, 통합 교과의 PCK 수업 설계를 다룬 〈PCK 수업 설계 II〉를 출간하였다. 이어서 2016년에는 부산광역시교육청 소속의 중등 수석 교사들과 더불어 〈중등 PCK 수업 설계 I〉을 출간하였다.

이러한 노력의 결과, 많은 현장 교사들이 PCK 수업 설계의 필요성을 공감하게 되었다. 그러나 그것이 곧 교사의 교과별 수업 전문성 신장과 학생 배움으로 이어지지는 않았다. 교과별 PCK 수업 사례 중 일부만을 제시하였기 때문이다. 이에 우리는 새로운 시리즈를 기획하였다. '국어, 수학, 사회, 과학 교과의 핵심 성취기준별 오개념 및 난개념 교수 자료'의 개발이다. 2016년에 첫 번째 기획물로 〈CoRe 질문을 활용한 배움중심의 사회 수업〉을 발간하였고, 2017년에는 두 번째 기획물로 〈CoRe 질문을 활용한 배움중심의 과학 수업〉을 발간하였다.

이 책은 총 2부로 구성된다. 제1부의 제목은 'CoRe 질문을 활용한 배움중심 PCK 수업 이해'이다. 1부에서는 PCK 개념과 유래 및 요소, CoRe 질문을 활용한 수업 설계, 배움중심 수업 모형과 요소 등을 다룬다. 제2부의 제목은 '학생 진단을 통한 개념이해학습 설계과정'이다. 2부에서는 초등 과학과의 학년군에 따른 핵심 성취기준별 오개념 및 난개념 수업 설계와 사례를 살펴본다.

이 책이 나오기까지 많은 분의 도움이 있었다. 그 중에서도 이 책의 편집을 맡아 열과 성을 다한 아카데미프레스의 편집 위원과 어려운 출판 상황에서도 이 책이 세상에 나올 수 있도록 도움을 주신 아카데미프레스 대표님께 감사의 마음을 전한다.

차례

제1부

CoRe 질문을 활용한 배움중심의 PCK 수업 이해

제2부

학생 진단을 통한 개념이해학습 설계과정

5 학년

6 학년

학년별 성취기준 목록

2부 ㅣ 학생 진단을 통한 개념이해학습 설계과정

○ 3학년

[과4045-2] 물체와 물질을 고체, 액체, 기체로 구분할 수 있다.

[과4091] 자석의 극을 찾고, 자석끼리는 미는 힘과 당기는 힘이 작용함을 설명할 수 있다.

[과4033] 여러 가지 곤충의 한살이 과정을 비교하여 유형이 다름을 설명할 수 있다.

[과4053] 조사활동을 통해 사는 곳에 따른 동물의 생김새와 생활 방식을 설명할 수 있다.

[과4144-1] 여러 가지 화석을 관찰할 수 있다.

[과4075] 기체의 무게를 측정하는 실험을 통해 기체가 무게가 있음을 설명할 수 있다.

[과4082] 소리를 내는 물체를 관찰하여 물체가 떨 때 소리가 남을 설명할 수 있다.

○ 4학년

[과4022] 수평 잡기의 원리를 사용하여 물체의 무게를 비교하고, 원리를 설명할 수 있다.

[과4114] 여러 가지 식물의 한살이를 비교하여 식물에 따라 한살이의 유형이 다름을 설명할 수 있다.

[과4121] 화산 활동으로 여러 가지 물질이 나온다는 것을 안다.

[과4102] 알갱이의 크기와 자석에 붙는 성질 등을 이용하여 고체 혼합물을 분리할 수 있다.

[과4113] 씨앗이 싹트고 자라서 꽃을 피우고 열매를 맺는 과정과 그에 따른 변화를 이해한다.

[과4165] 수증기가 응결할 때의 변화를 관찰하고, 생활 주변에서 그 예를 들 수 있다.

[과4152] 여러 가지 물체의 그림자를 비교하여 그림자가 생기는 원리를 설명할 수 있다.

[과4015] 지구와 달의 모습을 비교하여 지구에 생명이 존재할 수 있는 이유를 설명할 수 있다.

○ 5학년

[과6013] 온도가 다른 물체가 접촉했을 때 온도가 높은 곳에서 낮은 곳으로 이동하면서 시간이 지나면 두 물체의 온도가 같아짐을 설명할 수 있다.

[과6071] 태양계를 구성하는 행성의 특징을 조사할 수 있으며, 지구 에너지의 근원이 태양임을 설명할 수 있다.

[과6041] 식물의 전체적인 구조를 관찰하여 뿌리, 줄기, 잎, 꽃, 열매를 구별할 수 있다.

[과6022] 용질의 종류와 양에 따라 녹는 양이 다르며, 일정한 양의 물에 녹는 용질의 양에는 한계가 있음을 설명할 수 있다.

[과6031] 건습구 습도계로 습도 측정하기 활동을 수행하고, 습도가 우리 생활에 많은 영향을 주고 있음을 설명할 수 있다.

[과6053] 산성 용액과 염기성 용액을 섞은 후 변하는 지시약의 색을 통해 각각의 성질이 약해지는 것을 안다.

[과6082-2] 뼈와 근육 모형 만들기를 통하여 뼈와 근육의 관계를 설명할 수 있다.

○ 6학년

[과4114] 계절별 대표적인 별자리 찾아보기를 수행하고, 계절에 따라 별자리가 달라지는 것을 지구의 공전으로 설명할 수 있다.

[과6112-1] 생태계가 생산자, 소비자, 분해자, 비생물적 환경 요인 등의 요소로 이루어져 있음을 설명할 수 있다.

[과6143] 일상생활에서 다양한 종류의 렌즈가 사용되는 예를 찾고 그 기능을 설명할 수 있다.

[과6121] 기체가 입자로 이루어져 있음을 알고 이러한 관점에서 기체의 무게와 부피가 나타나는 이유를 설명할 수 있다.

[과6132-2] 세균, 바이러스 등이 우리 생활에 미치는 영향을 조사하여 설명할 수 있다.

[과4015] 전구의 연결 방법에 따른 밝기를 비교하여 설명할 수 있다.

[과6163-2] 지구본을 이용하여 계절별 태양의 남중고도를 측정하고, 계절에 따른 남중고도와 낮과 밤의 길이 및 기온 변화를 설명할 수 있다.

[과6153] 연소 생성물을 확인하는 실험을 통해 연소 생성물의 종류를 말할 수 있다.

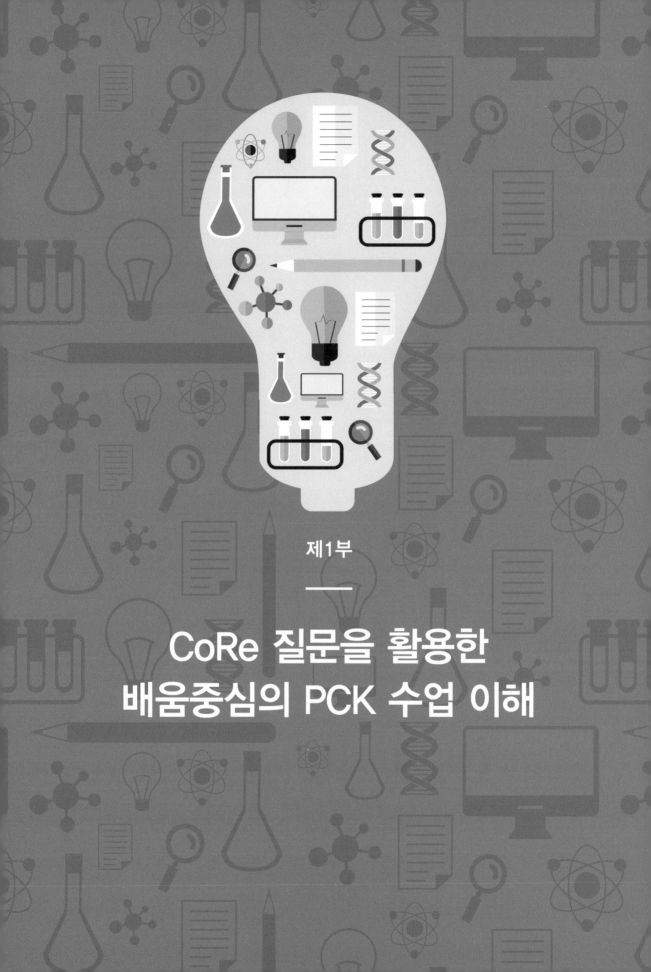

제1부

CoRe 질문을 활용한
배움중심의 PCK 수업 이해

CoRe 질문을 활용한 PCK 수업 설계

제1절 | PCK의 유래와 개념

　PCK는 교원의 수업 능력을 향상시키고, 교직을 전문직의 반열에 올려놓기 위한 노력의 산물이었다. 1980년대 미국의 학부모들과 교육계의 일부 인사들은 공립학교 교육 수준의 질적 저하 문제에 대해 심각한 우려를 표명했다. 당시에 교원의 학력 수준은 낮았고, 교원 양성 프로그램에서는 교과 내용을 중시했던 과거의 교육 방식과는 달리 교수법을 중시했다(Shulman, 2004: 199). 교직의 전문성에 대한 회의적 시각은 교육 개혁으로 이어질 수밖에 없었다. 교육 개혁을 지지하던 홈즈 그룹(Holmes Group, 1986)[1]이나 카네기 태스크 포스(Carnegie Task Force, 1986)는 우수 교사만이 지닌 실천적 지식을 토대로 새로운 교사 평가 체제를 구축했고, 이것을 기반으로 교직의 전문직화를 추구했다. 흔히 말하는 전문 직종의 의사나 변호사처럼 교사의 사회적 지위를 높이고, 학생과 학부모로부터 존경받는 풍토를 조성하는 것이 목표였다.

　스탠포드 대학의 Shulman(1986)은 교직의 전문직화를 목적으로 카네기 프로젝트를 수행했다. 교사의 지식 기반을 교원 전문성 평가의 지표로 삼아 교사의 교과 내용에 대한 이해와 그것이 수업 현상에 미치는 효과에 초점을 둔 연구를 진행했다. 그런 다음 교사의 지식 기반 요소로 교과 내용 지식, 교육과정 지식, PCK(pedagogical content knowledge)[2]

---

1. 1986년에 주요 교육대학 학장들이 교사교육의 질을 높이기 위해 만든 모임이다. 홈즈 그룹의 주도하에 교사 교육 프로그램에 따른 입학기준을 높이고, 교원양성 기간도 연장했다. 미국 일부 주에서는 이들의 영향을 받아 학부 양성제가 아닌 대학원 양성제(5~6년)를 도입하기도 했다.

2. PCK는 'Pedagogical Content Knowledge'의 약자로 이에 대한 우리말 번역은 교수 내용 지식(김민희 2003; 민윤 2003), 교수학적 내용 지식(김용대, 2001; 박경민, 2001), 교수법적 내용 지식(방정숙, 2002), 내용 교수법(이화진 외, 2005) 등으로 다양하다. 2007년 한국교육과정평가원에서 PCK를 내용교수지식으로 명명한 이후 대다수의 연구자들이 이에 호응하고 있다. 그러나 내용교수지식이라는 용어는 PCK가 지닌 원어의 맥락적 의미를 온전하게 표상하지 못한다. Shulman(1986, 1987)은 PCK를 '특정 내용을 특정 학생들이 효과적으로 이해할

를 들었다(양윤정, 2007: 28-30). 교과 내용 지식(subject matter content knowledge)은 교과의 기본 개념이나 원리를 조직하는 여러 가지 방법에 관한 지식(실체론적 지식)과 참이나 거짓, 타당성이나 비타당성을 결정하는 방법에 대한 지식(구문론적 지식)이다. 교육과정 지식(curricular knowledge)은 특정 수준의 특정 교과와 주제를 가르치기 위해 개발한 다양한 유형의 프로그램, 교수·학습 자료 등이다. PCK는 교과 내용을 가르치는 방법에 대한 지식으로 교과 내용 지식과 교수법 지식의 특별한 결합체이다.

Shulman(1986, 1987)이 PCK를 소개하기 이전에도 교사 지식 기반에 대한 연구는 있었다. 1960년대 이전에는 주로 교과 내용 지식과 교수법 지식을 상호 독립적 영역으로 인식했고, 그 이후부터는 교과 내용 지식과 교수법 지식을 교사 지식의 영역에 포함시켰다. 이때에는 교과 내용 지식과 교수법 지식의 관계, 교사 지식과 교육 경험의 관계, 교사 지식이 학업 성취에 미치는 영향 등을 주로 연구했다(Abell, 2007). 그러다가 Shulman(1986, 1987) 이후부터 PCK가 새로운 교수 지식 요소로 설정된 것이다.

PCK 개념이 소개된 이후에 교수 방법이나 학습자 측면에만 초점을 맞추었던 교사 전문성 관련 연구들이 교육 내용이나 교사 측면에 초점을 맞추기 시작했다. 교사의 교육 내용은 무엇이고, 교육 내용을 학생들에게 어떤 방식으로 표현할 것이며, 교육 내용과 관련하여 학생들에게 어떤 질문을 해야 하고, 학생들이 지닌 오개념이나 난개념에 대해 어떻게 대처할 것인가의 문제가 교사 교육 연구의 핵심 과제로 떠올랐다.

◎ PCK의 구성 요소

수 있도록 가르치는 방법에 대한 교사의 지식'으로 정의했다. 이후 진행된 후속 연구에서도 PCK의 구성 요소로 교과 내용 지식(Subject Knowledge), 교수법 지식(Pedagogical Knowledge), 맥락 지식(Context Knowledge)을 들고 있다. 이러한 관점에 따르면 탈맥락적 특성을 지니는 '내용교수지식'이라는 용어로는 맥락적 특성을 지닌 PCK를 온전히 표상할 수가 없으므로 원어인 PCK를 그대로 사용하고자 한다.

제2절 | PCK 위계

미국의 교육학자 William R. Veal과 James G. MaKinster(1999)는 대부분의 PCK 연구가 교사의 전문성 신장에 초점을 맞춘 것에 치중하여 교사의 PCK가 어떠한 역할을 하는지에 대해 정밀하게 설명하지 못하는 것에 주목했다. 그들은 Bloom 외의 '교육목표 분류학'의 방법을 차용해 다양한 학문, 교과 그리고 교과 내의 영역마다 가지고 있는 주제들 사이에서 PCK를 특수성의 수준에 따라 분류하는 연구를 했다. William R. Veal과 James G. MaKinster(1999)는 이전 연구에서 소개된 PCK 속성들을 모두 목록화한 다음 그 목록으로부터 가장 중요한 속성이 무엇인지 도출해 냈다. 그리고 선행 연구에서 다루어진 PCK의 유형들을 구분하고, 여기에 범주를 추가하여 다음 그림과 같은 PCK 분류 체계를 만들었다.

◎ PCK의 위계와 분류(William R. Veal & James G. MaKinster, 1999 수정)

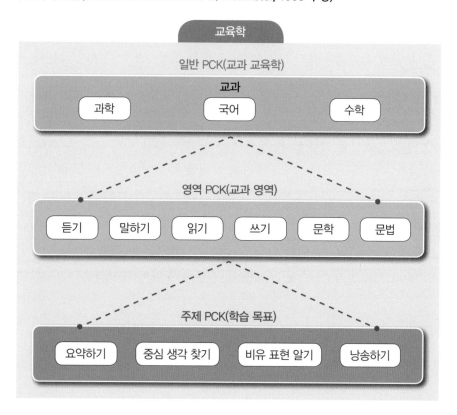

그림을 보면 PCK는 교육학의 하위 영역에 속하고, 다시 교과 PCK, 영역 PCK, 주제 PCK로 세분할 수 있다. 교과 PCK에서는 교과 수업 일반적인 또는 수업의 보편성에 해당하는 PCK를 다루고, 영역 PCK에서는 교과 영역과 관련된 PCK를 다루며, 주제 PCK에서는 단원이나 차시 관련 PCK를 다룬다.

이 분류를 바탕으로 교실 수업 장면을 분석하면, 대부분의 교사들이 주제 PCK보다는 일반 PCK나 영역 PCK에 의존하고 있음을 알 수 있다. 학생들에게 해당 차시 내용을 잘 가르치려면 해당 수업 내용과 직결되는 주제 PCK를 많이 활용해야 한다.

하지만 학교 현장에서 차시 수업의 중심에 있는 교수·학습 모형과 같은 큰 교수법은 이러한 주제 특정적인 PCK를 반영하기에는 한계가 있다. 국어과 교수·학습 모형은 위의 분류에 따르면 교과목 일반 PCK로 이것이 쓰기 수업의 주제 또는 교육 내용과 직접적으로 관련을 맺기는 어렵다. 과정 중심의 쓰기 지도 역시 쓰기의 과정을 분절적으로 나누고 각 단계에서 필요한 전략만을 지도하는 데 치중하여 구체적인 쓰기 주제를 효과적으로 다루지 못한다. 예를 들면, '문단 쓰기'가 수업의 주제라면 주로 문단에 담아야 할 내용을 생성하고 그것을 조직하고 초고를 만들어 내는 데 필요한 전략들을 과정별로 지도할 뿐, 문단의 개념이나 문단 쓰기의 원리 등은 직접적으로 다루지 않는다.

이러한 문제점을 비판하면서 박태호(2011)는 『국어 수업에 나타난 PCK 교수 변환 사례』에서 잘 가르치는 국어 수업을 위해서는 큰 교수법을 보완하는 작은 교수법 즉 교수 변환이 매우 중요함을 강조했다. 간단하게 말하면 차시 수업 내용과 관련된 학생들의 이해(선개념, 오개념, 난개념, 학습 흥미와 태도)를 진단하여 설명, 시범, 기억, 서사와 같은 작은 교수법을 통해 교수적 처방을 내리는 것이 PCK 중심의 국어과 수업의 핵심이라는 것이다. 여기서 말하는 작은 교수법은 그림에서 주제 PCK에 해당한다. 그러므로 쓰기 수업의 전문성은 교육학 지식이나 교과 일반 수준의 PCK를 통해 발휘되는 것이 아니라 적어도 영역 PCK, 나아가 주제 PCK를 많이 활용할 때에 구체화된다고 정리할 수 있겠다.

제3절 | PCK 요소

Grossman(1990)은 교사의 지식 기반 요소로 일반 교육학 지식, 교과 내용 지식, PCK, 상황 지식의 네 가지를 들고, 그 중에서 PCK가 교사의 교실 수업에 가장 큰 영향력을 미친다고 했다(Gess-Newsome, 1999). 그 다음 PCK의 구성 요소로 '교과 내용의 교수 목적에 대한 지식과 신념', '학생 이해에 대한 지식'(특정 교과의 특정 주제에 대한 학생의 이해와 그들이 지니고 있는 개념 및 오개념에 대한 지식), '교육과정 지식', '특정 주제에 대한 교수 전략 및 표상에 대한 지식'의 네 가지를 들었다(Lee, 2007 재인용).

Marks(1990)는 교사 지식과 PCK의 관계 규명에 초점을 맞추었던 Shulman(1987)과 Grossman(1990) 등과는 달리 PCK의 구성 요소 규명에 초점을 맞추었다. 이 연구자는 Shulman(1987)이 제시한 PCK 요소의 모호성을 비판하면서 교과 내용 지식과 수업 매체를 추가했다. 이 연구자에 따르면 PCK는 두 가지 지식으로 구성된다. 하나는 특정 교과의 내용 지식을 수업 상황에 맞게 변환시키는 지식이고, 다른 하나는 특정 상황의 특정 교과 내용 교수에 알맞게 교수법을 변환시키는 지식이다. Marks(1990)는 PCK가 교수법을 거의 모르는 교과 내용 전문가나 교과 내용을 거의 모르는 교수법 전문가에게서는 나타날 수 없는 실천적 차원의 지식이라면서 일명 '내용 의존적 교수 지식(content-specific pedagogical knowledge)'이라고 명명했다.

Cochran 외(1993)는 구성주의 이론에 기초하여 PCK의 개념을 수정했다(이연숙, 2006: 13~14; 이경은, 2007: 11). 지식을 고정적이고 폐쇄적 존재가 아닌 행위나 실천 속에서 역동적으로 구성되는 개방적인 존재로 파악하여 PCK와 구별되는 PCKg(pedagogical content knowledge knowing)라는 용어를 사용했다. PCKg는 교수법 지식, 교과 지식, 학습자 지식, 학습 환경 맥락에 대한 지식의 네 가지가 통합적으로 작용한다. Shulman(1987)의 PCK가 교수를 위한 교과 내용의 변환에만 초점을 두었다면, Cochran 외(1993)의 PCKg에서는 활성화된 과정으로서의 앎과 이해를 강조한다. 위의 연구자들은 PCKg가 특정 학습 맥락 내에서만 만들어지므로 맥락중심 교사 교육을 해야 한다고 주장했다.

Magnusson 외(1999)는 교과 교육과 관련 PCK 요소를 제안했다는 점에서 선행 연구와는 구별된다. 과학 수업 관련 PCK 구성 요소로 과학 수업에 대한 지향, 과학 교육과정에 대한 지식, 과학 평가에 대한 지식, 교수 전략에 대한 지식, 학생의 교과 내용 이해도에 대한 지식의 다섯 가지를 제시했다. 이것을 '펜타곤 모형'이라고 하는데, 대다수의 후속 연구자들은 이 모형을 지지한다.

지금까지의 논의를 정리하면 다음과 같다.

◎ 선행 연구에 제시된 PCK 구성 요소

연구자 \ PCK 요소	교육 목적	학생 이해	교육과정	표상 (교수 전략 포함)	평가
Shulman(1987)	D	O	D	O	
Grossman(1990)	O	O	O	O	
Marks(1990)		O		O	
Cochran et al(1993)		O		N	
Magnusson et al(1999)	O	O	O	O	O

D: 교수 지식 기반 요소이나 PCK 외부 요소
N: 명시적으로 밝히지는 않았지만 강조하기 위해 사용
O: PCK의 구성 요소로 제시

박성혜(2003), 문공주(2009: 20)는 PCK 구성 요소를 보다 구체적으로 설명했다. 교육 목적은 교사의 신념과 가치관에 따른 교육의 방향을 의미한다. 여기에는 과정중심 수업, 강의중심 수업, 개념중심 수업, 활동중심 수업, 발견학습, 과제기반 학습, 탐구학습, 안내된 탐구학습이 해당된다. 학생 이해는 학생의 개념 이해에 대한 지식이다. 학생이 특정 교과의 특정 내용에 대해 지닌 선개념, 오개념, 학습 곤란도, 학습 동기, 지적·신체적 발달 수준, 학습 전략, 학습자의 흥미와 관심 및 필요성 등에 대한 이해가 여기에 해당된다. 교수법 및 표상 전략은 특정 교과 내용을 효과적으로 가르치는 교수법과 학생 눈높이를 고려하여 내용을 변환시키는 것을 의미한다. 여기에는 다양한 교수법과 예시, 삽화, 시범, 실물, 일화와 전기, 그림, 발문, 설명 등이 해당된다. 교육과정은 학년별, 영역별 성취기준의 범주와 수준이 여기에 해당된다. 여기에는 교육과정 구성 원리, 교육과정 내의 내용 연계 원리, 범교과 내용 통합 원리, 교육과정 자료 활용 원리, 학년별 내용 전개 원리 등이 해당된다. 평가는 평가의 대상, 방법, 도구, 원리, 실행을 의미한다. 여기에는 교과 내용에 대한 평가 도구의 적합성, 학생 이해도 평가의 적절성, 평가 도구의 다양성(진단평가, 형성평가, 총괄평가) 등이 해당된다.

제4절 | PCK 펜타곤 모형

PCK 펜타곤 모형은 우수 교사가 구비해야 할 PCK 구성 요소 파악에는 도움이 되나 보다 구체적인 하위 요소 파악에는 여전히 미흡한 실정이다. 이 부분에 대해서는 과학과 PCK 측정 도구를 개발한 박성혜(2003)와 Park과 Oliver(2008)의 연구가 도움이 된다. 비록 과학과 PCK를 평가하는 도구이나 일부 내용을 수정·보완하면 교과 PCK 평가 요소로도 활용할 수 있다.

◎ PCK 펜타곤 모형

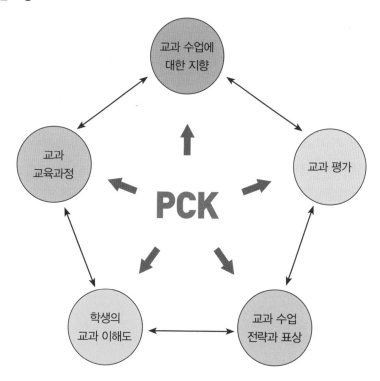

1. 교과 수업에 대한 지향

교과 수업에 대한 지향은 교과 수업을 바라보는 관점 혹은 인식에 해당된다. 교과 수업에 대한 교사의 지식과 신념이 해당 차시의 학습 목표 및 내용 선정과 학생 이해 수준 파악, 학생의 배움을 위한 교수 유형 및 자료 선정, 학습 결과 평가에 대한 교사의 의사 결정을 안내하는 '개념 지도'의 역할을 한다.

교과 수업 지향과 관련된 PCK 요소는 다음과 같다. ① 교과 목표 도달을 위해 과정중심 수업을 한다, ② 교과의 목표 도달을 위해 학문중심 수업을 한다, ③ 교과의 목표 도달을 위해 강의중심 수업을 한다, ④ 교과의 목표 도달을 위해 개념중심 수업을 한다, ⑤ 교과의 목표 도달을 위해 활동중심 수업을 한다, ⑥ 교과의 목표 도달을 위해 발견학습을 한다, ⑦ 교과의 목표 도달을 위해 과제 기반 학습을 한다, ⑧ 교과의 목표 도달을 위해 탐구학습을 한다, ⑨ 교과의 목표 도달을 위해 안내된 탐구학습을 한다.

2. 교과 교육과정에 대한 지식

교과 교육과정에 대한 지식은 교과에 대한 지식을 포함한다. 교과의 배경 학문은 무엇이고, 그것을 구성하는 철학이나 이론, 원리와 모형 및 전략의 실체는 무엇인지에 대해 지식을 바탕으로 교과 교육과정의 목표, 학년별 학습 내용의 수준과 범위, 교육과정을 반영한 교과서 구성 원리와 단원 전개 방식 등에 대한 지식을 추가하는 것이다.

교육과정 관련 PCK 요소는 다음과 같다. ① 교과 내용을 충분히 안다, ② 교과의 이론이나 법칙, 원리가 어떻게 개발되었는지를 안다, ③ 교과 내용에 대한 학생들의 예상 질문과 그에 대한 답변 내용을 안다, ④ 교과 내용을 구성하는 개념이나 원리, 이론을 안다, ⑤ 교과 교육과정 구성 원리를 안다, ⑥ 교과 교육과정 내의 내용이 어떻게 연계되는지를 안다, ⑦ 교과 교육과정 내의 주제들을 다른 개념에 적용할 수 있는지를 안다, ⑧ 교과서와 관련된 교육과정 자료를 다루는 방법을 잘 안다, ⑨ 교과 교육과정과 다른 교과와의 연계성을 잘 안다, ⑩ 교과 교육과정의 학년별 위계를 잘 안다, ⑪ 교과 교육과정의 실행 과정을 잘 안다.

3. 교과 평가에 대한 지식[3]

교사는 학생의 교과 학습 능력을 체계적이고 명확하게 평가한 결과를 바탕으로 자신의 수업 능력과 학생의 학습 능력을 개선할 수 있다. 이를 위해서 교사는 바람직한 평가관, 다양한 평가 방법과 도구를 구비해야 한다. 교과 학습 내용의 수준과 범위를 바탕으

---

3. 수업 목표 또는 교육과정에 명시된 수업 목표에 따라 그리고 교사가 해당 수업에서 지향하는 바에 따라 평가의 관점과 방법은 달라져야 한다.

로 평가 목표와 평가 도구를 결정해야 한다. 여기에는 선택형 평가, 서술형 평가, 논술형 평가, 포트폴리오 평가, 관찰 평가 등이 있다.

평가 관련 PCK 요소는 다음과 같다. ① 평가 도구가 특정 단원의 평가에 적합하다, ② 평가 방법은 특정 단원에 대한 학생 이해도 평가에 적합하다, ③ 평가 문항은 특정 단원에 대한 학생 이해도 평가에 적합하다, ④ 다양한 평가 방법을 활용하여 특정 단원에 대한 학생 이해도를 평가한다, ⑤ 진단평가, 형성평가, 총괄평가를 활용하여 특정 단원에 대한 학생 이해도를 평가한다, ⑥ 학생들은 특정 단원에 대한 특정 평가 방법을 이해한다.

4. 학생의 교과 내용 이해도에 대한 지식

학생들의 교과 이해도에 대한 지식은 특정 학생이 특정 단원의 지식을 습득할 때에 도움을 주기 위한 교사 지식이다. 여기에는 특정 단원의 지식에 대한 특정 학생의 흥미 파악, 선수학습 요소 파악, 오개념과 난개념 파악 등이 해당된다.

학생들의 교과 이해에 대한 지식 관련 PCK 요소는 다음과 같다. ① 학생들이 특정 단원에 대해 지니고 있는 배경과 경험의 차이를 이해한다, ② 학생들이 특정 단원에 대해 지니고 있는 선개념을 이해한다, ③ 학생들이 특정 단원을 학습하면서 무엇을 어려워하는지 안다, ④ 학생들이 특정 단원을 학습하면서 무엇을 잘 하는지 안다, ⑤ 학생들이 특정 단원을 학습하면서 무엇을 잘못 알고 있는지 안다, ⑥ 학생들이 특정 단원에 대해 지닌 태도와 습관을 안다, ⑦ 학생들이 특정 단원에 대해 지닌 적성과 흥미를 안다, ⑧ 학생들이 특정 단원에 대해 지닌 인지 발달 차이를 안다.

5. 교과 수업 전략과 표상에 대한 지식

교과 수업 전략은 특정 단원의 특정 내용 교수에 적합한 교수법을 의미한다. 여기에는 교사용 지도서에 제시된 문제해결 모형, 반응중심 수업 모형, 지식탐구 모형, 직접교수 모형 등이 해당된다. 국어 수업 표상으로는 특정 내용을 특정 학생의 발달 수준에 맞게 변환하여 가르치는 설명, 시범, 유추, 증명, 비유 등이 있다.

교과 수업 전략 및 표상에 관한 PCK 구성 요소는 다음과 같다. ① 학생들이 특정 단원의 특정 내용 학습에 흥미를 보이도록 다양한 교수법을 활용한다, ② 학생들에게 특정 단원의 특정 내용을 가르치기 위해 재미있는 교수법을 활용한다, ③ 학생들의 특정 단원의 특정 내용에 적합한 교수법을 활용한다, ④ 특정 단원의 내용에 대한 이해를 돕기 위해 예(관련된, 유사한, 낯선)를 든다, ⑤ 특정 단원의 내용에 대한 이해를 돕기 위해 삽화를 활용한다, ⑥ 특정 단원의 내용에 대한 이해를 돕기 위해 시범을 보인다, ⑦ 특정 단원의 내용에 대한 이해를 돕기 위해 실물을 활용한다, ⑧ 특정 단원의 내용에 대한 이해를 돕기 위해 일화나 전기를 활용한다, ⑨ 특정 단원의 내용에 대한 이해를 돕기 위해 발문(회상, 기억, 주의집중, 문제 상황 제시, 활동 유발, 추론, 비교와 대조)을 활용한다, ⑩ 특정 단원에 대한 이해를 돕기 위해 적합한 설명(은유, 유추, 비유)을 한다.

제5절 │ 교과 내용에 따른 교수 변환(눈높이 교수법)

모든 학습자는 학습 활동 상황마다 독자적으로 과제를 해결하는 '실제 발달 수준'과 교사나 유능한 동료의 도움을 받으면서 과제를 해결하는 '잠정적 발달 수준'을 갖는다. 그리고 이 두 수준 사이에는 약간의 틈이 발생하는데 그 사이의 거리를 '근접 발달 영역'이라고 한다(Vygotsky, 1978). 근접 발달 영역은 학습과 인지 발달이 일어나는 역동적인 영역이다. 근접 발달은 학습이 발생하는 곳이면 어디에나 존재하며, 학습자에 따라 다르게 나타나고 심지어는 동일한 학습자라도 과제 수준과 과제 구조에 따라 여러 수준에 걸쳐 다양하게 나타날 수 있다(Tharp & Gallimore, 1988). 근접 발달 영역 내에서의 효과적인 교수·학습 활동을 촉진할 수 있는 방안 중의 하나가 비계설정(scaffolding)[4]이다. 비계는 건축 분야에서 사용되는 용어로 우리말 번역은 '비계' 혹은 '발판'이 된다.

Shulman(1987)은 근접 발달 영역 내의 비계설정과 유사한 개념으로 '변환'이라는 용어를 사용했다. 실제 발달 수준에 해당되는 학생은 나름대로 배경지식('아는 지식')을 갖고 있고, 이러한 배경지식은 교사가 제공하는 교수학적 변환의 과정을 거쳐야 잠정적 발달 수준에 해당되는 '알게 된 지식'을 가질 수 있다. 변환은 ① 준비, ② 표상, ③ 선택, ④ 조정의 네 요소로 구성된다(Shulman, 1987). ① 준비는 학생 발달 단계를 고려한 교과

---

4. 한순미(1999: 140~146)는 비계설정의 구성 요소와 목표에 대해 다음과 같이 이야기하고 있다. 비계설정의 구성 요소에는 공동의 문제 해결, 상호 주관성, 따뜻함과 반응, 언어의 매개가 포함되며, 비계설정의 목표에는 아동을 근접 발달 영역 내에 머무르게 하기, 자기 조절 능력을 증진시키기가 포함된다.

내용의 구조화와 배열을, ② 표상은 유추, 은유, 예증, 예시, 설명, 시뮬레이션을 활용한 학생 이해의 인도를, ③ 선택은 표상된 내용에 알맞은 교수법 선정을, ④ 조정은 표상된 내용을 학생의 선개념, 오개념, 난개념을 고려하여 조정하는 것이다.

◎ 근접 발달 영역(ZPD)과 교수 변환

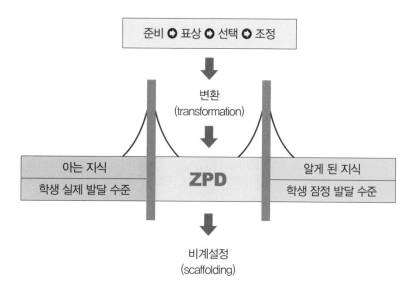

Shulman(1987) 이후 많은 연구자들이 교수 변환의 핵심 도구인 표상(representation)을 집중적으로 연구했다(한희정, 2010: 18~21).[5] Wilson(1988)은 교수법 지식의 핵심을 표상으로 파악하고, 수업에서 표상의 중요성을 강조했다. 그에 따르면 교사는 특정 학생과 특정 내용에 대해 소통할 때에 표상을 도구로 활용하는데, 여기에는 삽화, 설명, 발문, 과제 등이 포함된다. 한편, 교과 내용에 대한 표상 방식을 PCK의 핵심으로 보았던 Ball(1988)도 표상의 언어적 도구 유형으로 교과서, 교수 자료, 시범, 그래픽, 은유, 활동, 설명 등을 들었다. PCK를 어떻게 가르칠 것인가에 대한 지식으로 규정한 Chen과 Ennis(1995) 역시 표상의 언어적 도구 유형으로 유추, 예증, 예시, 설명, 시연, 학습 단서, 연습 등을 제시했고, Delaney(1997)는 자기이야기(self-stories)를 들었다. 자기이야기는 언어적 표상임과 동시에 시간과 공간을 넘나드는 특성이 있기 때문에 텍스트 중심 PCK가 지닌 단점을 보완해 줄 수 있다(박태호, 2011: 110~111).

---

5. 한희정(2010: 21)은 본문에서 논의하지 않은 일부 연구자들의 언어적 표상 도구 유형을 표에 제시했지만, 이 연구에서는 제외했다.

지금까지 Shulman(1987), Wilson(1988), Ball(1988), Chen과 Ennis(1995), Delaney(1997) 등이 제시한 PCK 표상 도구에 대해서 알아보았다. 이것을 정리하면 다음과 같다.

◎ 선행 연구자의 PCK 표상 도구 유형

연구자	PCK 표상 도구																			
	은유	유추	예증	비유	예시	시연	교실활동	숙제	이야기	삽화	설명	발문	과제	교과서	교수자료	모델링	단서	연습	시뮬레이션	그래픽
Shulman(1987)[6]	V	V	V		V						V								V	
Wilson(1988)					V		V		V	V	V	V								
Ball(1988)	V						V				V			V	V	V				V
Chen과 Ennis(1995)		V	V			V					V						V	V		
Delaney(1997)									V											

한편 Park과 Oliver(2008)는 과학 수업을 대상으로 한 PCK 수업 사례 연구에서 표상의 언어적 도구 유형으로 설명(은유, 유추, 비유), 예시(관련된 예시, 유사한 예시, 관련성이 떨어지는 예시), 서사(이야기/일화, 전기), 삽화, 기억, 발문(사실/회상, 주의 집중, 문제 상황, 행동 유발, 추론, 비교), 논증(논리, 연역, 귀납)을 들었다. Park과 Oliver(2008)가 제안한 표상의 언어적 도구 유형은 유관항목을 중심으로 범주화하고, 실제 교실 수업에서 발생할 수 있는 수업 대화 유형을 구체적으로 반영한 점에서 한희정(2010)보다 더 체계적이다.

이 연구에서는 Park과 Oliver(2008), 한희정(2010)의 의견을 주축으로 삼되, 일부 항목을 수정·보완하고자 한다. 우선, Park과 Oliver(2008)가 제시한 설명의 하위 요소에 예증, 예시, 실물, 정의를 포함시킨다. 한희정(2010)이 제시한 숙제와 과제는 굳이 구분할 이유가 없으므로 과제로 통일하고, 교과서와 교수 자료는 그림 자료, 설명 자료, 연습 자료 등과 중복되므로 제외한다. 이 경우에 표상의 언어적 도구 유형으로 설명(은유, 유추, 비유, 예시, 실물, 그림, 정의), 시범, 기억, 서사, 삽화, 발문, 논증, 단서, 연습, 과제, 매체, 그래픽을 설정할 수 있다.

---

6. 한희정(2010: 21)은 Shulman(1987)이 제안한 표상의 언어적 도구로 은유, 유추, 예증, 예시, 교실활동, 숙제를 들고 있으나 필자가 조사한 문헌에서는 은유, 유추, 예증, 예시, 설명으로 제시되어 있어 수정했다.

Park과 Oliver(2008), 한희정(2010)은 선행 연구자들이 제시한 언어적 표상의 도구 유형을 체계적으로 제시했으나 개선해야 할 부분도 있다. 두 연구자 모두 '표상'을 변환의 일환으로 파악하지 않고, 표상의 언어적 도구 유형 파악 자체만을 중시했다. 때문에 표상된 내용에 적합한 교수법을 선정한 다음에 학생이 지닌 오개념과 선개념, 학습 곤란도 등을 고려하여 표상된 내용을 학생 발달 수준에 맞게 조정하는 활동이 생략되었다. 표상은 의사의 처방전과 같다. 환자를 진단하지 않고 처방을 하면 의료 사고로 이어질 개연성이 높은 것처럼, 학생을 진단하지 않고 처방을 하면 학습 결손으로 이어질 가능성이 높다. 이에 학생의 배경지식, 오개념, 곤란 유형, 학습 흥미와 태도 등을 진단하는 항목을 추가하고자 한다. 이것을 정리하여 표로 제시하면 아래와 같다.

◎ PCK 표상 도구 유형

개념	처방 전략(✓)									
	설명	시범	단서	연습	실습	발문	과제	서사	매체	기타
오개념										
난개념										

제6절 | CoRe를 활용한 PCK 수업 설계

1. 일반 수업 설계의 문제

수업 설계의 형식과 관련된 딜레마 중 가장 대표적인 것이 관습에 기초한 형식적 수업 설계이다. 학교에서는 수업 설계라는 용어 대신에 '세안'이나 '약안' 또는 '교수 학습 과정(안)'이라는 용어를 사용한다. 세안은 '단원 수업 설계'에 해당되고, 약안은 '차시 수업 설계'에 해당한다. 초등 교육 현장에서 관습적으로 사용되는 수업 설계(안)은 '1. 단원 명 → 2. 단원 개관 → 3. 단원 목표 → 4. 단원 학습 계통 → 5. 단원 과제 분석 → 6. 실태 분석→ 7. 지도 방안 → 8. 지도 유의점 → 9. 평가 계획 → 10. 참고 자료'이다. 교사들은 이러한 관습적 수업 설계를 하면서 딜레마에 빠진다.

"수업 공개를 준비하면서 가장 힘들었던 것 중 하나가 세안 작성이다. 관리자들이 세안에 집착하는 이유를 생각하고, 그럴 때마다 관리자 입맛에 맞는 수업 설계를 할 것인지 아니면 내가 원하는 방식으로 수업 설계를 할 것인지를 고민한다. 그분들이 원하는 세안은 우수 연구대회 우수작 유형이다. 그러나 화려한 이론과 자료로 치장하고, 마치 수업자의 수업 기술을 뽐내는 듯한 느낌을 주기에 거부감이 들고, 그럴 때마다 선택의 기로에서 갈등한다.

6년 전 쯤에 장학지도 시에 공개수업을 했다. 교장 선생님의 체면과 관계있으니 공개 수업을 잘해야 한다는 부장 선생님의 말씀을 따라 정말 열심히 준비했다. 교감 선생님과 교무 선생님을 비롯한 여덟 분이 수업 연구대회 우수 교사의 수업 세안을 주시면서 수업 설계 시에 적극 반영하기를 원하셨다. 그분들의 말씀대로 추천 자료를 참고하여 세안을 작성한 다음에 학년 선생님과 협의를 했다. 학년 부장 선생님은 앞부분에 장학사가 잘 모르는 첨단 이론을 넣어서 수업을 설계하라고 했다. 그래야 열심히 한 것처럼 보인다는 것이다. 내가 하고 싶은 수업과 화려한 이론이 도대체 어떤 관계인지 궁금했다."(H 교사의 일화)

H 교사는 자신이 원하지 않는 관습적인 세안 작성법을 그대로 따라야 하는 현실에서 고민한다. 이러한 고민은 비단 H 교사 개인의 고민만은 아니다. 대부분의 교사들이 ① 설정, ② 분석, ③ 설계, ④ 개발, ⑤ 실행으로 진행되는 관습적 수업 설계의 일반 절차에 따라(김인식 외, 2000), 단원을 개관하고, 단원 학습 계통도를 작성하며, 단원 과제를 분석하고, 실태 분석에 기초한 지도 계획을 수립한다. 그리고 이러한 관습은 예비 교사에게도 암묵적으로 전수된다. 그러나 예비 교사는 교재관, 학생관, 사회관 부분을 피아제나 비고츠키, 콜버그나 에릭슨 등과 같은 교육학자들의 이론으로 도배하는 것에 대해 회의적인 반응을 보인다. 아울러 단원 학습 계통도 및 학습 과제 분석을 그래픽 조직자를 사용하여 깔끔하고 멋지게 처리하도록 요구하는 현장 관행이나 특정 단원과 무관한 교과 일반 선호도나 학생 흥미도를 형식적으로 파악하는 탈맥락적인 실태 분석에 대해서도 회의적인 반응을 보인다.

이제 수업 열정에 기댄 관습적 수업 설계 경향을 탈피해서 수업 전문성에 기초한 수업 설계를 고민할 때이다. 이 연구에서는 PCK 수업 설계에서 그 해결 방안을 찾고자 한다.

2. CoRe를 활용한 PCK 수업 설계

　내용 표상(CoRe: Content Representation)은 Laughran 외(2001)가 수업 전문성이 우수한 과학 교사의 PCK를 표상하기 위해 개발한 도구이다. 이들은 우수 교사의 PCK를 표상하기 위해 여덟 개의 질문 목록을 개발했고, 이것을 내용 표상(CoRe)이라고 한다. 내용 표상(CoRe)은 무엇을 어떻게, 왜 가르치는가에 대한 진술문 형태로 제시된다. 교사는 이러한 질문에 대한 해결 방안을 모색하면서 학습(단원) 내용, 학습 필요, 관련 지식, 관련 교과에 대한 학생 이해, 상황 이해, 교수 방법, 학생 평가 등에 대한 정보를 수집, 분석, 평가하게 되고, 이것이 바로 우수 교사가 PCK를 획득하는 과정과 유사하다. 때문에 내용 표상(CoRe)을 활용하여 수업을 설계하면 우수 교사가 특정 교과의 특정 주제에 대한 PCK를 기반으로 수업을 설계하는 것처럼, 일반 교사도 과학적이고, 체계적으로 수업을 설계할 수 있고, 수업 능력이 부족한 교사의 교과 수업 전문성을 향상시킬 수 있다.

　이에 CORE를 활용한 여덟 가지 질문 목록과 PCK 5대 요소를 결합하여 PCK 수업 설계 요소를 추출하고자 한다 '① 학생들에게 가르치려고 하는 내용은 무엇인가?', '② 이 내용(개념)을 학생들이 학습하는 까닭은 무엇인가?', '③ 이 내용(개념)과 관련하여 교사만 알고 있고 학생에게는 아직 가르치지 않은 내용은 무엇인가?'라는 CORE 요소는 교육과정 PCK와 연계된다. '④ 이 내용(개념)을 지도할 때 고려해야 할 핵심 지식은 무엇인가?(선개념, 오개념, 난개념)'는 학생 이해 PCK와 연계된다. '⑤ 이 내용(개념)을 지도할 때에 사용하는 교수 방법과 이유는 무엇인가?', '⑥ 이 내용을 지도할 때에 고려해야 할 유의점은 무엇인가?', '⑦ 이 내용(개념)을 지도할 때에 영행을 미칠 수 있는 요인들은 무엇인가?'는 수업 방향 및 수업 전략 PCK와 연계된다. '⑧ 이 내용(개념)에 대한 학생들의 이해도나 어려움을 평가하는 방법은 무엇인가?'는 학생 평가 PCK에 해당된다. 이 중에서 ⑥과 ⑦은 개념이 중복되어 혼란스럽다는 현장 의견을 반영하여 ⑥으로 통일했다.

　이것을 일반 수업 설계 요소와 비교하여 제시하면 다음과 같다.

PCK 요소	CoRe(내용 표상) 요소	PCK 수업 설계 요소	일반 수업 설계 요소
교과 교육과정	① 학생들에게 가르치려고 하는 내용은 무엇인가?	㉮ 학습 내용	1. 단원명 3. 단원 목표 4. 단원 학습 계통 5. 단원 과제 분석
	② 이 내용(개념)을 학생들이 학습해야 하는 까닭은 무엇인가?	㉯ 학습 필요	2. 단원 개관
	③ 이 내용(개념)과 관련하여 학생에게 아직 지도하지는 않았으나 교사가 알아야 할 내용은 무엇인가?	㉰ 교수 자료	10. 참고 자료
학생 교과 이해	④ 이 내용(개념)을 지도할 때 고려해야 할 핵심 요소는 무엇인가?	㉱ 학생 이해 선개념(선수 학습 내용) 난개념(학습 곤란 내용) 오개념(학습 오류 내용)	6. 실태 분석
교과 수업 전략 및 표상 & 교과 수업 방향	⑤ 이 내용(개념)을 지도할 때에 사용하는 교수법과 이유는 무엇인가?	㉲ 교수 방법(큰 담론) 수업 모형	7. 지도 실제
		㉳ 표상(작은 담론) 설명, 시범, 연습, 단서, 서사, 발문, 매체, 과제	
	⑥ 이 내용을 지도할 때에 고려해야 할 유의점은 무엇인가?	㉴ 지도 유의점 학생 발달 수준 수업 전문성 수준	8. 지도 유의점
학생 평가	⑦ 이 내용(개념)에 대한 학생들의 이해도나 어려움을 평가하는 방법은 무엇인가?	㉵ 학생 평가	9. 차시 평가

PCK 수업 설계 요소와 일반 수업 설계 요소를 비교하면, ④번과 '6'번, ⑤번과 '7'번의 두 항목만 크게 차이가 난다. 일반 수업 설계의 '6'번이 해당 교과에 대한 선호도나 학생 반응 등처럼 차시 목표와 관계없는 수업 관련 일반 실태를 분석한다면, PCK 수업 설계의 ④는 해당 단원이나 차시와 관련된 오개념(기능), 난개념(기능), 선개념(기능)에 대한 실태를 분석한다. 일반 수업 설계의 '7'번이 수업 모형처럼 큰 교수법을 바탕으로 교수 학습을 설계했다면, PCK 수업 설계의 ⑤는 설명, 시범, 연습, 관찰, 추론, 요약, 발표, 토론 등의 작은 교수법을 활용하여 수업을 설계한다.

학생 배움중심의
수업 모형과 요소

제1절 | 학생 배움중심의 수업 개념

학생 배움중심 수업은 '학생중심', '배움중심', '수업'의 세 요소로 구성된다.

학생중심 수업에서는 학생이 학습 활동의 주체가 되어 학습 내용을 선정하고, 자신의 경험을 바탕으로 새로운 내용을 배우기 위해 도전하며, 배우고 익힌 내용을 말과 글로 표현하고, 자신의 학습 과정을 평가하고 조정하는 활동을 중시한다.

배움중심은 학습 활동의 초점을 학생의 배움에 맞춘 것이다. 그렇다면 학생은 언제 배움이 일어났다고 할까? 아마 자신이 모르는 것을 새로 알게 되었을 때(개념이나 기능), 어려워하던 것을 완전하게 알게 되었을 때(난개념이나 난기능), 잘못 알고 있는 것을 정확하게 알게 되었을 때(오개념이나 오기능)에 배웠다고 할 것이다. 여기서 새로운 개념(기능), 난개념(기능), 오개념(기능)이 학생 배움의 내용이 된다.

수업은 전략과 원리로 구별할 수 있다. 수업 전략은 다시 '자기주도 학습'과 '타자주도 학습'으로 대별할 수 있다. 자기주도 학습 능력이 우수한 학생은 경청, 관찰, 조사, 탐구, 추론, 해석, 요약, 토의, 발표 등의 활동을 하면서 스스로 학습을 한다. 이에 비해 자기주도 학습 능력이 떨어지는 학생은 교사나 동료의 도움에 기초한 안내된 타자주도 학습을 한다. 이때에 교사나 유능한 동료는 학생이 배움의 과정 중에 주춤하거나 멈칫할 때에 스스로 도전하여 문제를 해결하고 한 단계 도약할 수 있도록 설명, 시범, 힌트, 서사, 연습, 발문 등의 도움을 제공한다. 자기주도 학습과 타자주도 학습이 활발하게 이루어지고, 매끄럽게 진행될 수 있도록 촉매제와 윤활유의 역할을 하는 수업 원리는 '공감'과 '지원'으로 구분할 수 있다. 자기주도 학습 능력이 우수한 학생에게는 스스로 공부할

수 있도록 수용하기, 칭찬하기, 신뢰하기, 존중하기, 표현하기와 같은 공감 활동을 주로
하고, 자기주도 학습 능력이 부족한 학생에게는 타인의 도움을 받아 스스로 공부할 수
있도록 개발하기, 연결하기, 협동하기, 참여하기, 도전하기, 반성하기와 같은 지원 활동
을 주로 한다.

제2절 | 학생 배움중심의 수업 모형과 설계 맵

1. 학생 배움중심의 수업 모형

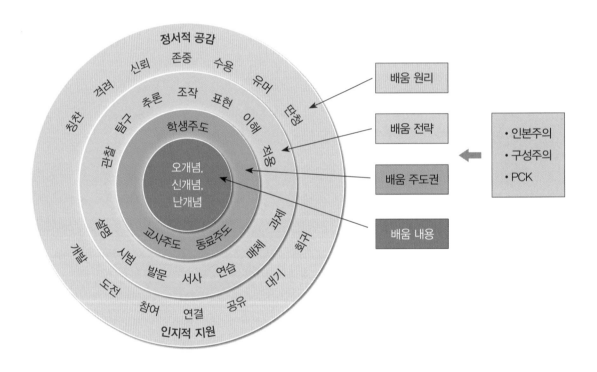

2. 학생 배움중심의 수업 설계 맵

교과			학년-학기		단원	

배움 이유						
배움 내용	학습 목표					
	학습 내용(신개념/신기능)					
	학생 배움 저해 요소	오개념(기능)				
		난개념(기능)				

배움 전략		항목	활동	항목	활동
	자기주도	□ 관찰		□ 조사	
		□ 가설		□ 탐구	
		□ 경청		□ 추론	
		□ 해석		□ 요약	
		□ 조작		□ 발표	
		□ 독해		□ 토의	
		□ 예상		□ 변환	
		□ 측정		□ 결론	
		□ 표현		□ 기타	
	타자주도	□ 설명		□ 과제	
		□ 시범		□ 매체	
		□ 연습		□ 서사	
		□ 발문		□ 그림	
		□ 단서		□ 기타	

배움 주도권	교사주도 학생 참관	
	교사주도 학생 부분 참여	
	학생주도 교사 부분 참여	
	학생주도 교사 참관	

배움 원리	공감	□ 신뢰하기		□ 칭찬하기	
		□ 수용하기		□ 존중하기	
		□ 격려하기		□ 딴청부리기	
		□ 유머 활용하기		□ 기타	
	지원	□ 연결하기		□ 참여하기	
		□ 개발하기		□ 되돌리기	
		□ 도전하기		□ 표현하기	
		□ 나누기		□ 기타	

제3절 | 학생 배움중심의 수업 요소

1. 학생 배움중심의 수업 주도권

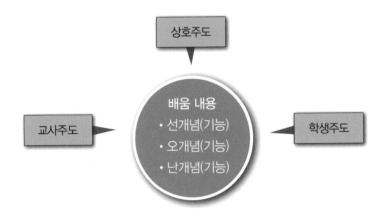

Florio-Ruane과 Lensmire, Timothy(1989)에 따르면 교수(가르침)와 학습(배움)의 주도권 양상을 교사주도, 상호주도, 학생주도의 세 유형으로 구분할 수 있다. Spiro 외(1988)는 교실 수업 측면에서 볼 때에 교사주도, 상호주도, 학생주도 배움을 상호배타적 관점이 아닌 상호보완이나 상호교섭의 관점에서 파악하는 것이 효과적이라고 했다.

◎ 수업 현상과 배움의 주도권

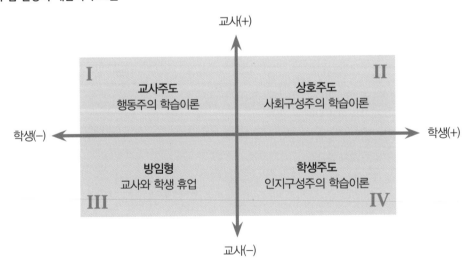

이 그림을 보면 교수(가르침)·학습(배움) 현상의 탐구 범주는 네 구역으로 이루어져 있다. 교사의 높은 참여와 학습자의 낮은 참여(I), 교사의 높은 참여와 학습자의 높은 참여(II), 교사의 낮은 참여와 학습자의 낮은 참여(III), 교사의 낮은 참여와 학습자의 높은 참여(IV) 구역이다. 일반적으로 (I) 구역을 전통적인 객관주의 수업, (II)와 (IV) 구역을 구성주의 수업으로 명명하고, (III) 구역은 가르침과 배움이 발생하지 않는 방임형 수업이라는 점에서 제외한다.

1) 행동주의 학습과 교사주도 배움

현대 수업 이론가들은 (I) 구역을 전달식 수업, 암죽식 수업, 은행 적금식 수업이라면서 강력히 비판한다. 행동주의 학습에 따르면 지식은 학생 외부에 객관적으로 존재하는 진리이고, 학생은 그러한 진리를 마치 백지가 먹물을 빨아들이듯이 무비판적으로 수용하는 존재이며, 수업은 객관적으로 존재하는 진리를 반복 훈련에 따라 교사가 학생에게 가르치고 배우는 활동이 된다. 여기서 교사는 객관적 지식을 학생의 머릿속에 주입하는 전달자의 역할, 부모가 암죽을 만들어 아기에게 이유식을 먹이는 것처럼 학생에게 지식을 세분화하고 가공하여 떠먹이는 역할, 고객의 돈을 예치하여 저축을 하는 은행원처럼 학생의 머릿속에 지식을 차곡차곡 쌓는 역할을 한다. 이러한 수업에서는 교사 지시에 의한 강의와 일제 학습, 부분에서 전체로의 교수·학습, 교과서와 연습장 중심의 교수·학습, 수업 참여의 수동성, 학습 목표 도달 확인을 위한 정답 확인 질문의 사용 등이 우세하다(최현섭·박태호·이정숙, 2000).

2) 사회구성주의 학습과 상호주도 배움

(II) 구역인 사회구성주의 학습에서는 담화 공동체의 사회적 중재에 따른 개인의 능동적 지식 구성을 중시한다. 학습의 사회·문화적 관점을 주장하는 사회구성주의자들은 지식이 학습자에 의해서 능동적으로 구성되는 것이 아니라, 사회·문화적 실행에 참여하는 가운데 구성된다는 입장을 갖는다(Vygotsky, 1978; Wertsch, 1992; 강인애, 1997). 이들은 인지, 즉 사고를 개인의 주관적인 심리 과정으로만 한정하여 파악하는 인지구성주의를 비판한다. 그리하여 학습을 사회·문화적 실행 속에서 이루어지는 전문가와 초보자의 도제 관계로 파악한다. 여기서 초보자인 학습자는 도제 과정을 통해 전문가로부터 문화적 의미를 전수받게 된다. 결국 인지구성주의에서는 학습을 자기주도적 조절과 상호작용으로 파악하는 반면에 사회구성주의에서는 인지적 도제에 의한 전수의 과정으로

파악하고 있음을 알 수 있다.

사회구성주의 학습 이론에서는 학습을 지적으로 우수한 공동체 구성원들 간의 사회적 상호작용을 통한 내면화 과정으로 파악한다(박태호, 1996). 인지 발달의 측면에서 볼 때에 학습은 사회적 수준에서 개인적 수준으로 진행된다. 사회적 수준의 학습은 전문가인 교사나 유능한 학습자들과의 대화적 상호작용을 통해 이루어지며, 이들은 사회적 중재 활동을 통해 자기주도 학습 능력을 신장시킨다. 교사주도로 이루어지는 사회적 수준의 학습은 교사와 학습자의 협동학습의 단계를 거쳐 개인적 수준의 학습으로 나아간다. 이때에 학습자는 사회적 대화를 통해 습득했던 '사회적인 말'을 개인적 수준으로 내면화하게 된다. 여기서 내면화된 사회적인 말을 '사고' 혹은 '내적 대화'라고 한다. 학습자는 책임 이양의 틀 속에서 이루어진 학습 활동을 경험하면서 획득한 내적인 대화를 통해 자신의 인지와 행동을 조정하게 되는 것이다. 내적인 대화는 자기주도 사고의 효시가 되며, 이것이 완전하게 내면화되었을 때에는 자기주도성을 획득하게 되는 것이다. 사회적 중재 활동을 통한 자기주도 학습은 근접 발달 영역 내에서 일어난다(Vygotsky, 1978; Wertsch, 1986). 모든 학습자는 학습 활동 시 독자적으로 과제를 해결할 수 있는 실제 발달 수준과 잠정적 발달 수준을 갖는다. 이 두 수준 사이에는 약간의 틈이 발생하는데, 그 사이의 거리를 '근접 발달 영역'이라고 한다. 교수 · 학습은 근접 발달 영역 내에서 발생하므로 그것을 만들어 주고 그 사이의 거리를 좁히는 교수 활동에 초점을 두어야 한다. 근접 발달 영역은 학습과 인지 발달이 일어나는 역동적인 영역이다. 근접 발달 영역은 학습 상황이 존재하는 곳이면 어디에나 존재하며, 학습자에 따라 다르게 나타나고 심지어는 동일한 학습자라도 과제 수준과 구조에 따라 여러 수준에 걸쳐 다양하게 나타난다(Gallimore & Tharp, 1992).

사회구성주의 수업에서 학생은 대화를 통해 의미를 구성하고, 교사는 학생들이 대화를 통해 새로운 의미를 구성하도록 도움을 주어야 한다. 이 수업에서는 전문가나 유능한 동료의 안내에 따른 연습 활동에 기초한 토의 · 토론 학습, 상호교수, 협동학습 등이 주류를 이룬다.

3) 인지구성주의 학습과 자기주도 배움

(IV) 구역에서는 학습을 개인의 주관적 경험에 기초한 능동적 지식 구성으로 설명한다. 인지구성주의 관점을 과학적이고 체계적으로 연구한 학자로 Piaget를 들 수 있다. Piaget는 지식의 객관적인 속성을 부정하는 반경험주의 혹은 반행동주의 입장을 취했다.

때문에 그의 발생론적 인식론은 주관주의적 관점에 속한다고 할 수 있다. 대부분의 연구자들은 이것을 인지구성주의(cognitive constructivism)라고 한다. 인지구성주의의 인식론적 입장을 극명하게 드러낸 연구자 중의 한 사람이 Von Glasersfeld이다. 그는 Piaget의 이론을 수용하여 급진적 구성주의를 주장했다(Von Glasersfeld, 1989). 여기서 '급진적'이라는 것은 지식의 객관적 속성을 강조했던 전통적인 인식론의 사고 유형과 관습을 해체하는 대신에 지식이란 오직 인간의 경험 세계에 의해서만 조직되고 만들어져 의미가 부여된다는 관점을 제시했다는 점에서 붙여진 것이다. 그는 바로 이러한 지식관을 바탕으로 급진적 구성주의에 대한 개념을 정의했다. 위의 정의에 의하면 지식은 인간의 감각 기관이나 의사소통을 통해서만 인지 주체에 의해 인식된다.

인지구성주의자들은 학습이 능동적인 자기조절의 과정을 통해서 개인적으로 구성된다는 믿음을 갖는다. 이러한 관점에 의하면 학습은 전적으로 개인의 문제이며, 학습자는 자신의 배경지식이나 신념 체계 등을 이용하여 학습 활동에 능동적으로 참여하여 서로 다른 방법으로 지식을 구성해 낸다(Glasersfeld, 1984: 21). 이때의 학습은 각 개인의 구성 과정에 따라 달라지므로 각 개인이 학습한 지식은 그 개인에게는 유의미할 수도 있지만, 그것이 공동체의 구성원들이 모두 수용할 수 있을 정도로 보편적인 지식이라고 보기에는 어렵다는 점에서 취약점을 갖는다.

Piaget에 의하면 학습은 인간과 환경의 상호작용의 결과이다. 상호작용에서 중요한 개념이 바로 '평형화'이다. 학습자는 환경과 상호작용을 하면서 내적인 갈등을 겪게 되고, 그것을 해결하기 위해 노력하는데, 이때에 작용하는 정신 기제가 바로 동화와 조절이다. 인지구성주의자들은 학습의 기본 조건으로 인지적 갈등 상태를 들고 있으며, 이러한 갈등 상태에서 동화와 조절이 일어나고 그것이 학습 활동을 촉진시키는 계기가 된다는 입장을 갖는다. 이러한 관점에 의하면, 학습이란 각 개인이 자신들의 인지 구조 속에서 지식을 재구성하는 것을 의미하며, 교사와 동료 학습자는 개인의 인지적 갈등을 촉진하는 역할을 한다고 볼 수 있다.

인지구성주의 학습에서는 학생이 학습 활동의 주체가 되어 탐구학습, 문제해결 학습, 프로젝트 학습 등을 수행한다.

4) 통합적 관점과 학생 배움의 주도권

교수(가르침)와 학습(배움)을 상호배타적인 이분법의 측면에서 파악하는 것은 매우 위험한 발상이다. 한때는 지식의 객관성을 중시하는 객관주의와 지식의 상대적 주관성을 중시하는 구성주의를 상호배타적인 관점에서 파악하기도 했었다. 그러나 '전통적 수업'과 '구성주의 수업'을 '전통' 대 '대안'이라는 이항 대립 구도가 아닌 상호교섭의 차원에서 파악하는 것이 더 효과적이라는 논의가 점차 설득력을 얻고 있다.

Spiro 외(1988)는 지식을 기초 지식, 고등 지식, 전문 지식의 세 가지 유형으로 분류한 후, 기초 지식은 지식 구성 과정을 과도하게 요구하는 것이 아니므로 객관주의 수업 환경에서 배우는 것이 좋고, 고등 지식은 단편적 지식의 습득이 아닌 지식과 지식의 관계에 대한 반영적 추상의 과정이나 사회 공동체 구성원 간의 합의 과정을 요구하므로 구성주의 수업 환경에서 배우는 것이 좋다고 했다.

◎ 객관주의와 구성주의 수업의 상호교섭 양상

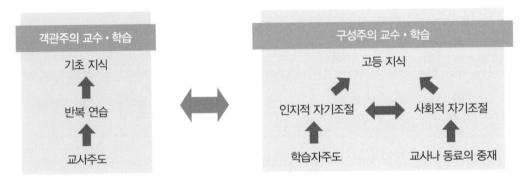

이 그림에 의하면, 교수 · 학습의 과정은 지식의 유형에 따라 달라질 수 있으므로 전통적 수업과 구성주의 수업을 이항 대립의 관계가 아닌 상호교섭의 관계로 파악하는 것이 타당하다. 강인애(1997: 129) 역시 '객관주의와 구성주의의 화합'을 제시하면서 구성주의는 객관주의가 지난 수백 년 동안 이루어 놓은 공적을 무시해서는 안 된다고 이야기하고 있다. 이러한 접근 방식은 지식의 객관성이나 상대성, 교수 주체인 교사나 학습 주체인 학생, 학습 결과나 학습 과정의 다양성을 인정할 수 있는 이론적 기반을 제시한다.

교실 수업에서 교사주도, 상호주도, 학생주도를 통합적 관점에서 수용하여 좋은 수업의 구조를 제시한 연구자가 있다. Fisher와 Frey(2008)는 수업 중 발생하는 교사와 학생의 역할 교대를 바탕으로 좋은 수업의 구조를 교사주도 학생 참관 수업(I do, You watch), 교사주도 학생 부분 참여 수업(I do, You help), 학생주도 교사 부분 참여 수업(You do, I help),

학생주도 교사 참관(You do, I watch) 수업의 네 가지 유형으로 제안했다. 이것을 그림으로 표현하면 아래와 같다.

◎ **명품 수업의 구조**

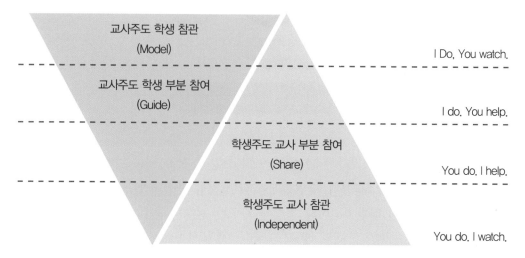

교사주도 학생 참관 단계에서 교사는 전문가(Expert)[7]의 역할을 하고, '회상(Recalling), 시범(Modeling), 열거(Recounting), 연결(Connecting)' 등의 수업 대화를 사용한다. 교사주도 학생 부분 참여 단계에서 교사는 촉진자(Facilitator)[8]의 역할을 하고, '탐구(Exploring), 상술(Expounding), 질문(Questioning), 사색(Speculating), 가설(Hypothesizing)' 등의 수업 대화를 사용한다. 학생주도 교사 조력 단계에서 교사는 상담자(Counsellor)[9]의 역할을 하고, '도전(Challenging), 추론(Reasoning), 증명(Justifying)' 등의 수업 대화를 사용한다. 학생주도 교사 참관 단계에서 교사는 평가자(Evaluator)나 비평가(Critic)의 역할을 하고, '서사(Narrating), 묘사(Describing), 평가(Evaluating)' 등의 수업 대화를 사용한다(박태호, 2009).

---

7. 전문가(Expert), 아나운서(Announcer), 지시자(Director), 관리자(Manager), 협상가(Negotiator), 지휘자(Conductor) 등의 다양한 용어로 사용되나 여기서는 전문가(Expert)로 통일한다.

8. 촉진자(Facilitator), 제공자(Provider), 협력자(Collaborator), 조력자(Arbitrator), 사회자(Chairperson), 학습자(Learner) 등의 다양한 용어로 사용되나 여기서는 촉진자(Facilitator)로 통일한다.

9. 상담자(Counsellor)와 도움 제공자(Scaffolding) 중에서 상담자로 통일한다.

2. 학생 배움중심의 수업 내용

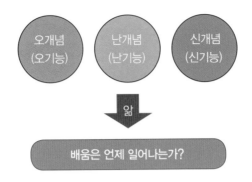

우리는 언제 배움이 일어났다고 하는가? 아마 몰랐던 것을 새로 알게 된 경우, 잘못 알았던 것을 정확히 알게 된 경우, 막연하게 알았던 것을 완전히 알게 된 경우가 여기에 해당될 것이다. 학생이 배경지식이나 경험에 기초한 선개념(선기능)을 바탕으로 오개념(기능)과 난개념(기능)을 배우고 익힐 때에 주춤하는 부분이 발생한다. 이 부분이 학생 배움의 저해 요소이자 배움 내용이 된다. 예를 들면, 계절에 따라 기온이 달라지는 까닭에 대하여 공부를 한다고 가정하자. 일부 학생은 여름의 기온이 다른 계절에 비해 더 높은 까닭이 태양과 지구 사이의 거리가 가까워지기 때문이라고 생각할 수도 있고, 태양의 온도가 변한다고 생각하여 여름에는 태양이 더 뜨거워지기 때문이라고도 착각할 수 있다. 이것이 바로 학생 배움의 저해 요소이고, 여기에는 오개념(기능)과 난개념(기능) 등이 포함된다. 한편, 학생들은 같은 5~6학년군에서 날씨와 우리 생활의 관계와 지구와 달의 운동에 대해 배웠다. 그러므로 선개념에 대한 학생 이해도를 파악한 다음에 본시 학습에 미칠 영향을 파악하여 대책을 수립한다. 지금까지의 논의를 정리하면 다음과 같다.

◎ 배움 내용의 요소

	학습 목표		계절에 따라 기온이 달라지는 까닭 알기
	개념(기능)		태양의 고도에 따른 기온 계절에 따른 태양과 지구 사이의 거리 태양 표면의 온도
배움 내용		선개념 (기능/태도)	닐씨와 생활의 관계 지구와 달의 운동
	배움 저해 요소	오개념	태양과 지구 사이의 거리가 여름에 더 가까울 것이라고 잘못 인식 (태양과 지구 사이의 거리가 겨울에 더 멀 것이라고 잘못 인식) 태양 표면 온도가 계절에 따라 변할 것이라고 잘못 인식
		난개념	태양과 지구 사이의 거리는 계절의 변화에 따라 크게 영향을 미치지 못한다는 것을 잘 모름 태양 표면의 온도는 항상성을 지닌다는 것을 잘 모름

선개념(기능)

본시 학습 내용(개념/기능)인 '계절에 따라 기온이 달라지는 까닭'과 관련된 선수 학습 내용을 먼저 살펴보아야 한다. 그런 다음에 이미 배운 내용 중에서 본시 학습을 방해하는 내용이 있는지 살펴보아야 한다. 만약 있다면 보충 지도를 하여 학생 이해도를 향상시킨 후에 본시 학습을 지도해야 학업 성취도가 높아진다. 또한 본시 학습 내용과 관련된 오개념(난개념)이나 오개념(난기능)이 형성된 경우에는 반드시 이를 바로잡아야 한다.

선개념(기능) ① 과학 5~6학년군의 선수학습 내용

과학 5~6학년군의 '④-3단원. 계절의 변화'는 9개 주제, 총 11차시로 구성된다. 본시 학습 내용과 관련된 내용으로는 과학과 5~6학년군의 '①-2. 태양계와 별', '②-1. 날씨와 우리 생활'과 '③-1. 지구와 달의 운동'이 있다. 선수 학습 내용 중에서 학생들이 반드시 알고 있어야 할 개념에는 '①-2. 태양계와 별'과 관련하여, '태양계의 구성과 태양과 행성의 거리'가 있다. '②-1. 날씨와 우리 생활'과 관련하여, '우리나라의 계절별 날씨와 날씨가 우리 생활에 미치는 영향'이 있다. 그리고 '③-1. 지구와 달의 운동'과 관련하여 '지구의 자전과 공전' 등이 있다. 반드시 알아야 할 기능은 '태양계와 행성의 거리 조사하기'이다. 한편, 사회 5~6학년군 '④-3단원. 세계 여러 지역의 자연과 문화'에서는 북극과 남극의 위치와 기후 등을 통합적으로 다룰 수도 있다.

오개념(기능)

본시 학습 중에 잘못 이해할 가능성이 있는 내용이 무엇인지 파악해야 한다. 이것을 오개념(기능)이라고 한다. 흔히 볼 수 있는 오개념(기능)의 예는 다음과 같다.

오개념(기능) ① 태양과 지구 사이의 거리가 계절에 따른 기온에 영향을 미친다고 잘못 알고 있다.

_ 여름에는 태양과 지구 사이의 거리가 가까워져 기온이 높아진다고 잘못 생각한다.

_ 겨울에는 태양과 지구 사이의 거리가 멀어져서 기온이 낮아진다고 잘못 생각한다.

오개념(기능) ② 태양 표면의 온도가 계절에 따라 크게 달라진다고 잘못 알고 있다.

_ 태양 표면의 온도가 더 뜨거워져 여름에 더 덥다고 잘못 생각한다.

_ 태양 표면의 온도가 더 차가워져 겨울에 더 춥다고 잘못 생각한다.

난개념(기능)

본시에서 학습해야 할 내용이다. 새로운 개념이나 기능 학습을 방해하는 요소가 있다면 이것이 난개념이나 난기능이 된다.

난개념(기능) 1 계절별 남중고도의 적용

_ 개념적으로는 태양의 남중고도가 계절별로 다름을 인지하고 있으나, 스탠드와 모래 등을 활용한 실험의 상황에서 그것의 차이를 구현하여 차이를 파악하기 어렵다.

_ 계절별로 태양과 지구의 거리가 거의 비슷하다는 것을 이해하기 어렵다.

3. 학생 배움중심의 수업 전략

학생을 두 유형으로 대별하면, 스스로 깨치는 학생과 다른 사람이 깨우쳐 줘야 깨치는 학생이다. 여기에서는 전자를 자기주도 학습자, 후자를 타자주도 학습자로 명명하고자 한다. 자기주도 학습자는 사물과 현상을 스스로 관찰하고 탐구하며 관련 자료를 바탕으로 추론을 하거나 조작 활동을 하면서 배움의 저해 요소를 해결하고 배움의 결과를 표현하고 공유하며 소통한다. 이에 반해 타자주도 학습자는 타인의 도움을 바탕으로 자기주도 학습을 시작한다. 누군가의 설명을 듣거나 시범을 관찰하고, 누군가의 발문에 대답하거나 누군가가 제시한 연습 문제를 풀면서 자기주도 학습 능력을 점차 획득한다.

계절에 따른 태양과 지구 사이의 거리에 대한 오개념 1의 지도 예시

계절에 따른 태양과 지구 사이의 거리에 대한 오개념 1의 지도 방안입니다. 우선 사진 또는 여러 매체 자료를 활용하여 태양계의 구조에 대해 학습한 것을 떠올리도록 합니다(단서). 여기에서 태양과 지구의 관계가 어떠한지 물어봄으로써 둘 사이의 관계에 주목할 수 있도록 합니다(발문, 관찰). 그런 다음에 태양계 행성들의 움직임을 시뮬레이션으로 구현할 수 있도록 한 매체(예: 'Solar Walk Lite')를 활용하여 태양계 주변에서 지구의 공전 궤도를 관찰할 수 있도록 합니다(매체). 이것을 표로 제시하면 아래와 같습니다.

◎ 계절에 따른 태양과 지구 사이의 거리가 계절에 미치는 영향에 대한 오개념 처방 교수법

| 개념 | • 계절에 따라 태양과 지구 사이의 거리는 거의 차이가 없다.
• 태양과 지구 사이의 거리는 계절에 거의 영향을 미치지 않는다. |

| 오개념 | • 태양과 지구 사이의 거리가 계절에 따른 기온에 영향을 미친다고 잘못 알고 있다. |

| 배움 전략
(교수법) | • 사진 또는 매체 자료를 활용하여 태양계의 구조를 떠올린다(단서).
• 태양과 지구의 관계에 주목하여 관찰할 수 있도록 한다(발문, 관찰).
• 태양계 행성들의 움직임을 시뮬레이션으로 구현한 매체(예: 'Solar Walk Lite')를 활용하여 태양계 주변에서 지구의 공전 궤도를 관찰할 수 있도록 한다(매체). |

1) 설명

설명이란 어떤 일이나 대상의 내용을 상대편이 잘 알 수 있도록 밝혀 말하는 것이다. 설명을 한다는 것은 언어나 도표, 상징을 이용하여 상대방이 어떤 현상에 대한 지식과 이해를 높이도록 도움을 주는 것이다. 교육의 측면에서 보면, 교과 내용에 대한 학생 이해도를 증진시키기 위한 포괄적 해설이 된다. 설명에는 두 가지 요소가 작용한다. 설명할 내용과 방법이다. 전자에는 개념, 요소, 원리, 절차, 법칙이 해당되고, 후자에는 실물과 행동, 모형, 그림, 예화, 도표, 알고리즘, 언어나 상징을 이용한 묘사 등이 해당된다.

이병석(1999: 108~122)은 좋은 설명 방식으로 '예시 자료를 활용한 설명'과 '학습을 용이하게 하는 설명'의 두 가지 유형을 들었다. 전자에는 ① 적절한 시각 자료를 예시 자료로 선택하여 학생의 이해를 촉진시키는 수업, ② 학생에게 친숙한 경험이나 배경지식을 예시 자료로 활용하는 수업, ③ 동일한 내용에 대해서도 다양한 관점으로 접근할 수 있는 예시 자료를 활용하는 수업, ④ 하나씩 차근차근 예를 들면서 가르치는 수업의 네 가지를 제시했다.

그리고 학습을 용이하게 하는 설명 방식으로 ① 학습 목표 도달에 필요한 내용과 절차를 미리 알려주는 수업, ② 새로운 교과 내용을 가르치기 전에 관련 배경지식이나 기초 개념을 알려주는 수업, ③ 설명 초기에 학생의 관심을 끄는 머리말을 사용하는 수업, ④ 새로운 교과 내용을 설명하면서 하나씩 차근차근 가르쳐 주는 수업, ⑤ 주요 학습 내용을 미리 분석하고, 관련성을 파악하게 하는 수업, ⑥ 학생들에게 친숙한 일상 용어를 사용하여 복잡한 교과 내용을 쉽게 가르치는 수업, ⑦ 단순 도표나 차트, 선, 도형 등을 이용하여 체계적이고 쉽게 가르치는 수업, ⑧ 학생의 반응을 살피면서 눈높이에 맞게 가르치는 수업, ⑨ 학생의 주의를 집중시키면서 설명을 하는 수업 등을 제시했다.

◎ 좋은 설명 점검표

좋은 설명 전략	만족도			개선 사항
	미흡	보통	우수	
발음이 명료하고, 목소리가 적절하다.				
적절한 몸짓을 하고 눈을 맞춘다.				
상투 표현이나 비속어는 사용을 금한다.				
학습 목표와 학습 활동을 하나씩 차근차근 알려준다.				
중요 내용과 어휘는 요약하고 반복 강조한다.				
이해력이 떨어지면 쉽게 풀어 설명한다(예시, 문장, 구문 등).				
질문 대신에 학습 목표를 제시하여 도전하게 한다.				
선행학습과 관련지어 새로운 정보를 제시한다.				
판서나 유인물로 정보를 간단명료하게 제시한다.				
학습 규칙을 정하고, 일관성 있게 사용한다.				

2) 시범

시범 보이기는 교사가 특정 수업 상황이나 내용에 대해 자신의 느낌이나 생각, 행동을 학생에게 가시적으로 보여주는 것이다. Duffy, Roehler, Herrman(1988)에 따르면 시범 보이기 유형은 크게 세 가지이다. 생각을 혼자 중얼거리는 TA(Thinking Aloud) 기법, 교사와 학생이 함께 중얼거리며 서로 대화를 하는 ta(talking aloud) 기법, 일절 말하지 않고 행동 시범을 보여주는 PM(Performance Modeling) 기법이다.

생각그물을 활용한 아이디어 생성 과정을 시범 보이는 5학년 쓰기 수업을 보면, 사고 구술법을 활용하여 생각그물 작성 과정을 시범 보이는 장면을 관찰할 수 있다. 여기에 사용된 사고 구술법은 TA 기법과 ta 기법이다(Roehler & Duffy, 1991).

> **교사** ① 어, 다발짓기할 때에 이것도 여러분이 너무나 잘 아는 거지만 혹시나 모를까봐 다시 한 번 선생님이 알려줄게요. ② 선생님이 얘기하는 말을 잘 들어 보세요. 그냥, 음 〈일시 지속〉 선생님이 저렇게 얘기하는구나 하지 말고, 선생님이 중얼거리는 거야. ③ 뭐를 중얼거리는 거냐면, 선생님이 생각을 중얼중얼거리는 거야. 아! 그러니까 선생님이 생각을 어떻게 하고 있네, 생각을 어떻게, 어떤 과정을 거쳐서 하고 있나 잘 보세요. ④ 다발짓기를 할 때 맨 처음에 내가 이런 글을 쓸 거야. 어떤 글을 쓸 거냐 하면, 나는 그냥 아까 생각그물 만들 때 뭘 했지? 개미에 대해서 쓸 거지. 개미가 그냥 그리고 이런 느낌을 그냥 써보려고 해. 여기다 딱 표시를 해봤어. 그리고 처음에는, 처음에는, 개미 얼굴을 그려볼까? 한번? 더듬이 뭐 이래도 좋고, 꼬리? 어머! 호호. 이렇게 해도 좋고. 뭐 여러분 마음대로 하세요. ⑤ 처음에 어떤 것을 할 거냐면 음, 내가 개미를, 개미를 기르게 된······.
>
> **학생** ⑥ 동기.
>
> **교사** ⑦ 어! 여러분들은 어떻게 그렇게 잘 알아요? 내 마음을?

다발짓기를 활용하여 생각묶기를 지도하는 수업 장면이다. TA 기법은 교사가 전문가로서 설명과 시범을 보이고, 학생이 구경꾼의 역할을 할 때에 주로 사용하는 사고 구술법이고(④, ⑤), ta 기법은 교사가 전문가로서 설명과 시범을 보일 때에 일부 유능한 학생이 초보자로 참여하여 교사와 함께 설명을 하거나 시범을 보이고, 나머지 학생은 구경꾼으로서 편안하게 전문가의 설명을 듣거나 시범을 관찰할 때에 사용하는 사고 구술법이다(⑥, ⑦).

3) 질문과 탐문

(1) 질문

Bloom(1956)은 인지 수준을 ① 지식, ② 이해, ③ 적용, ④ 분석, ⑤ 종합, ⑥ 평가의 여섯 단계로 구분했다(변홍규, 1996: 641-65). 이것을 발문 수준의 분류 기준으로 삼으면, ① 지식 발문은 학생이 이전에 학습한 사실이나 개념, 일반화된 것 또는 이론을 기억하거나 회상하도록 요구하는 발문이다. ② 이해 발문은 학생이 특정 개념이나 정보를 자신의 방식대로 표현하고 설명하도록 요구하는 발문이다. ③ 적용 발문은 특정 정보나 개념의 활용을 요구하는 것으로 학생들이 기존 지식이나 이해를 새로운 상황에 맞게 적용하거나 그것을 이용하여 문제를 해결하도록 요구하는 발문이다. ④ 분석 발문은 특정 개념이나 해결 방안 혹은 개념이나 자료를 요소나 부분으로 나누거나 관련성을 찾도록 요구하는 발문이다. ⑤ 종합 발문은 학생에게 여러 개의 아이디어나 요소를 종합하여 새로운 것으로 창조하도록 요구하는 발문이다. ⑥ 평가 발문은 학생이 특정 기준을 사용하여 사물에 대해 판단을 내리도록 요구하는 발문이다.

◎ **발문 수준 점검표**

| 발문 수준 | 발문 유형 | 주요 활동 | 발문 번호(√) | | | | | | | | | | | 주요 장면 요약 |
			1	2	3	4	5	6	7	8	9	10	합계	
저수준	지식(암기)	•정의 •암기 •설명												
	이해	•의역 •요약 •부연												
	적용(변환)	•적용 •활용												
고수준	분석(관계)	•구별 •관계												
	종합(창조)	•정보 •구성 •생산												
	평가(판단)	•대안 •선택 •결정												

고수준의 질문은 학생의 이해를 확장시키고, 자신의 생각과 동료의 생각을 비교하게 하여 고등 사고 능력을 향상시킨다. 그러나 고수준의 질문만을 하면 일부 상 수준 학생만 참여한다. 이것을 방지하려면 질문에 대답할 시간, 동료의 답변에 반응할 시간, 이해를 확장하고 심화시킬 시간을 충분히 제공해야 한다.

◎ **발문 전략 점검표**

| 발문 전략 | 평가 척도 | | | 사례 및 수정 보완 |
	미흡	보통	우수	
1. 발문 후 학생 대답을 듣기 전에 최소 3초 대기한다.				
2. 학생이 응답할 시간을 충분히 주고 기다린다.				
3. 학생이 응답하기 전에 자신의 언어로 연습하게 한다.				
4. 가급적 폐쇄적 발문보다는 개방적 발문을 활용한다.				

5. 사고 구술법을 활용하여 학생 사고 활동에 도움을 준다.			
6. 질문을 만들어 친구와 묻고 대답하는 활동을 하게 한다.			
7. 가급적 저차원 발문보다는 고차원 발문을 사용한다.			
8. 동료 답변에 대해 보충하거나 추가 질문을 하게 한다.			
9. 힌트를 제공하여 학생이 보다 쉽게 대답하게 한다.			
10. 학생에게 반대를 위한 반대 질문을 만들게 한다.			

(2) 탐문

탐문은 질문 뒤에 나오는 질문이다. 탐문은 초기 반응을 심화·확장시키거나, 명료화하게 하거나, 일탈된 반응을 다시 원점으로 되돌리거나, 초기 반응을 정교하게 다듬는 질문이다. 박태호(2004)는 탐문[10]의 유형을 ① 초점화하게 하기, ② 입증하게 하기, ③ 명료화하게 하기, ④ 정교화하게 하기, ⑤ 확장하게 하기의 다섯 가지로 구분했다.

① **초점화하게(refocusing)** 하기는 학생의 첫 반응이 교사의 핵심 질문에서 이탈되어 초점을 바로잡고자 할 때에 사용한다. ② **입증하게 하기**는 학생이 교사의 발문에 반응했을 때 관련 정보의 출처를 밝히도록 요구하여 정보의 정확성을 한층 높이고자 할 때에 사용한다. 일반적으로는 '_____을 어떻게 알았는가?'의 형식으로 물으면 된다. ③ **명료화하게 하기**는 학생의 첫 반응이 틀리지는 않지만 다소 불분명하거나 부적절한 용어로 표현하여 기대에 못 미칠 경우에 사용한다. ④ **정교화하게(elaboration)** 하기는 교사의 발문에 답한 학생 응답이 정답의 범주에는 포함되나, 너무 기본적이거나 간결할 경우에 더 구체적인 대답을 요구할 때에 사용한다. ⑤ **확장하게 하기**는 동일 내용에 대한 학생의 다양한 반응을 요구할 때에 사용한다.

◎ **탐문 점검표**

질문 번호	교사 질문		학생 응답에 대한 교사 반응				교사 탐문					
	수렴	확산	인정	부분 인정	인정 거부	모름/ 무응답	탐문 없음	초점화	명료화	입증화	확장화	정교화
1												
2												
3												

---

10. 박태호(2004)에서는 반응대화라는 명칭을 사용했다.

⋮										
총										

4) 서사(스토리텔링)

스토리텔링 수업 설계 유형은 ① 도입 학습 스토리텔링, ② 전개 학습 스토리텔링, ③ 정리 학습 스토리텔링, ④ 도입–전개–정리 학습 스토리텔링의 네 가지 유형으로 분류할 수 있다(백조현 · 박수홍 · 강문숙(2010: 123) 부분 수정). 도입 학습에는 주의집중, 학습 동기 유발, 학습 활동 안내가 포함된다. 전개 학습에는 내용 전달과 이해, 수업 전략, 발문과 토론, 효과적 의사소통, 점검과 대처, 수업 자료, 수업 운영이 포함된다. 정리 학습에는 평가와 관리가 포함된다.

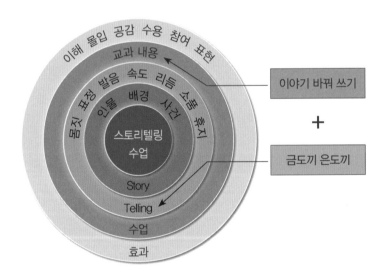

위의 그림은 윤 교사의 스토리텔링 수업 장면을 도식화한 것이다. 이 차시의 학습 목표는 '친구와 이야기를 새롭게 꾸며볼 수 있다.'이고, 제7차 교육과정에 따라 개발된 『쓰기』교과서 둘째 마당 '우리가 꿈꾸는 세상'의 3/6차시이다. 윤 교사는 '궁금이상자'를 활용하여 학생의 주의를 집중시키고, '금도끼 은도끼' 이야기를 변용한 스토리텔링을 활용하여 학습 목표를 확인하고, 학습 동기를 유발했다. 이어지 '금도끼 은도끼' 스토리텔링 수업 대화 장면을 보면, 지금까지의 논의와 구체적으로 연결된다.

> **교사** 선생님이 금도끼 은도끼 이야기를 들려줄 텐데요. 여러분이 알고 있는 이야기와는 조금 달라졌습니다. 어떤 부분이 달라졌는지 귀 기울여 잘 들어 보세요. 옛날 어느 날, 나무꾼이 나무를 하고 있었어요. 그런데 너무 더워져서 윗옷을 벗어 놓고 나무를 했어요. 나무하기를 다 끝마치고 주위를 둘러보아도 윗옷이 보이지 않는 것이었어요. 그래서 나무꾼이 엉엉 울고 있었을 때 산신령이 뿅! 하고 나타났어요. "이 도끼가 네 도끼냐?", "아니옵니다. 저는 도끼를 잃어버린 게 아니라 윗옷을 잃어 버렸습니다."라고 했어요. 그러자 산신령이 "그럼, 이만 난 들어가 보겠다."라고 했어요. 그때였어요. 산신령한테 강한 바람이 슝 불더니 산신령의 윗옷이 벗겨졌어요. (나무꾼이 잃어버린 옷을 입고 있는 산신령의 모습이 나타난다.)
>
> **교사** 자, 여러분이 알고 있는 금도끼 은도끼와 무엇이 달라졌나요? 슬기.
>
> **학생** 네, 원래 동화에는 그 도끼가 없어지는 것인데 옷이 없어지는 것으로 바뀌었습니다.
>
> **교사** 네, 방금 들은 이야기를 잘 생각해서 오늘 쓰기 시간에는 어떤 공부를 하게 될 것 같아요? 민혁이.
>
> **학생** 네! 이야기를 새롭게 바꾸어 쓰는 것을 해볼 것 같습니다.

5) 단서(힌트, 실마리)

실마리 제공하기는 학생이 전혀 대답을 못 하거나 일부분만 대답했을 때 혹은 틀리게 대답을 한 경우에 학생의 학습 활동 참여를 조장하기 위해 사용하는 언어적/비언어적 수업 대화 전략이다(Hume, Michael, Rovick, & Evens, 1996; McArthur et al., 1990). 학생이 교사의 발문에 대답을 하지 못하고 머뭇거리거나 지나치게 막연해할 때에는 실마리를 제공해야 한다. 이때에 교사는 정답에 가까운 실마리를 제공하기보다는 학생 스스로 과제를 해결할 수 있도록 필요한 정보를 다양하게 제시해야 한다.

6) 풀기

학습 활동 참여는 문제 풀이로부터 시작된다. 학생은 배우고 익힌 내용을 연습하거나 적용할 때에 적극적으로 반응한다. 교사의 질문에 응답하거나 교과서와 학습지의 연습문제를 풀면서, 유인물에 제시된 절차에 따라 토론과 토의 활동을 하면서 자연스럽게 학습 활동에 참여한다.

Rosenshine과 Stevens(1986)는 학생의 학습 활동 참여 유도 방안으로, ① 다양한 문항의 질문 준비하기, ② 요점, 보충 내용 관련 질문 준비하기, ③ 학생 자신의 언어로 학습 내용이나 절차 요약하기, ④ 칠판이나 유인물에 학습 문제를 제시하고, 교실을 순회하면서 학생 발달 수준 점검하기, ⑤ 친구와 정답 검토하기, ⑥ 정리 부분에서 모둠별로 주요 내용 요약하여 발표하게 하기의 여섯 가지를 제안했다. 이것을 표로 제시하면 다음과 같다.

◎ 문제 풀기와 학습 활동 참여 유도

문제 풀이 유도 활동	문제 풀이 유도 목적				
	동기 유발	특정 활동 종료 후	수업 전환	과제로 인한 지연	무제한 (학생 재량)
질문					
교과서나 학습지의 연습문제					
유인물 연습문제					
OHP나 칠판의 연습문제					
기타					

7) 토론

진정한 토론은 모든 학생이 주제에 대해 서로의 생각을 공유하고, 교사는 토론이 원만히 진행되도록 안내하며, 학생은 토론 활동에 적극 참여할 때에 발생하고, 토론을 하면서 주제에 대한 이해를 확장시키고 심화시킨다. 유능한 교사는 토론을 할 때에 학생이 동료의 반응을 존중하도록 지속적으로 교육을 하고, 동료의 논평에 대해 질문하도록 유도하며, 토론 평가표를 활용하여 토론의 양적 측면과 질적 측면을 종합적으로 기록하고, 해석한다. 아울러 학교 블로그 등에 토론 주제를 게시하여 학생의 적극적인 참여를 끌어낸다.

학생의 토론 능력을 향상시키는 기법 중의 하나가 소크라테스의 산파술이다. 소크라테스의 문답식 토론 유형에는 사고 탐색, 가정 탐색, 추론 탐색, 대안 탐색, 결론 탐색, 메타 질문이 있다. 사고 탐색은 응답 사고 능력을 향상시키는 발문 전략이고, 가정 탐색은 드러나지 않는 가정을 조사하는 사고 능력을 향상시키는 발문이며, 추론 탐색은 주장에 대한 근거 제시 및 반박 활동과 관련된 사고 능력을 향상시키는 발문이다. 대안 탐색은 논제를 다양한 관점에서 해석하고 평가하는 데 도움을 주는 발문이고, 결론 탐색은 논제에 대한 함축과 결론 제시 능력을 향상시키는 발문이며, 메타 질문은 다양한 발문의 효용성을 판단하는 발문이다.

◎ **문답법을 활용한 토론 전략**

항목		평가 척도 (√)			
		미흡	보통	우수	탁월
사고 탐색	그렇게 말하는 까닭은?				
	다시 한 번 더 설명을 한다면?				
	앞에서 말한 내용과 지금 말하는 내용의 관계는?				
가정 탐색	내 생각을 수정한다면 정답은 무엇인가?				
	또 다른 가정도 가능한가?				
추론 탐색	그렇게 생각하는 까닭은?				
	이것을 어떻게 알았지?				
	의견을 뒷받침하는 사실은?				
대안 탐색	이것을 또 다른 관점에서 본다면?				
	이러한 관점이 다른 것에 비해 우수한 까닭은?				
	이 관점의 강점과 약점은 무엇인가?				
결론 탐색	다음에는 어떤 일이 발생할 것인가?				
	이전에 알고 있는 내용이 어떻게 변화되었는가?				
메타 질문	질문의 요지는 무엇인가?				
	질문이 사고 발달에 어떤 도움을 주었는가?				
	사고력 향상에 도움이 되는 질문은?				

몇몇 교실에서는 일부 학생들이 토론을 주도하면서 다른 학생의 참여를 막는 경향이 있다. 교사는 이러한 상황을 방지하고, 모든 학생이 토론에 적극 참여하여 상호 협력하는 환경을 조성해야 한다. 이때에 활용할 수 있는 방법 중의 하나가 토론 참여 유도표와 점검표이다.

◎ 학생의 토론 참여 유도표

활동	자료	참여도			반성 및 수정
		미흡	보통	우수	
모둠별 참여 • 교사가 모둠별 질문 • 기다리기 • 특정 모둠 지명 발표 • 질의응답 • 일부 모둠 응답 내용 요약					

반응 카드 활용 참여
• 교사가 말이나 글로 질문
• 학생은 반응 카드로 응답
• 다양한 카드 활용 가능
  – 예/아니오 카드
  – 글자가 색인된 카드
  – 글자를 적을 수 있는 빈 카드					

수신호 활용 참여
• 교사 질문
• 엄지손가락으로 반응
  – 정답은 올리기
  – 오답은 내리기
  – 자신 없으면 수평으로 하기					

무작위 참여
• 무작위 추천 및 참여 유도
  – 나무 막대기
  – 숫자
  – 탁구공 등					

8) 매체

매체 활용 역시 수업의 질을 결정한다. 매체 자료의 유형에는 청각 자료, 언어 자료, 시각 자료, 촉각 자료가 있다.

◎ 매체 자료의 유형

청각 자료	언어 자료	시각 자료	촉각 자료
• 교사 설명 • 교사와 학생 질문 • 오디오나 비디오 청취 • 따라 읽기 • 학생들의 소집단 토론	• 판서 • OHP • 낭독 • 소집단 교재 읽기 • 필기	• 차트, 그래프, 삽화 • 도표나 그림 관찰 • 영화나 비디오 감상 • 실물이나 모형 관찰	• 표본 검토 • 기구 사용 • 제작과 구성(붙이기, 　잘라내기, 그리기) • 자료 배열과 순서 조합

좋은 수업은 위에서 제시한 매체를 학습 유형에 맞게 적용하고 활용하는 수업이다. 예를 들면, 소집단 활동을 하면서 하나의 차시 학습 목표에 대해 금강 모둠에서는 청각 자료(카세트테이프나 발표)를, 한라 모둠에서는 보기 자료(칠판의 도표 활용, 영화 감상 및 컴퓨터 자료 활용)를, 설악 모둠에서는 촉각 자료(표본이나 기구 사용, 제작)를 활용하여 학습할 수 있다. 이에 대해 Marx와 Walsh(1988)는 소집단별로 서로 다른 유형의 매체를 활용하여 학습 활동을 전개하면, 학생 자신이 학습 활동을 통제하고 제어하는 느낌을 갖게 된다(설양환 · 박태호 외 역, 2005: 172).

◎ 매체 활용 점검표

5분 간격	구두 자료	쓰기 자료	시각 자료	촉각 자료
1				
2				
3				
4				
5				
6				
7				
8				
9				
10				
합계				
백분율				
시간(분)				

4. 학생 배움중심의 수업 원리

　학생 배움중심 수업 원리로 정서적 공감과 인지적 지원을 들 수 있다.[11] 정서적 공감 원리에는 칭찬하기, 격려하기, 존중하기, 수용하기 등이 해당되고, 주로 학생 입장을 정서적으로 공감하고 지지하는 역할을 한다. 인지적 지원 원리에는 개발하기, 도전하기, 참여하기, 연결하기, 책임 공유하기, 작게 나누어 질문하기(세분) 등이 해당되고, 주로 지식과 기능의 개발과 소통 및 표현을 지원하는 역할을 한다.

배움 원리를 반영한 계절에 따른 태양과 지구 사이의 거리에 대한 오개념 지도 예시

　배움 원리를 반영한 계절에 따른 태양과 지구 사이의 거리에 대한 오개념 지도 방안입니다. 우선 사진 또는 여러 자료를 활용하여 태양계의 구조에 대해 학습한 것을 떠올리도록 합니다(**단서**). 여기에서 태양과 지구의 관계가 어떠한지 물어봄으로써 둘 사이의 관계에 주목할 수 있도록 합니다(**발문, 관찰**). 그러면 학생들은 태양 주위를 지구가 공전한다는 것을 다시 인식할 수 있습니다. 그런 다음에 태양계 행성들의 움직임을 시뮬레이션으로 구현할 수 있도록 한 매체(예: 'Solar Walk Lite')를 활용하여 태양계 주변에서 지구의 공전 궤도를 관찰할 수 있도록 합니다(**매체**). 관찰을 하면서 지구는 태양 주위의 어느 곳에 있더라도 거리가 거의 일정하다는 것을 발견할 수 있도록 안내합니다. 즉, 태양과 지구 사이의 거리가 계절에 따라 달라지면서 영향을 주는 것이 아니라는 것을 알 수 있도록 합니다.

　단서, 발문, 관찰, 매체 등의 원리를 활용하여 진행되는 학생의 배움활동 도중에 학습 활동 참여 상황을 고려하여 공감과 지원 활동을 할 수 있습니다. 관찰력이 좋은 학생에게는 수용과 칭찬 활동을, 관찰력이 다소 부족한 학생에게는 격려와 대기 활동으로 지도할 수 있습니다. 이러한 공감 활동 외에도 시뮬레이션 활동을 보면서 지구의 공전 궤도를 보고 토의하도록 하면서 공동으로 문제를 해결할 수 있도록 할 수 있습니다. 또는 다른 행성의 궤도와 연결시키는 활동도 가능합니다. 공감과 지원에 기초한 '계절에 따른 태양과 지구 사이의 거리에 대한 오개념 처방 교수법'을 제시하면 다음과 같습니다.

---

11. 박태호(2009: 51~60)에서 요약 발췌 및 추가.

◎ 계절에 따른 태양과 지구 사이의 거리에 대한 오개념 처방 교수법 및 원리

| 개념 | • 계절에 따라 태양과 지구 사이의 거리는 거의 차이가 없다.
• 태양과 지구 사이의 거리는 계절에 거의 영향을 미치지 않는다. |

| 오개념 | • 태양과 지구 사이의 거리가 계절에 따른 기온에 영향을 미친다고 잘못 알고 있다.
  – 여름에는 태양과 지구 사이의 거리가 가까워져 기온이 높아진다고 잘못 생각한다.
  – 겨울에는 태양과 지구 사이의 거리가 멀어져서 기온이 낮아진다고 잘못 생각한다. |

| 배움 전략
(교수법) | • 사진 또는 매체 자료를 활용하여 태양계의 구조를 떠올린다(단서).
• 태양과 지구의 관계에 주목하여 관찰할 수 있도록 한다(발문, 관찰).
• 태양계 행성들의 움직임을 시뮬레이션으로 구현한 매체(예: 'Solar Walk Lite')를 활용하여 태양계 주변에서 지구의 공전 궤도를 관찰할 수 있도록 한다(매체). |

| 배움 원리 | • 공감: □칭찬 □격려 □존중 □수용 □유머 □딴청 □기타
• 지원: □도전 □개발 □연결 □공유 □대기 □표현 □기타 |

1) 정서적 공감 원리

(1) 칭찬하기

칭찬하기는 적절한 반응에 대해 긍정적인 평가를 하는 전략이다(Brophy, 1986). 칭찬하기는 언어를 매개로 하여 이루어지는 긍정적 피드백의 한 유형이다. 교사는 칭찬을 하면서 학생이 자유분방한 분위기에서 적극적으로 대답할 수 있도록 유도를 해야 한다. Brohpy와 Good(1986)에 따르면, 대부분의 교사가 칭찬을 하면서 보낸 시간은 하루 일과의 2%에 불과하다고 한다. 칭찬의 교육적 효과에 비해, 실제 교실 수업에 적용된 칭찬하기 비율은 매우 미약하다고 할 수 있다.

칭찬은 칭찬 방식과 칭찬 유형으로 구분할 수 있다. 칭찬 방식에는 ① 말로 하는 칭찬, ② 고개를 끄덕이거나 등을 두드리는 것과 같은 신체를 활용한 칭찬, ③ 글로 하는 칭찬이 있다. 칭찬 유형에는 ① 중립적 확언, ② 놀람이나 기쁨, 흥분 표현, ③ 가치 설명, ④ 사용과 확장, 정보 입수의 칭찬이 있다. ① 중립적 확언에는 '좋아', '훌륭해', '그렇지' 등이, ② 놀람이나 기쁨, 흥분 표현에는 '너는 천재다', '탁월해' 등이, ③ 가치 설명에는 '학급 어린이들에게 정답인 이유를 설명하고, 원인이나 요소를 분석해서 증명하기' 등이, ④ 사

용이나 확장, 정보 입수에는 '다음 수준으로 학생 반응을 인도하거나 후속 단계에 도달할 수 있도록 칭찬 사용하기' 등이 해당된다.

(2) 격려하기

격려하기란 부정확하게 답변을 하거나 오답을 한 학생을 격려하여 그 학생이 원하는 내용으로 반응하도록 인도하는 수업 대화 전략이다(조벽, 2001: 112~114; Graesser et al., 1995; Person, 1994). 학생이 과제 수행에 필요한 지식, 기능/전략, 태도에 관해 오류를 범하거나 부적절한 행동을 하면 지적을 하여 교정해야 한다. 만약 이에 대해 언급을 하지 않으면 학생은 오답을 정답으로 알게 될 가능성이 있으므로 교사는 오류 상황을 파악하는 즉시 개입하여 교정해야 한다.

문제는 교정 방식에 있다. 지나치게 무안을 주거나 이와는 반대로 지나치게 칭찬을 하면 안 되기 때문이다. 학생의 오류를 교정할 때에는 틀린 이유를 명확히 밝히되 교사가 보다 적극적으로 개입하여 '~하니까 그렇게 생각할 수 있겠군', '그런 점도 있지', '○○의 생각도 옳은데 그 생각에는 어떤 내용이 빠져 있나 하면~' 등의 표현을 사용할 수 있다(이용숙 · 조영태, 1987: 253).

(3) 유머 활용하기

유머 활용하기는 긴장과 이완의 심리를 적절히 활용하여 진행하는 수업 대화 전략이다. 교실 수업은 목표 지향적이라는 점에서 팽팽한 긴장이 흐르기 쉽다. 그러나 긴장할수록 학습 효과는 떨어진다(민현식, 2001: 82~83). 또 고차원적인 사고 능력을 기른다고 해서 너무 심각한 질문만을 하게 되면 수업 분위기가 딱딱해져서 학생이 흥미를 상실할 우려가 있다(이용숙 · 조영태, 1987: 243). 이때 유머 활용하기 전략을 활용하면 효과적이다. 또 수업 중 교사의 발문에 대해 부적절한 반응을 한 학생이 친구들 앞에서 무안함을 느끼지 않고, 학습 활동을 마무리하도록 유머를 사용하면 효과적이다.

(4) 맞장구치기(수용하기)

맞장구치기는 교사가 학생의 말을 듣는 도중이나(Clark & Schaefer, 1989), 듣고 난 후에 사용하는 피드백 전략이다(장은아, 1999). 맞장구치기에는 언어적, 비언어적 행위가 포함되고, 이것을 사용하는 목적은 학생의 문제 해결 능력 신장과 명확한 표현의 유도에 있다. 맞장구치기의 유형에는 적극적 유형의 맞장구, 중도적 유형의 맞장구가 있다. 약간

적극적 유형에는 '좋았어', '그래', '잘했어', '적극적으로 고개 끄덕이기' 등이 포함되고, 중도적 유형에는 '으-음', '아-아아', '어-어어', '눈짓' 등과 같이 명확하게 의사표현을 하면서 맞장구를 치는 것은 아니지만 동조하고 있다는 느낌이 들게 하는 것들이 포함된다.

맞장구치기는 다음의 세 가지 기능을 가진다. 첫째, 교사가 맞장구를 칠 때, 학생은 자신이 하고 있는 말을 교사가 주의 깊게 듣고 있으며, 자신이 말하는 내용을 교사가 이해하고 있다는 생각을 하게 된다(Clark & Schaefer, 1989). 둘째, 중도적 혹은 적극적 차원에서 이루어지는 맞장구치기를 접하는 학생은 심리적으로 편안함을 느끼거나 학습 동기가 유발되고, 경우에 따라서는 스스로 자신의 생각을 조절하면서 발표하는 자기조절 사고 능력을 기를 수 있다. 셋째, 맞장구치기는 대화를 지속시킬 수 있는 동기를 제공한다. 대화 도중 고개를 끄덕이거나 미소를 짓는 교사의 비언어적 행위나 '좋아' 등과 같은 언어적 행위는 우호적 분위기에서 대화를 지속시킬 수 있는 윤활유 역할을 한다.

(5) 존중하기

학생 개인을 하나의 인격체로 인정하고, 학습권을 존중한다. 학생이 학습 활동 도중에 오개념(기능)이나 난개념(기능) 때문에 주춤거리는 상황이 발생할 때에 부정적인 언어를 사용하여 명령, 지시, 억압, 강요, 비난 등을 하지 않고, 학생이 따뜻하고 편안한 상태에서 학습 활동에 참여할 수 있도록 배려하는 것이다.

2) 인지적 지원 원리

(1) 작게 나누어 말하기(슬라이싱(Slicing); 분화)

작게 나누어 말하기는 초기 대화 목적과 내용은 바꾸지 않고 학습자의 수준에 맞게 범위를 작게 조정하거나 쪼개어 대화를 나누는 전략이다(Brophy, 1986). 이 전략을 사용할 때에는 한 번에 한 가지씩, 체계적인 절차를 밟되 학생이 쉽게 말하게 해야 한다.

(2) 책임 공유하기

책임 공유하기란 동료와 사전에 답변을 의논하고, 그 결과에 대해서도 공동 책임을 지는 것(조벽, 2001: 110), 오답 제시에 대한 책임을 학생 개인이 아닌 교사나 동료가 함께 지는 것을 말한다. 학습 능력이 우수한 학생이나 부진한 학생 모두 수업 중 답변하기 어려운 문제로 고민하는 경우가 있다. 이때에 동료 학생과 사전에 의논을 하면 부담이 줄어든다. 정답을 몰랐지만 동료와 의논을 하면서 부담이 줄고, 오답을 제시한 경우에도 책임이 분산되어 부담을 덜 느낀다.

(3) 기다리기

기다리기란 교사가 학생에게 발문을 할 때에 학생이 발문 내용을 충분히 생각하고 답을 하도록 시간적 여유를 주는 전략이다. 연구 결과에 따르면 발문 후에 학생의 반응을 기다리는 교사의 대기 시간은 학생 반응의 질과 양에 영향을 준다(Rowe, 1974).

발문 후 3~5초 정도에 걸쳐 의도적으로 기다리기 전략을 사용한 결과 학생에게는 ① 응답시간의 증가, ② 자발적이고 정확한 응답의 증가, ③ 부정확한 응답의 감소, ④ 학생 자신감의 증가, ⑤ 심사숙고하여 발표하는 사례 증가, ⑥ 교사주도의 대화 감소에 따른 학생주도의 대화 증가, ⑦ 더 많은 증거 제시를 이용한 추론 및 진술하기, ⑧ 학생주도의 질문 증가, ⑨ 학습 부진 학생들의 수업 참여도 증가 등이 일어났다. 교사에게는 ① 토의 과정 유연, ② 발문양의 감소, ③ 다양한 유형의 발문 사용 증가, ④ 학습 부진 학생들에 대한 교사의 기대 증가 등이 일어났다(권낙원 역, 2001: 381~382).

(4) 딴청부리기

딴청부리기는 수업 시간에 학습 동기를 유발할 때, 선수학습 관련 내용을 확인하기 위해 배경지식을 활성화할 때, 학습자에게 긴장감을 조성하면서 새로운 내용을 학습시킬 때에 사용하는 수업 대화 전략이다. 일명 모르는 척하기 전략, 잡아떼기 전략이라고 할 수 있다. "선생님이 잘 모르니까 여러분들이 도와주세요.", "창수가 이야기한 것이 정말 맞아요?", "선생님이 작년에 5학년 형님들을 가르칠 때, 형님들도 굉장히 어려워하던 문제인데, 여러분들이 이 문제를 풀 수 있어요?", "선생님은 잘 기억이 나지 않는데 ○○○의 뜻이 무엇이죠?"와 같은 수업 대화가 여기에 해당된다.

(5) 연결하기

선수학습 내용과 후속 학습 내용 연결하기, 학생 경험과 학습 내용 연결하기, 배경지식과 학습 내용 연결하기, 동료의 생각과 내 생각 연결하기, 현재의 학습 내용과 다른 교과의 학습 내용 연결하기, 교과서의 내용과 교과서 밖의 내용 연결하기 등이 해당된다.

(6) 도전하기

본인의 학습 능력보다 난이도가 약간 높은 과제에 정면으로 맞서 문제를 해결하게 하거나 새로운 목표 달성을 위해 과제 수행에 적극적으로 참여하는 것을 말한다. 학생 스스로 학습 활동의 주체가 되어 목표와 과제를 선정하고, 해결 방안을 모색할 때에 최선의 학습 효과를 얻을 수 있다. 이때에 교사나 유능한 동료는 학생이 복잡한 과제에 대해 지속적으로 도전하도록 비계설정을 해야 한다.

(7) 표현하기

학생이 학습 활동의 주체가 되어 동료와의 상호작용을 바탕으로 지식을 구성하고, 공부한 내용을 자신의 생각과 언어로 진술하여 친구 앞에서 다양한 방법으로 자유롭게 발표하게 하면 더 효과적이다. 학습 활동 표현 방법에는 말하기, 쓰기, 그리기, 춤, 역할놀이, 음악, 율동 등이 포함된다.

(8) 개발하기

학습 목표 도달에 필요한 학습 능력(지식 및 기능과 태도)을 발전시키는 것이다. 새로운 관점, 가능성 및 아이디어를 추구하거나 계속 발전시키도록 격려하고 유도한다.

(9) 되돌리기

학생이 오개념이나 난개념을 배우면서 주춤할 때에 이전 학습으로 돌아가서 다시 학습하는 것을 말한다. 이때에는 이전 학습에서 배운 내용을 복습할 수도 있고, 이전 학습 내용보다 더 쉬운 내용으로 다시 학습할 수도 있으며, 교사주도로 동료주도 등 다양한 학습 유형이 가능하다. 아울러 e-러닝에 기초한 학습도 가능하다.

(10) 더 나아가기

학생이 기본 학습 활동을 종료한 후에 심화 학습을 하는 것이다. 학생 수준보다 다소 높은 도전 과제를 제시하는 것이 좋고, 자기주도나 동료주도 등의 다양한 활동이 가능하다.

제2부

학생 진단을 통한
개념이해학습 설계과정

고체는 딱딱하다?

한눈에 알아보기

◎ **학습 주제**

고체에 대해서 알아보기

◎ **성취 기준**

물체와 물질을 고체, 액체, 기체로 구분할 수 있다.

◎ **오개념 1**

고체는 손으로 잡을 수 있기 때문에 딱딱하다.

◎ **오개념 2**

가루물질은 고체가 아니다.

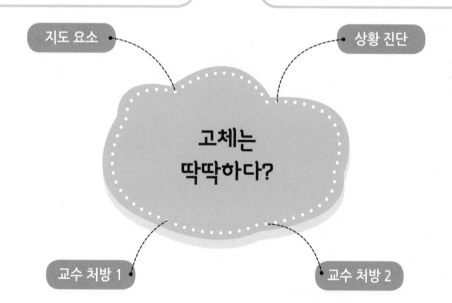

지도 요소

상황 진단

고체는 딱딱하다?

교수 처방 1

교수 처방 2

◎ **오개념 1 처방**

• 고체의 예를 살펴보면서 고체의 성질을 찾아 발표하기

• '딱딱하다' 또는 '차갑다'는 생각이 나오면 추가 자료를 제시하여 공통적인 성질만을 찾아 정리하기

◎ **오개념 2 처방**

• 가루물질을 직접 관찰하여 가루물질이 어떤 상태인지 유추하기

• 고체의 정의와 가루물질을 직접 관찰한 내용을 통합하여 가루물질이 고체임을 알기

 **지도 요소**

- ○ **관련 단원** 　[3학년 1학기]　 1. 우리 생활과 물질 | (3) 물질의 상태(9/12차시)
- ○ **학습 주제**　 고체에 대해서 알아보기
- ○ **성취 기준**　 [핵] 과4045-2. 물체와 물질을 고체, 액체, 기체로 구분할 수 있다.
- ○ **학습 목표**　 • 고체의 성질을 설명할 수 있다.
  　　　　　　　 • 우리 주위에 있는 고체 물질의 다양한 예를 찾을 수 있다.

상황 진단

오개념 1	고체는 손으로 잡을 수 있기 때문에 딱딱하다.
문제 상황 진단	고체의 공통적인 성질은 '손으로 잡을 수 있다', '눈에 보인다', '담는 그릇이 바뀌어도 모양과 크기가 변하지 않는다' 등이다. 그러나 학생들은 이와 같은 고체 물질의 공통적인 성질 이외에도 '딱딱하다', '차갑다' 등도 고체의 공통적인 성질이라고 말할 수 있다. 상온에서 대부분의 고체 물질로 이루어진 물체들은 딱딱하고 차갑기 때문이다. 그러나 이러한 학생들의 생각은 모든 고체의 공통적인 성질에 부합하지 않으므로 오개념이라고 할 수 있다. 즉, 고체 중 일부만이 나타내는 성질을 마치 고체가 가진 공통적인 성질로 생각하여 오개념을 갖게 되는 것이다.
오개념 2	가루물질은 고체가 아니다.
문제 상황 진단	고체란 나무, 철, 플라스틱 등과 같이 일정한 모양과 크기를 가지고 있는 물질의 상태를 말한다. 그러므로 고체는 담는 그릇이 바뀌어도 모양과 크기가 변하지 않는다. 그러나 소금, 설탕, 모래 등과 같은 가루물질은 담은 그릇에 따라 모양이 변하는 것처럼 보이기 때문에 고체가 아닌 상태라고 생각할 수 있다. 그러나 가루 물질은 하나하나의 알갱이를 놓고 생각해 보았을 때 담는 그릇에 따라 모양과 크기가 변하지 않으므로 고체임에 분명하다. 하지만 학생들은 하나하나의 알갱이를 보고 판단하지 않고 가루물질이 여러 개 모여 있는 상태를 가루물질이라고 생각하여 이와 같은 오개념을 갖게 되는 것이다.

관련 개념

왜 모양이 변하지 않을까?

　고체란 일정한 모양을 가지고 있어 힘이나 압력의 변화에도 모양이나 부피가 변하지 않는 물질의 상태를 말한다. 즉, 고체 내부에는 고체를 이루는 입자들이 빽빽하고 규칙적으로 들어 있고, 이러한 입자들 간에는 서로 끌어당기는 힘이 작용한다. 그런데 입자 사이의 간격이 너무 가깝다 보니 서로를 끌어당기는 힘도 매우 크다. 그래서 입자들은 자유롭게 움직이지 못하고 제자리에서 진동하는 정도의 운동을 한다. 이렇게 입자들이 자유롭게 이동할 수 없기 때문에 고체는 모양이 변하지 않고 일정하다.

3
학년
1
학기

유리는 고체가 아니다?

우리가 주변에서 쉽게 볼 수 있는 고체를 찾으라고 하면 학생들은 교실을 두리번거리다가 '유리'라고 답하기도 한다. 하지만 유리는 내부성분들이 규칙적인 구조를 가지고 있는 고체와 다르게 불규칙하게 연결되어 있다. 그래서 과학자들은 유리를 비결정성 고체 즉, '물체를 이루고 있는 물질의 입자가 불규칙하게 배열되어 있고, 녹는점이 일정하지 않은 고체'라고 분류한다. 하지만 일부 과학자들은 유리를 점성이 매우 강한 '액체'라고 분류하기도 한다. 유리가 액체의 성질인 유동성을 가지고 있기 때문이다. 그러므로 이와 같은 사실에 대해서 초등학생들에게 '유리는 고체다' 또는 '유리는 액체다'라고 어느 한 가지로 단정지어 말하는 것은 적절하지 않다. 다만 모든 물질을 명확하게 분류할 수 있다기보다는 물질이 다양한 상태로 존재한다는 것을 알 수 있도록 안내해 주는 것이 더 적절할 것이다.

3학년 1학기 1단원 고체는 딱딱하다? 65

교수 처방

교수 처방 1 · 오개념 고체는 손으로 잡을 수 있기 때문에 딱딱하다

우리 주위에는 고체 물질로 이루어진 물체들이 많다. 그래서 학생들은 고체에 대한 정의를 바탕으로 다양한 예를 제시해 주면 고체에 대해 아주 쉽게 이해한다. 그러나 고체가 가진 공통적인 성질을 찾아보라고 하면 모든 고체가 가지고 있는 성질이 아닌, 일부 고체가 지닌 성질을 공통적인 성질인 것과 같이 생각하는 경우를 볼 수 있다. 예를 들어, '딱딱하다' 또는 '차갑다'를 고체의 공통적인 성질이라고 말하는 경우가 그것이다. 대부분의 고체는 손으로 잡을 수 있으니 당연히 딱딱하고, 외부의 온도에 따라서 변할 수도 있지만 상온에서는 차갑기 때문에 교사들도 이러한 생각이 잘못되었다고 생각하지 못할 수 있다. 그러나 '딱딱하다' 또는 '차갑다'는 모든 고체들이 지닌 성질이 아니므로 고체의 공통적인 성질이 아니다. 그러므로 이러한 오개념을 처방할 수 있는 전략이 필요하다.

생각해 보기

학생들에게 고체로 이루어진 물체를 제시하고 관찰하게 하여 고체란 무엇인지 개념을 정립할 수 있도록 한다. 그 후 관찰한 자료를 다시 한 번 더 관찰하게 하여 고체가 지닌 공통적인 성질이 무엇인지 찾아서 발표하게 한다. 이 때, 교사는 학생들이 고체의 공통적인 성질이 아닌 일부 성질을 발표하더라도 수용하도록 한다.

그 후 학생들이 고체의 공통적인 성질이라고 발표한 내용 중에서 모든 고체의 성질이 아닌 성질임을 보여 줄 수 있는 추가 자료를 제시한다. 예를 들어 딱딱하지 않은 고체(지우개), 차갑지 않은 고체(핫팩)등을 제시한다. 학생들은 추가 자료를 관찰함으로써 앞에서 자신들이 발표한 성질들 중 어떤 것이 잘못되었는지 스스로 알 수 있는 기회를 갖게 될 것이다. 이렇게 고체의 공통적인 성질이 무엇인지 스스로 알아낸 후, 교사가 다시 한 번 고체의 공통적인 성질에 대해 정리하여 올바른 개념을 가질 수 있도록 한다.

아래 수업 대화는 고체가 무엇인지 개념을 정립하고 추가적인 자료 제시를 통해 오개념을 없애 주는 상황이다.

교사 지금까지 여러 가지 고체로 이루어진 물체들을 살펴보았어요. 고체란 무엇인가요?

학생 담는 그릇이 바뀌어도 모양과 크기가 변하지 않는 물질의 상태를 고체라고 합니다.

교사 그렇다면 여러분 앞에 놓여 있는 물체들은 고체인가요?

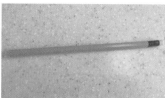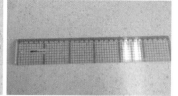

학생 네, 맞습니다.

교사 [과제] 고체가 지닌 공통점을 한 번 말해 볼까요?

학생 눈에 보여요.

학생 손으로 잡을 수 있어요.

학생 딱딱해요.

교사 [단서] 세 가지나 생각했군요. 선생님이 고체로 이루어진 물체들을 더 나눠 줄게요. 여러분이 찾은 세 가지 성질 중 혹시 틀린 것이 있는지 찾아봅시다.

학생들은 지우개를 관찰하면서 이미 말한 고체의 성질 중 잘못된 것을 찾는다. 이 때 교사는 정답을 제시해 주지 말고 학생들이 지우개를 다양한 방법으로 관찰할 수 있게 돕는다. 또한 핫팩과 같이 상온에서 따뜻한 물체도 제시해 준다면 더욱 효과적일 것이다. [단서, 매체]

교사 찾았나요?

학생 찾았습니다.

교사 어떤 것이 잘못되었나요?

학생 딱딱하다는 것이 잘못되었습니다.

교사 왜 그렇게 생각하였죠?

학생 [발표] 지우개는 말랑말랑하지만 고체이기 때문입니다.

교사 [설명] 맞아요. 고체는 모양이 변하지 않기 때문에 '딱딱하다'고 생각할 수 있는데 사실 '딱딱하다'는 것은 일부 고체만의 성질입니다. 모든 고체가 다 딱딱한 것은 아니에요. 그러므로 '딱딱하다'는 것은 고체의 공통적인 성질이라고 말할 수 없어요. 그럼 '고체는 차갑다'라는 말은 맞을까요?

학생 대부분이 차갑지 않나요?

교사 따뜻한 고체도 있어요. 무엇이 있을까요?

학생 뭐가 있지요?

교사 [단서] 추운 겨울에 "호~"하고 손을 따뜻하게 하기도 하고, 주머니에 무엇을 집어 넣기도 하는데?

학생 아! 핫팩이요! 핫팩은 따뜻하지만 고체입니다.

교사 [설명] 그렇죠. 대부분의 고체가 차갑지만 일부 고체 중에서 따뜻한 고체도 있죠. 그러므로 '차갑다'는 것도 고체의 공통적인 성질이 아니랍니다.

교수 처방 2 오개념 가루물질은 고체가 아니다

고체에 대한 정의를 바탕으로 생각해 보았을 때 가루물질은 담는 그릇에 따라 모양이 바뀌므로 고체가 아니라고 생각할 수 있다. 특히 학생들에게 직접 담긴 그릇에 따라 모양이 바뀌는 가루물질의 모습을 보여 주면 더욱 혼란스러워한다. 학생들 중 일부는 가루물질이 고체라고 강력하게 주장하지만 그 이유를 설명하라고 하면 강력히 주장할 때와는 다르게 머뭇거리며 망설인다. 그러므로 이러한 가루물질이 고체인지 아닌지를 구별하고 그 이유를 명확히 설명할 수 있는 방법을 마련해야 한다.

생각해 보기

가루물질은 알갱이가 매우 작은 입자로 되어 있는 물질이다. 그러므로 매우 작은 알갱이들을 각각 보는 것이 아니라 한 곳에 모아 놓고 보면 담는 그릇에 따라 모양이 변하는 것처럼 보인다.

이를 이용하여 교사는 학생들에게 가루물질을 여러 가지 모양의 그릇에 담는 것을 보여 주면서 혼란을 유발하고 가루물질이 고체인지 아니면 다른 상태의 물질인지 생각하게 한다. 그 후 가루물질이 무엇인지 스스로 알아낼 수 있는 기회를 제공한다. 이 때 학생들이 가루물질을 관찰할 수 있도록 다양한 관찰 도구들도 제시해 준다면 더욱 효과적일 것이다.

스스로 알아낸 결과를 바탕으로 학생들은 관찰한 결과를 발표한다. 이 때, 교사는 학생들의 관찰 결과를 고체의 정의와 연결 짓도록 도움을 준다.

아래 수업 대화는 여러 가지 가루물질의 모습을 관찰하면서 가루물질이 고체임을 알게 하는 상황이다.

교사 소금, 밀가루, 설탕의 공통점은 무엇일까요?

| 소금 | 밀가루 | 설탕 |

학생 모두 가루물질입니다.

교사 가루물질을 여러 가지 모양의 그릇에 담았어요. 그릇마다 모양이 어떻게 보이는지 이야기해 봅시다.

학생 그릇마다 모양이 변합니다.

학생 그릇마다 모양이 변하지 않았습니다.

교사 [과제] 의견이 나뉘네요. 그렇다면 이번에는 직접 가루물질을 관찰해 봅시다. 여러분에게 가루물질 중에서 소금과 설탕을 나누어 줄게요. 관찰해 봅시다.

교사 관찰한 결과를 이야기해 봅시다.

학생 가루물질을 살펴보니 알갱이의 크기가 매우 작았습니다.

학생 만져 보니 작은 알갱이들이 느껴졌습니다.

학생 소금은 짜고 설탕은 달았습니다.

교사 [단서] 그럼 이제 알갱이를 자세히 관찰해 봅시다. 그리고 알갱이가 담는 그릇에 따라 모양이 변하는지 생각해 보세요.

학생 가루물질의 알갱이를 자세히 관찰한다.

교사 가루물질은 고체일까요?

학생 고체입니다.

교사 그 이유를 이야기해 봅시다.

학생 [발표] 가루물질은 알갱이가 매우 작아서 그릇에 따라 모양이 변하는 것처럼 보이지만 알갱이의 모양과 크기는 변하지 않습니다.

교사 [설명] 맞아요. 가루물질은 알갱이 하나하나의 크기가 매우 작아서 그릇에 담으면 그릇의 모양에 따라 전체 모양이 변하는 것처럼 보이죠. 그런데 알갱이 하나하나를 살펴보면 그릇에 따라 모양이 변하지 않기 때문에 가루물질은 고체예요.

수업 개요

교과	과학		학습 주제	고체에 대하여 알아보기
학습 목표	고체의 성질을 설명할 수 있다. 우리 주위에 있는 고체 물질의 다양한 예를 찾을 수 있다.			

단계	학습 내용 (학습 집단)	교수·학습 활동	PCK 전략			자료(★) 및 유의점(※)
			배움 주춤	배움 전략	배움 원리	
배움 열기	전시학습 상기 동기유발 공부할 문제 확인	• 전시학습 상기 −자갈, 물, 공기의 차이점을 설명해 보기 • 학습동기 유발 −자갈을 여러 가지 모양의 그릇에 담았을 때 어떻게 될지 예상해 보기 • 공부할 문제 확인 −고체에 대하여 알아봅시다.	선개념	설명	연결 관찰	★자갈, 모양이 다른 그릇
배움 활동	고체가 무엇인지 알아보기 (전체)	• 고체가 무엇인지 알아보기 −모양이 다른 그릇에 자갈을 담아 보기 −자갈을 모양이 다른 그릇에 담았을 때 모양 과 크기가 어떻게 되는지 발표하기 −고체란 무엇인지 설명하기	신개념	관찰	격려 수용	
	우리 주위에서 고체로 이루어진 물체 찾기 (모둠)	• 우리 주위에서 고체로 이루어진 물체 찾기 −교실에서 고체 물질로 이루어진 물체에는 어떤 것이 있는지 이야기하기 −고체가 지닌 공통적인 성질에는 어떤 것이 있을지 생각하기 • 고체가 지닌 공통적인 성질 발표하기 −'손으로 잡을 수 있다', '눈에 보인다' 등 고 체가 지닌 공통적인 성질을 발표하여 고체 의 개념과 연결 짓기 • 고체로 이루어진 추가 자료 제시하기 −오개념을 수정할 수 있는 추가 자료를 제시 하여 고체의 공통적인 성질 찾기	오개념 1	설명 발표	관찰	★고체로 이루어진 여러 가지 물체
	가루물질의 특징 알아보기 (전체)	• 가루물질의 특징 알아보기 −가루물질을 서로 다른 모양의 그릇에 담아 보여 주며 가루물질이 고체인지 아닌지 생 각해 보기 • 가루물질 자세히 관찰하기 −가루물질이 고체인지 아닌지 알갱이 하나하 나를 자세히 관찰하기 −관찰결과를 바탕으로 가루물질이 고체인지 아닌지 발표하기	오개념 2	설명	관찰 연결	★가루물질, 모양이 다른 그릇

단계	학습 내용 (학습 집단)	교수·학습 활동	PCK 전략			자료(★) 및 유의점(※)
			배움 주춤	배움 전략	배움 원리	
배움 정리	정리하기 (전체)	• 오늘 학습하면서 알게 된 것 이야기하기		발표		자기 평가
		• 학습하면서 느낀 점 이야기하기 −고체와 고체의 성질에 대해 공부하면서 느낀 점 공유하기				
	차시예고	• 차시 예고하기 −액체에 대해서 알아보기				

◎ **학습 주제**

자석에 붙는 물체 찾아보기

◎ **성취 기준**

자석의 극을 찾고, 자석끼리는 미는 힘과 당기는 힘이 작용함을 설명할 수 있다.

◎ **오개념 1**

딱딱하고 반짝이면 금속이다. 금속은 모두 자석에 붙는다.

◎ **오개념 2**

금속은 철과 알루미늄 두 종류다.

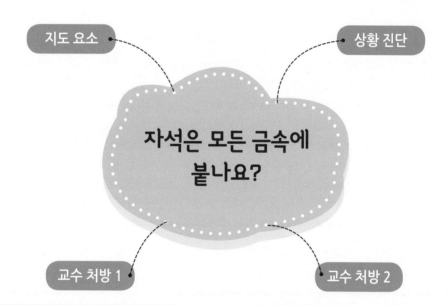

지도 요소

상황 진단

자석은 모든 금속에 붙나요?

교수 처방 1

교수 처방 2

◎ **오개념 1 처방**

- 캔 음료수를 주고, 자석이 붙을지 안 붙을지 예상하기
- 자석이 붙는 캔 음료수의 재질과 자석이 붙지 않는 캔 음료수의 재질이 무엇인지 찾아보기
- 자석이 붙는 금속이 있고, 붙지 않는 금속이 있다는 것 알기

◎ **오개념 2 처방**

- 철 이외의 다양한 금속을 찾아보고, 자석을 붙여 보는 실험하기
- 자석이 붙는 금속은 철이고, 철 이외의 금속은 자석이 붙지 않는다는 것을 알기

 **지도 요소**

- ❂ 관련 단원　[3학년 1학기]　2. 자석의 이용 ｜ (2) 자석과 물체(2/11차시)
- ❂ 학습 주제　자석에 붙는 물체 찾아보기
- ❂ 성취 기준　[핵] 과4091. 자석의 극을 찾고, 자석끼리는 미는 힘과 당기는 힘이 작용함을 설명할 수 있다.
- ❂ 학습 목표　• 자석의 모양과 크기가 다양함을 관찰할 수 있다.
　　　　　　　• 자석에 붙는 물체와 자석에 붙지 않는 물체를 분류할 수 있다.
　　　　　　　• 자석에 붙는 물체의 특징을 말할 수 있다.

상황 진단

오개념 1	딱딱하고 반짝이면 금속이다. 금속은 모두 자석에 붙는다.
문제 상황 진단	학생들은 우리 주변에 있는 여러 가지 물체 중에 자석이 붙는 것도 있고 자석이 붙지 않는 것도 있다는 것을 이미 경험을 통해 알고 있다. 이런 선경험을 지니고 있는 학생들에게 교실안에서 자석에 붙는 물체를 찾아보게 하면, 자신의 경험에 미루어서 '딱딱하고 반짝이는' 물체는 자석에 붙는다고 생각한다. 그리고 '딱딱하고 반짝이는 물체=금속'이라고 오개념을 형성하게 된다. 이 오개념을 해결하기 위해 간단한 상황을 준비했다. 학생들에게 '캔 음료수'를 가지고 오게 한 뒤에, 자석이 붙을지 안 붙을지 예상을 해 보게 하였다. 그 뒤에 교사의 캔 음료수는 붙되, 학생들이 가지고 온 캔 음료수의 몇 종류는 붙지 않는 상황을 연출했다. 이를 통해 학생들은 '도대체 왜?'라는 호기심에 스스로 이유를 찾아보는 흥미진진한 수업을 했다.
오개념 2	금속은 철과 알루미늄 두 종류다.
문제 상황 진단	앞선 상황을 통해 '캔 음료수'의 재질을 찾아보고, '철'로 이루어진 '캔'은 자석이 붙고, '알루미늄'으로 이루어진 캔은 자석이 붙지 않는다는 것을 알게 되었다. 하지만 종종 학생들은 주변에서 흔히 볼 수 있고, 가장 많이 사용되기 때문에 금속에는 '철'과 '알루미늄'만 있다고 생각하는 경우가 발생했다. 이러한 학생들의 오개념을 없애기 위해 금속에는 여러 종류가 있고, 금속이 생활 속에 다양하게 사용되고 있는 예를 제시해 줄 필요가 있었다. 그리고 여러 금속 막대에 자석을 붙여 보는 활동을 통해서 자석이 붙는 금속은 '철'이고, 자석이 붙지 않는 금속도 많다는 것을 관찰하게 하는 것이 중요했다. 마지막으로는 자석이 붙는 금속의 종류인 '강자성체'를 언급해 주는 것도 필요하면 지도할 수 있겠다.

'자성' – 철로 된 것을 끌어당기는 자석의 성질

주위에서 철로 만들어진 물체를 찾아 자석에 가까이 가져가면 어떻게 될까? 자석은 물체를 끌어당겨 자신의 몸에 찰싹 달라붙게 한 다음 놓아 주려 하지 않는다. 이렇게 철을 끌어당기는 자석의 성질을 '자성'이라고 한다.

자석을 만들려면 무엇으로 만들어야 할까요?

보통 우리가 말하는 자석은 어떤 물질로 만들어진 것일까? 자석을 만들기 위해서는 철과 같은 강자성체를 사용해야 한다. 이러한 강자성체로는 철, 니켈, 코발트 등이 있으므로 자석도 이들 물질로 만들게 된다. 우리가 말하는 영구 자석은 보통 철로 만들며, 자연에서 산출되는 천연 자석도 자철광이나 니켈광 등으로 되어 있다. 그러므로, '자석은 철에만 붙는다'라는 문장도 오개념일 수 있다. '철과 같은 성질을 지닌 강자성체가 자석의 성질이 있다'라고 해야 정확하다.

철로 된 못이나 바늘을 자석으로 만들 수 있는 이유는?

철과 같은 강자성체는 원자 하나하나가 모두 자석과 같은 성질을 갖고 있다. 하지만 평소에는 원자 배열이 불규칙해서 실제 자석과 같은 효과를 낼 수 없다. 여기에 자석을 가까이 가져가면 원자들이 규칙적으로 늘어서면서 자석에 달라붙게 된다.

이와 같은 원리로, 철로 된 못이나 바늘을 자석으로 문지르면 잠깐 동안이지만 자석처럼 철을 끌어당기게 할 수 있다. 이렇게 자석의 성질을 띠게 하는 것을 '자화'라고 한다.

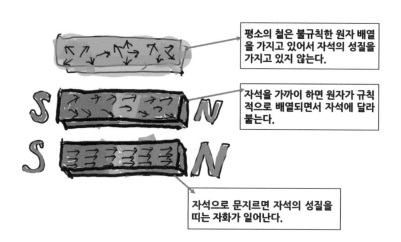

평소의 철은 불규칙한 원자 배열을 가지고 있어서 자석의 성질을 가지고 있지 않다.

자석을 가까이 하면 원자가 규칙적으로 배열되면서 자석에 달라붙는다.

자석으로 문지르면 자석의 성질을 띠는 자화가 일어난다.

교수 처방 1 **오개념** 딱딱하고 반짝이면 금속이다. 금속은 모두 자석에 붙는다.

일상생활에서 사용하는 자석을 관찰하고, 여러 가지 물체에 가까이 가져가 자석이 붙는 물체를 찾아보는 공개수업을 준비 중이었다. 쉽게 '금속은 자석에 달라붙는다.'라고 생각했다. 즉, 자석이, 흔히 볼 수 있는 금속 중에서는 철에만 달라붙는다는 것을 잊고 있었다. 알루미늄이나 구리에는 자석이 안 붙는다는 것을 자석 관련 교육과정과 떨어진 채 지내면서 잊고 있던 것이다. 부족한 교사라고 자책하며 부끄러웠다.

다행히 나만 그런 줄 알았더니 아니었다. 초등 1급 정교사 자격연수 중 과학과를 강의하면서, 부끄러운 나의 사례를 빗대어 연수생에게 물어보았더니, 비슷한 경우가 많았다.

"(시원한 아이스박스에서 꺼낸 알루미늄 캔을 들어 올리면서) 이 캔 음료수는 금속인데, 왜 자석이 붙지 않을까요?"라고 물어보았더니 "캔이 찌그러져 있어서요, 물기가 묻어 있어서요."라고 대답하는 등 3~5년차 교사들도 혼란스러워했다.

선생님도 혼란스러운데 학생들은 오죽할까? 대부분의 학생들도 '자석이 철에 달라붙는다.'가 아니라 '(정확히 지칭을 하지 못해) 딱딱하고 반짝이는 저런 것에 붙는다.' 또는 '금속에 달라붙는다.'고 답했다. 어떻게 처방해야 할까?

생각해 보기

'자석의 성질' 단원을 처음 시작할 때, 학생들은 교실에 있는 다양한 물체에 자석을 가까이 가져가 보고 자석이 붙는 물체를 찾아보는 활동을 하게 된다. 이 활동을 통해서 금속은 금속인데, 달라붙는 금속과 달라붙지 않는 금속이 있어도, 정확히 구분짓지 못하고 '자석은 금속에 붙는다.'라고 생각하게 된다. 교사가 이를 인지하지 못하고 넘어가면 학생들의 오개념은 고쳐지지 않고 지나치게 된다.

이를 해결하기 위해서는 자석이 붙는 물체의 공통점을 이야기할 때에 앞 단원 '우리 생활과 물질'에서 배운 내용과 연결하여 자석에 붙는 물체가 철로 만들어졌음을 알게 할 필요가 있다. 하지만 겉으로 볼 때 철과 다른 금속을 구분하기 어려우므로 교사의 추가자료 제시 및 보충 설명이 필요하다. 또한 인지적 불균형에 빠뜨려 호기심을 유발하는 발문으로 흥미로운 수업을 이끌고자 하는 노력이 필요하다. 본 수업자는 다음과 같은 전략을 활용하였다.

흔히 먹는 캔 음료수를 이용해 '자석이 붙으면 음료수를 마신다.'는 전제 뒤에, 학생들의 캔 음료수에 자석을 붙여 보는 활동을 전개하였다. 각자 캔을 준비해 오라고 하면, 대부분 탄산음료를 준비해 오는데, 거의 알루미늄 캔이기 때문에 자석이 붙지 않는 상황이 연출되면서 학생들은 큰 혼란을 겪게 된다. '왜 선생님 (철)캔에는 자석이 붙고, 여러분 캔에는 붙지 않을까?'라는 질문을 던지면, 학생들은 각자 이유를 찾아보면서 배움활동이 전개된다. 캔의 뒷면에 표시된 분리 배출 표시로 캔이 어떤 물질로 만들어졌는지 탐구하는 활동을 전개하여, 둘 다 금속이되 종류가 다르며, 알루미늄이 아니라 철이 자석에 붙는다는 것을 알게 하였다.

자석에 붙는 물체와 붙지 않는 물체를 찾아보는 활동 과정 중에 오개념이 발생하였다. 다음 상황은 추가적인 자료 제시를 통해 오개념을 처방하는 상황이다.

아래의 사진처럼 학생들은 교실 곳곳에 있는 여러 물체들에 자석을 갖다 대 보고, 자석이 붙는 물체의 공통점을 찾아보았다.

자석이 달라붙는 물체를 교실 곳곳에서 찾아보는 활동을 통해 학생들은 '반짝반짝 빛나고 딱딱한 금속(철이라고 확실히 생각하지 못함)은 자석에 모두 달라붙는다.'라고 생각을 하게 되었다. (오개념 발생)

교사 여러분, 캔 음료수를 준비해 왔나요? 가져온 캔은 자석에 붙을까요?

학생 붙을 것입니다.

교사 간단한 게임을 해 볼까요? 자석이 붙는 캔만 따서 각자 마시기 게임. 시작해 볼까요?

교사 [시범] 교사가 가지고 있던 (커피음료) 캔에 자석을 붙여 본다. 당연히 철 캔을 미리 준비했기 때문에 자석이 달라붙고, 교사는 캔을 따서 마신다.

학생 [활동] 학생들도 자석을 캔에 붙여 보지만, 학생들이 가지고 온 대다수의 (탄산음료) 캔은 알루미늄이기 때문에 자석이 달라붙지 않는다.

학생들은 자신만만하게 자석을 캔에 붙여 보지만 달라붙지 않는 캔들이 대다수이다. 교사의 캔은 붙어서, 학생들 앞에서 호기롭게 캔을 따서 마시는 시범을 보인다.

"왜 내 캔은 자석이 붙지 않지?"
학생들은 당연히 자신이 준비해 온 캔에 자석이 붙을 것이라고 생각했지만, 자석이 붙지 않자 호기심이 생긴다.

교사 [딴청] 어? 선생님의 캔은 자석이 붙고, 왜 여러분의 캔은 자석이 붙지 않을까요?

학생 모르겠어요.

교사 [단서] 이유를 한번 찾아보세요. 힌트는 여러분이 가지고 있는 캔과 선생님이 가지고 있는 캔에 있습니다.

학생 [관찰] 캔을 이리저리 둘러보며 두 캔의 차이점을 찾아본다.

학생 하나는 알루미늄 캔이고, 다른 하나는 철 캔입니다. 자석이 붙는 캔은 철로 만들어진 거에요.

교사 [칭찬] 맞습니다. [설명] 선생님이 마신 캔은 철 캔이고, 여러분이 가지고 온 캔 중에서 자석이 붙지 않는 캔은 알루미늄 캔이에요.

교사 정리를 해 볼까요? 자석은 어디에 달라붙었나요?

학생 [발표] 철 캔이요. 철 캔은 자석이 달라붙지만, 알루미늄 캔은 자석이 붙지 않습니다.

교사 [설명] 맞아요. 같은 금속이지만 철은 자석이 달라붙고 알루미늄은 자석이 달라붙지 않습니다.

교수 처방 2 **오개념** 금속은 철과 알루미늄 두 종류다.

교수 처방 1의 활동을 통해 두 가지 문제점이 생겼다. 첫째는 여전히 "자석은 무엇에 달라붙나요?"라는 질문에 "금속이요."라는 답변이 나온다는 것이다. 둘째는 쉽게 접하는 알루미늄과 철을 금속의 모든 종류라고 생각하게 되었다는 것이다. 알루미늄과 철만 비교 대조군으로 실험하기보다는 다양한 금속막대에 자석을 붙여 보며 이해를 도와야겠다는 생각이 들었다.

🧑 생각해 보기

학생들이 생활에서 흔히 접할 수 있는 금속은 철과 알루미늄이다. 앞선 활동을 통해서도 금속에는 철과 알루미늄만 있다고 생각하거나, 아직도 자석이 달라붙는 것이 '금속'이라고 생각하는 학생이 있다. 오개념을 확실히 처방하기 위해서 철과 알루미늄 외의 다양한 금속의 종류를 제시해 주고, 생활 속에서 사용되는 사례를 알게 할 필요가 있다. 또 다양한 금속 중에서 자석이 붙는 금속은 철이라는 것을 실험을 통해 관찰할 필요성이 있다.

물론 금속 중에 철만이 아니라 니켈, 코발트 또한 강자성의 성질을 지니고 있어 자석이 붙기 때문에 '철만 자석에 붙는다.'라고 해서도 안 된다. 이는 또 다른 오개념을 심어 줄 수 있기 때문에, 많은 금속 중에서 '철과 비슷한 성질인 강자성의 니켈, 코발트 등의 금속이 자석에 붙는다.'라고 지도하도록 한다. 3학년의 수준에는 어려울 수 있기 때문에 지나가듯 언급할 수도 있겠다.

아래 수업 대화는 여전히 '자석이 달라붙는 금속은 철이다.'라는 개념을 이해하는 데 어려움을 겪는 학생을 위해 추가 자료를 제시하여 난개념을 해결하는 과정이다.

교사 자석이 붙는 물체의 공통점은 무엇이라고 했지요?

학생 금속으로 만들어졌습니다. (아직도 학생은 자석이 달라붙는 것을 '금속'이라 대답한다. '금속' 중의 '철'이 자석에 달라붙는다는 것으로 이해하는 데 어려움을 겪고 있다.)(난개념 발생)

교사 어이쿠! 이제까지 공부는 도루묵이네요.

[매체] 화면을 제시한다.

• 이와 같이 실생활에서 금속이 사용되는 여러 종류의 사례를 제시한다. [단서, 매체]

교사 금속으로 만들어진 물체는 모두 자석에 붙는다고 했나요?

학생 아! 금속 중에 철로 만들어진 물체에 자석이 붙는다고 했어요.

교사 여러분이 가지고 온 캔 중에서 자석이 붙지 않는 캔을 모아 봅시다.

학생 [활동] 가지고 온 캔들 중에 자석이 붙지 않는 캔을 한 곳에 모아 본다.

교사 손에 들어 보고 무게를 재어 보세요. 손바닥 위에 올려놓고 있는 힘껏 쥐어 보세요. 특징은 어떤가요?

학생 가볍습니다. 잘 찌그러집니다.

교사 여러분이 가지고 온 캔 중에서 자석이 달라붙는 것을 모아 봅시다.

학생 [활동] 가지고 온 캔들 중에 자석이 붙는 캔을 한 곳에 모아 본다.

교사 손에 들어 보고 무게를 재어 보세요. 손바닥 위에 올려놓고 있는 힘껏 쥐어 보세요. 특징은 어떤가요?

학생 알루미늄 캔보다 무겁습니다. 단단합니다. 잘 찌그러지지 않습니다.

교사 맞아요. 바로 그것이 차이점이에요. 철과 알루미늄의 공통점은 무엇인가요?

학생 둘 다 금속이에요.

교사 철과 알루미늄 두 금속의 공통점과 차이점을 정리해 볼까요?

[매체] 화면을 제시한다.

- 철과 알루미늄을 비교 대조군으로 두어서 철 캔이 알루미늄 캔보다 '무겁다', '단단하다', '잘 찌그러지지 않는다'라는 결론에 도달할 수 있게 한다.
- 금속마다 성질이 다르기 때문에 다른 용도로 쓰이는 것을 알려 준다.

교사 금속은 철과 알루미늄 두 종류만 있는 것은 아니에요.

[매체] 화면을 제시한다.

자석에 붙는 금속과
붙지 않는 금속은 어떻게 다른 것일까요?

■ 금속막대를 가지고 실험해보겠습니다.

- 2007 개정 교육과정에서는 여러 금속 막대에 자석을 붙여 보는 실험을 하였지만, 2009 개정 교육과정에는 이 실험이 빠져 있다.
- 필요하다면 금속막대를 이용하여 실험을 하거나 주변의 다른 물체를 이용해도 좋다.

교사 [설명] 이렇듯 금속 중에는 서로 특징이 다른 철과 알루미늄이 있듯이, 구리, 납, 황동 등 다양한 종류의 금속들이 더 있습니다.

[과제] 어떤 금속이 자석에 달라붙는지 실험을 해 봅시다.

학생 [활동] 주어진 금속막대에 자석을 붙여 보는 실험을 한다.

학생 [설명] 금속 중 철만 자석이 달라붙고, 구리, 알루미늄, 납, 황동은 달라붙지 않습니다.

교사 금속에는 철, 구리, 알루미늄, 납, 황동 등과 같은 다양한 종류가 있어요. 그 중에서 자석이 달라붙는 것은 철과 같은 성질의 금속입니다. 꼭 기억해 두세요.

 수업 개요

교과	과학		학습 주제	자석에 붙는 물체 찾아보기
학습 목표	자석에 붙는 물체를 찾을 수 있다.			

단계	학습 내용 (학습 집단)	교수·학습 활동	PCK 전략			자료(★) 및 유의점(※)
			배움 주춤	배움 전략	배움 원리	
배움 열기	동기 유발 학습 목표 확인	• 학습 동기 유발하기 −일상생활 속에서 자석을 사용하여 본 경험을 자유롭게 이야기하기 −집에서 가지고 온 여러 가지 모양의 자석을 올려놓고 모둠별로 관찰하기 • 공부할 문제 확인하기 −자석이 붙는 물체를 찾아봅시다.	선개념	설명 관찰	연결 관찰 연결 추론	★ 집에서 가지고 온 여러 가지 자석 ※수업 전에 학생들이 집에서 사용하는 자석을 가져오도록 안내하여 다양한 자석을 관찰할 수 있게 한다. 단, 자석을 새로 구입하여 가져오지 않도록 한다.
배움 활동	자석에 붙는 물체와 자석에 붙지 않는 물체 찾아 보기	• 교실에 있는 여러 가지 물체 중에서 자석에 붙는 물체에는 어떤 것이 있는지 예상하기 −교실에 있는 여러 가지 물체 중에서 자석에 붙을 것이라고 예상되는 물체를 이야기하기 • 여러 가지 물체를 자석에 붙여 보고, 자석에 붙는 물체와 자석에 붙지 않는 물체가 있음을 관찰하기 −개인별로 자석을 하나씩 나누어 주고, 교실 안에서 자석에 붙는 물체와 자석에 붙지 않는 물체를 자유롭게 찾기 • 여러 가지 물체를 자석에 붙여 보고, 자석에 붙는 물체와 자석에 붙지 않는 물체로 분류하기 −자석에 붙는 물체와 자석에 붙지 않는 물체로 나누기	오개념 1	발문 조사 탐구	격려 수용 연결	※모양과 크기가 다양함을 알 수 있도록 여러 가지 자석을 준비한다. ※교실에 있는 텔레비전, 컴퓨터 등 전자제품에 센 자석을 가까이 대면 고장이 날 수 있음을 주의시킨다.
	자석에 붙는 물체의 특징 알아 보기 (전체)	• 흔히 자석이 붙을 것이라고 생각하는 물체인데 자석이 달라붙지 않는 예를 보여 주어, 학생들의 오개념을 바로 잡기 −철 캔과 알루미늄 캔을 자석이 달라붙는지 안 달라붙는지 비교 실험하기 ※교사 캔은 철 캔으로 미리 준비하여 자석이 달라붙는 모습을 학생들에게 보여 주어, 호기심을 유발한다.	오개념 2	시범	딴청	★ 철 캔, 알루미늄 캔 ※같은 이름의 물체라고 하더라도 만든 재질에 따라 자석에 붙는 것도 있고, 붙지 않는 것도 있음을 알게 한다.

단계	학습 내용 (학습 집단)	교수·학습 활동	PCK 전략			자료(★) 및 유의점(※)
			배움 주춤	배움 전략	배움 원리	
배움 활동	규칙성 (개념) 정리하기 (전체)	• 자석에 붙는 물체의 공통된 특징을 알 아보기 – 자석에 붙는 물체의 특징을 정리하기 – 주변에 있는 물체 중에서 자석에 붙는 물체와 자석에 붙지 않는 물체에는 어 떤 것이 있을지 OX 퀴즈를 통해 알아 보기		설명 유추 발표	 칭찬	※자석에 붙는 물체의 특징으로 '금속이다.', '반짝거린다.'등의 대 답이 나올 수 있으나, 이것은 자석에 붙는 물체가 지닌 일반적인 속성이 아님을 유의 한다.
배움 정리	정리하기 (전체) 차시예고	• 오늘 학습하면서 알게 된 것 이야기 하기 – 자석이 붙는 물체와 붙지 않는 물체의 차이를 알기 – 금속 중에서 철이 자석이 붙는 것을 알기 • 학습하면서 느낀 점 이야기하기 • 차시 예고하기 – 단원 정리하기		메모		자기 평가

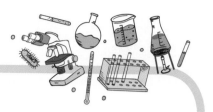

한눈에 알아보기

3
학년

1
학기

◉ 학습 주제

곤충의 특징 알아보기

◉ 성취 기준

곤충의 종류에 따라 한살이의 유형이 다를 수 있음을 알 수 있다.

◉ 오개념

기어다니고 다리가 많은 것은 곤충이다.

◉ 난개념

배추흰나비의 애벌레도 곤충이다.

지도 요소

상황 진단

배추흰나비 애벌레는 곤충인가요?

교수 처방 1

교수 처방 2

◉ 오개념 처방

• 곤충이라고 생각하는 동물 관찰하기

• 직접 관찰하며 곤충의 특징을 찾아 곤충과 곤충이 아닌 동물 분류하기

◉ 난개념 처방

• 배추흰나비 애벌레 관찰하기

• 배추흰나비의 몸 구조도를 보며 곤충의 특징 찾아내기

지도 요소

- ✪ **관련 단원** [3학년 1학기] 3. 동물의 한살이 | (1) 배추흰나비의 한살이(6/11차시)
- ✪ **학습 주제** 곤충의 특징 알아보기
- ✪ **성취 기준** [핵] 과4033. 여러 가지 곤충의 한살이 과정을 비교하여 유형이 다름을 설명할 수 있다.
- ✪ **학습 목표** 곤충의 특징을 알 수 있다.

상황 진단

오개념	기어다니고 다리가 많은 것은 곤충이다.
문제 상황 진단	메뚜기, 나비 등의 곤충이 풀밭에서 살아가고 있는 것처럼 거미도 풀밭에서 살아가고 있으므로 곤충이라고 생각한다. 즉, 서식 환경을 '곤충을 구분하는 기준'으로 잘못 이해하고 있는 것이다. 그 외에도 거미를 관찰해 본 경험 부족, '곤충'이라는 과학적 개념의 불확실한 이해로 인하여 오개념이 형성된 것으로 판단된다. 따라서, 학생들은 눈으로 보이는 특징에 따라 곤충을 구분하므로 곤충인 동물과 곤충이 아닌 동물을 비교하여 관찰하는 기회를 많이 제공하는 것이 필요하다.
난개념	배추흰나비의 애벌레도 곤충이다.
문제 상황 진단	곤충은 머리, 가슴, 배 세 부분으로 구분되며, 세 쌍의 다리와 두 쌍의 날개가 있다는 개념을 학습하였어도 눈으로 보이는 특징에 따라 곤충을 구분하므로 자세히 관찰하지 못한 애벌레는 곤충에 속하지 않는다고 생각한다. 따라서, 학생들이 배추흰나비의 애벌레를 직접 관찰하고, 애벌레 몸의 구조도를 그림으로 파악하여 곤충의 특징에 부합하는지 확인하도록 한다.

관련 개념

곤충의 생김새

지구상에서 가장 많은 동물은 곤충이다. 곤충의 종류는 100만 가지가 넘고, 지구 어디에나 살고 있다. 그럼, 어떻게 생긴 동물을 곤충이라고 할까?

곤충은 몸과 다리에 마디가 있어 절지동물에 속한다. 몸은 머리, 가슴, 배 세 부분으로 구분되어 있다. 머리에는 더듬이가 1쌍(2개), 겹눈은 1쌍(2개)이 있다. 가슴에는 2쌍(4개)의 날개와 3쌍(6개)의 다리가 있다. 하지만 날개의 경우는 일개미처럼 아예 없거나 초파

리처럼 한 쌍만 가지고 있는 종류도 있다.

곤충은 먹이나 환경에 따라 각 부분의 생김새가 조금씩 다르다. 예를 들어 꽃에서 꿀을 빨아 먹는 나비의 입은 돌돌 말린 대롱 모양이고, 파리는 핥는 입 모양, 모기는 찌르는 입 모양을 가졌다. 그리고 말벌과 딱정벌레는 튼튼한 턱과 날카로운 이빨을 가지고 있어서 먹이를 잘 씹을 수 있다.

거미와 지네는 곤충인가요?

거미와 지네를 곤충이라고 착각하지만 사실은 곤충이 아니다. 거미는 다리가 8개이고 날개도 없기 때문에 거미류로 따로 구분한다. 그리고 지네는 다리가 아주 많아서 다지류로 불린다. 거미류와 다지류, 물속에 사는 새우나 가재와 같은 갑각류, 그리고 곤충류를 통틀어서 '절지동물'이라고 부른다.

다리가
8개인 거미류

다리가
아주 많은 다지류

바다에 사는 갑각류

교수 처방

교수 처방 1 **오개념** 기어다니고 다리가 많은 것은 곤충이다.

3학년 곤충을 배우는 단원에서 학생들이 배추흰나비의 애벌레를 관찰하는 중에 한 학생이 "선생님, 배추흰나비 애벌레도 곤충이지요?"라는 질문을 했다. 그러자 옆에 있던 학생이 말했다. "아니야, 곤충은 머리, 가슴, 배 세 부분으로 나누어져야 곤충이지." 또 다른 학생은 "다리가 많이 달려 있으면 곤충이지. 그리고 기어다니잖아."라며 의견이 분분하였다. 그래서 이번 기회에 어떤 것이 곤충인지 정확히 알 수 있게 도와야겠다는 생각이 들었다.

초등학생들이 갖고 있는 '곤충'에 관한 오개념의 유형을 잘 파악하여 교정하려는 노력이 필요하다. 이를 위해서 학생들이 곤충이라고 생각하는 동물을 관찰할 수 있는 시간을 주고, 스스로 탐구해 보도록 한다. 친구들과 여러 가지 곤충을 비교하며 모둠별 학습을 통한 토의를 통해, 기존에 갖고 있던 곤충에 대한 개념에 지적 갈등을 유발하면 더욱 좋겠다. 교사의 적절한 발문으로 오개념 또는 난개념을 해소하는 것 또한 중요하다.

모둠별로 곤충이라고 생각하는 동물들이 곤충의 특징에 부합하는지 관찰·탐구하는 과정을 통해 오개념을 처방하는 상황이다.

| 개미 | 거미 | 사슴벌레 | 소금쟁이 |

교사 관찰할 동물의 이름을 알고 있다면 말해 보세요.

학생 개미요./거미요./사슴벌레요./소금쟁이요.

교사 [관찰] 관찰할 동물을 수조에 넣고 생김새를 살펴봅시다.

동물들을 관찰하는 모습

교사 곤충이 될 수 있는 조건은 무엇인가요?

학생 머리, 가슴, 배 3부분으로 나누어져 있는지, 날개가 2쌍이고 다리가 3쌍인지 확인해 보면 됩니다.

교사 [칭찬] 그렇죠. 방법을 알고 있군요. [관찰] 그럼 동물들을 차례로 확인해 봅시다. 몸이 머리, 가슴, 배 3부분으로 나누어져 있는지 보세요.

학생 개미는 머리, 가슴, 배 3부분으로 나누어져요.

학생 거미는 머리, 가슴, 배로 2부분으로 나누어져요.

학생 사슴벌레는 머리, 가슴, 배 3부분으로 나누어져요.

학생 소금쟁이는 머리, 가슴, 배 3부분으로 보입니다.

교사 다음, 다리가 3쌍인지 확인해 보세요.

학생 개미는 다리가 3쌍 맞아요.

학생 거미는 다리가 4쌍이에요.

학생 사슴벌레는 다리가 3쌍 맞아요.

학생 소금쟁이도 다리가 3쌍이에요.

교사 이제 날개가 2쌍 있는지 확인해 보겠어요. 그런데 날개는 퇴화되어 1쌍만 남아 있거나 없는 곤충도 있다는 것을 참고로 알아 두세요.

학생 개미는 날개가 없어요.

학생 거미도 날개가 없어요.

학생 사슴벌레는 날개가 있어서 날 수 있어요.

학생 소금쟁이도 날개가 있어요.

교사 [질문] 그럼 어느 것이 곤충이고, 곤충이 아닌지 알 수 있나요?

학생 거미는 곤충이 아닙니다. 그런데 개미는 날개가 없어요.

교사 날개가 퇴화한 것도 있다고 했지요? 여왕개미는 날 수 있어요.

학생 그럼 곤충은 개미, 사슴벌레, 소금쟁이입니다.

교사 [칭찬] 참 잘했어요. [요약] 여러분이 확인해 본 결과, 몸이 머리, 가슴, 배로 나누어지고 3쌍의 다리와 2쌍의 날개가 있는 곤충의 특징에 맞는 것은 개미, 사슴벌레, 소금쟁이입니다.

교수 처방 2 난개념 **배추흰나비의 애벌레도 곤충이다.**

[교수 처방 1]의 활동을 통해 '곤충은 몸이 머리, 가슴, 배로 나누어지고 3쌍의 다리와 2쌍의 날개가 있다.'는 정의를 알게 되었다. 그래서인지 오히려 학생들은 배추흰나비 애벌레를 곤충이라고 생각하지 않게 되었다. 배추흰나비는 눈으로 살펴봐도 쉽게 곤충의

특징을 찾아낼 수 있지만, 나비가 되기 전의 애벌레는 머리, 가슴, 배가 확연히 구분되지 않고, 3쌍의 다리보다 배로 움직이는 모습을 보이며, 2쌍의 날개 역시 없기 때문이다. 이러한 난개념을 해결하기 위해 애벌레의 확대 사진과 그림을 제시하여 설명해 줄 필요가 있었다.

> ### 생각해 보기
>
> 배추흰나비 애벌레는 생김새 때문에 곤충의 특징이 없다고 생각하기 쉽다. 그래서 학생들에게 쉽게 이해시키기 위해서는 몸의 구조를 설명해 놓은 애벌레 그림을 보여 주고 설명해 주는 것이 좋다. 그림을 보고 애벌레가 머리, 가슴, 배로 나누어져 있다는 사실과 3쌍의 다리를 가지고 있다는 것을 이해시키고, 날개는 성충이 되기 전에는 나타나지 않는다는 것을 알려 주어 난개념을 해결하도록 한다.

아래 수업 대화는 배추흰나비 애벌레의 생김새를 살펴보며 곤충의 특징을 찾아내어 난개념을 해결하는 과정이다.

교사 [발문] 배추흰나비 애벌레는 곤충일까요?

학생 곤충이라고 할 수 없습니다.

교사 배추흰나비는 곤충인데?

학생 에이, 말도 안 돼요. 선생님.

교사 어허? 머리, 가슴, 배로 나누어져 있고, 다리도 세 쌍인데? 으음, 날개가 없나? 그래도 곤충인데?

학생 거짓말쟁이!

학생들은 곤충의 조건을 갖추고 있지 않다고 생각하기 때문에, 배추흰나비 애벌레가 곤충이라고 쉽게 납득하지 않는다.

교사 (배추흰나비 사진 제시) 보여 주는 배추흰나비 애벌레는 곤충의 조건에 맞나요?

학생 아니요.

교사 곤충의 조건 중 어느 것이 맞지 않나요?

학생 머리, 가슴, 배 세 부분으로 나누어지지 않습니다.

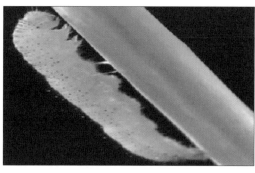

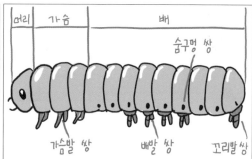

배추흰나비 애벌레의 모습   배추흰나비 애벌레의 세부 그림

교사 여러분이 알 수 있도록 애벌레 그림을 보여 주겠어요.

교사 [발문] (오른쪽 그림 자료를 통해 머리, 가슴, 배 부분을 확인시킨다.) 또, 어느 것이 맞지 않나요?

학생 다리가 3쌍이 아니라 많이 있어요.

교사 [설명] 앞부분 6개는 가슴에 있는 3쌍의 다리이고, 뒤쪽에 있는 4쌍은 배발이며, 맨 끝에 붙어 있는 것은 꼬리발이에요. 꼬리발은 몸을 움직일 때 빨판처럼 몸을 지탱해 주는 역할을 하지요. 이렇게 가슴발, 배발, 꼬리발로 구분지어요. 성충이 되면 3쌍만 남고 없어져요. 또, 곤충의 조건에 맞지 않는 것은 무엇인가요?

학생 날개가 없어요.

교사 [요약] 맞아요. 배추흰나비 애벌레는 날개가 안 보이죠? 하지만, 배추흰나비가 성충이 되는 과정에서 애벌레에게 날개가 없다고, 곤충이 아니라고 할 수는 없겠죠? 날개가 퇴화한 개미, 여왕개미만 날개가 있는 개미도 곤충이라고 하는데, 배추흰나비 애벌레 또한 날개의 여부는 나비로 다 자란 성충의 모양으로 확인해야 할 것입니다. 여러분들이 쑥 자라서 멋진 모습으로 변할 것처럼 배추흰나비 애벌레가 자라서 안에서 날개를 갖고 나올 때까지 기다려 볼까요?

학생 좋아요. 선생님. 배추흰나비 애벌레도 곤충이에요!

수업 개요

교과	과학			학습 주제	곤충의 특징 알아보기		
학습 목표	곤충을 관찰하고 특징을 말할 수 있다.						

단계	학습 내용 (학습 집단)	교수·학습 활동	PCK 전략			자료(★) 및 유의점(※)
			배움 주춤	배움 전략	배움 원리	
배움 열기	동기 유발 학습 목표 확인	• 학습 동기 유발하기 – 곤충을 길러 본 경험 이야기하기 • 공부할 문제 확인하기 – 곤충을 관찰하고 특징을 말해 봅시다.		발표 설명		★ 사진자료
배움 활동	곤충이라고 생각한 동물 관찰하기 (모둠)	• 곤충이라고 생각한 동물들 관찰하기 – 개미, 거미, 사슴벌레, 소금쟁이 관찰하기 • 관찰한 동물의 특징 이야기하기 – 개미의 특징 이야기하기 – 거미의 특징 이야기하기 – 사슴벌레의 특징 이야기하기 – 소금쟁이의 특징 이야기하기	오개념	발표 설명	관찰 연결	★ 채집해 온 곤충들, 돋보기
	곤충의 정의 알아보기 (전체)	• 곤충의 정의 알아보기 – 곤충의 정의를 정리하여 발표하기 – 곤충이라고 생각한 동물의 차이점 생각한 후, 발표하기		설명 예시	격려 수용	★ 사진자료
	배추흰나비의 애벌레 관찰하기 (전체)	• 배추흰나비의 애벌레를 관찰하여 곤충의 특징 알아보기 – 직접 눈으로 관찰하기 – 사진자료를 통해 배추흰나비 애벌레가 갖고 있는 곤충의 특징 찾아보기	난개념	유추 설명 발표	격려 수용	★ 사진자료
배움 정리	정리하기 (전체) 차시예고	• 오늘 학습하면서 알게 된 것 이야기하기 – 곤충의 특징에 대해 이해한 내용 발표하기 • 학습 후, 느낀 점 이야기하기 • 차시 예고하기		메모		자기 평가

⊙ 성취 기준을 바탕으로 다양하게 수업 설계를 해 보세요.

고래는 물고기인가요?

문제 상황 제시

물고기는 어떻게 숨을 쉴까요?

이상하다. 고래는 아가미가 없는데……

물고기는 아가미를 통해 숨을 쉽니다.

◉ 학습 주제

믈에 사는 동물의 생김새를 관찰하고 생활 방식 알아보기

◉ 성취 기준

조사 활동을 통해 사는 곳에 따른 동물의 생김새와 생활방식 설명하기

◉ 오개념

고래는 물고기다.

◉ 난개념

특이한 환경에서 생물은 적응하여 살아 간다.

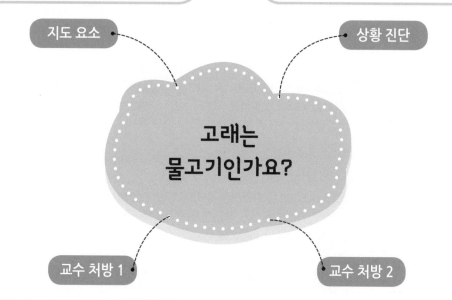

지도 요소

상황 진단

고래는
물고기인가요?

교수 처방 1

교수 처방 2

◉ 오개념 처방

• 물고기와 고래, 펭귄의 특징을 책과 인터 넷을 통해 탐색하기

• 학생 주도로 대상을 탐구하여 '고래는 물고기다'는 오개념 수정하기

◉ 난개념 처방

• 특이한 환경에서 사는 생물의 특징을 살 펴보고 사는 환경과 관련지어 이해하기

• 환경과 생물의 특징에 대한 가설을 세워 관찰하고, 확인해 봄으로써 난개념 수정 하기

● 관련 단원　3학년 2학기　1. 동물의 생활 ｜ (2) 사는 곳에 따른 동물의 생활(9/11차시)

● 학습 주제　물에 사는 동물의 생김새를 관찰하고 생활방식 알아보기

● 성취 기준　핵 과4053. 조사 활동을 통해 사는 곳에 따른 동물의 생김새와 생활방식을 설명할 수 있다.

● 학습 목표　물에 사는 동물의 생김새와 생활방식을 알 수 있다.

상황 진단

오개념	고래는 물고기다.
문제 상황 진단	다양한 생물을 몇 가지의 기준을 가지고 분류해 보는 활동은 3학년 학생들에게 낯설다. 여러 생물들의 특징을 관찰하여 무리짓거나, 기준을 정하여 생물들을 분류하는 것 또한 어렵기만 하다. 이러한 어려움은 오개념의 형성으로 이어진다.
	고래는 어떠한 관점에서는 어류로 볼 수 있으나 포유류로 구분짓는 명확한 특징을 가지고 있다. 생물을 분류할 때에는 명확한 기준을 세워야 한다는 것을 이해시키고 이를 통하여 학생 스스로 생물들을 분류해 보는 지도과정이 필요하다.
난개념	특이한 환경에서 생물은 적응하여 살아간다.
문제 상황 진단	학생들에게 사물을 판단하고 사고하는 기준은 자신이 가지고 있는 배경지식이다. 학생들은 자신의 배경지식과 다르거나 차이를 보이는 대상에 대해서는 쉽게 이해하지 못하는 경향을 보인다. 특이한 환경에 사는 생물에 대해서도 학생들은 자신의 기준으로 대상을 바라보기 때문에 특이한 환경에서는 생물이 살기 어렵다고 생각한다.
	이러한 난개념을 해결하기 위해 생물들은 환경에 적응해 살아간다는 것을 이해시킬 수 있는 학생 주도적 학습활동이 필요하다.

관련 개념

고래가 포유류인 까닭은 무엇일까?

　고래는 바다에 살지만 포유류로 분류할 수 있다. 고래와 비슷한 동물인 상어와 비교해 보면 그 차이를 쉽게 알 수 있다. 상어는 아가미로 숨을 쉬지만 고래는 폐로 숨을 쉰다. 그래서 물속에서 머물던 고래들이 호흡하기 위해 물 밖으로 나오는 것이다. 헤엄치는 방법에도 차이를 보인다. 상어는 좌, 우로 헤엄치지만, 고래는 상, 하로 움직이며 헤

엄친다. 번식을 하는 방법에서도 다르다. 고래는 일정기간 새끼를 배고 있다가 낳은 후 젖을 먹여 기르는 반면 상어는 알을 낳는다. 또한 고래는 다른 포유류와 마찬가지로 목뼈가 모두 7개이다. 이러한 특징을 바탕으로 고래는 포유류로, 상어는 어류로 분류할 수 있다.

물 밖에서 호흡하는 고래와 물속에서 호흡하는 상어

새끼를 낳는 상어도 있어요?

상어는 알을 낳는다. 새끼를 낳는 상어는 뱃속에서 알을 부화시켜 낳는 종류이다. 알을 낳는 것을 난생, 알을 부화시켜 낳는 것을 난태생으로 구분한다. 청새리상어, 별상어, 까치상어, 샌드타이거 상어 등이 난태생의 형태로 새끼를 낳는다.

새끼를 낳는 포유류와 알을 낳는 어류

교수 처방

교수 처방 1 오개념 고래는 물고기다.

생물에 대한 학생들의 관심도는 매우 높다. 특히 남학생들은 곤충, 공룡에 대한 관심이 많아 교사가 구분하기 힘든 곤충의 특성을 알고 있거나, 어려운 공룡의 이름을 척척 이야기하기도 한다. 이 밖에 학생들이 관심 있어 하는 생물 중 하나가 바로 고래이다. 학생들은 다른 물고기보다 크고 특이한 고래에 대해 많은 관심을 갖는다. 하지만 학생들에게 물속에 사는 고래가 물고기가 아니라는 것은 이해하기 어려운 개념이다. 어떻게 하면 쉽게 이해시킬 수 있을까?

생각해 보기

3학년 수준의 학생들에게 대상을 분류할 수 있는 기준을 세우는 것은 매우 어려운 일이다. 또한 동일한 기준을 제시해도 분류활동에 익숙하지 않은 학생들의 결과는 다양하게 나타난다. 따라서 학생들에게 대표적 사례를 제시하여 기준을 세워 분류하는 연습을 하고 이를 확대하여 학생 스스로 분류활동을 해 볼 수 있도록 해야 하겠다. 설정한 기준으로 분류하기 모호한 대상을 제시하여 분류활동에 대한 이해와 기능을 신장할 수 있도록 하는 것 또한 필요하다. 이때에는 다른 대상들과 분명하게 구분되는 특징을 살펴보고 이를 통하여 분류활동을 전개하는 것이 좋은 학습 전략이 될 것이다. 더불어 분류활동의 사전활동으로 학생들이 분류대상을 다각적으로 관찰하여, 본 분류활동이 원활하게 이루어질 수 있도록 해야 하겠다.

아래 수업 대화는 학생들에게 질문을 통해 고래에 대해 알아보는 과정이다.

교사 연어, 원숭이, 고래, 코끼리를 나누어 봅시다. 어떻게 나눌 수 있을까요?

학생 연어와 고래, 원숭이와 코끼리로 나눌 수 있습니다.

교사 왜 그렇게 나누었습니까?

학생 사는 곳에 따라서 물속에 사는 것과 밖에 사는 것으로 나누었습니다.

교사 [칭찬] 잘했습니다. 이번엔 물고기들을 관찰하여 그림을 그려 보고 특징을 말해 봅시다.

학생 [관찰] 물고기를 관찰하고 특징을 살펴 그림을 그린다.

교사 물고기는 어떻게 숨을 쉽니까?

학생 아가미를 통해 숨을 쉽니다.

교사 맞습니다. 물고기는 아가미를 통해 숨을 쉬기 때문에 물속에서도 숨을 쉴 수 있습니다.

[과제] 그런데 다른 물고기들과 달리 고래는 왜 물 밖으로 나올까요?

학생 [발표] 숨을 쉬기 위해서입니다.

교사 [단서] 그럼 고래는 왜 물 밖에서 숨을 쉴까요?

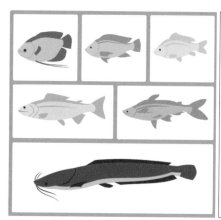

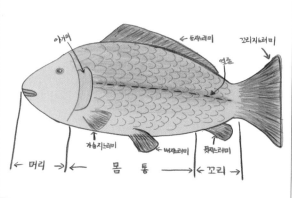

물고기를 관찰한 모습을 그림으로 그려 보고 특성 살펴보기

학생 [발표] 고래는 아가미가 없기 때문입니다.

교사 아가미가 없는데 어떻게 숨을 쉬었을까요? 고래는 어떻게 숨을 쉽니까?

학생 숨구멍을 통해서 숨을 쉽니다.

교사 그렇게도 볼 수 있습니다. [설명] 실제 고래는 아가미가 없고 폐를 통해 숨을 쉽니다. 그래서 호흡을 하기 위해 물 밖으로 나오는 것입니다.

교사 [대조] 이제 물고기의 번식 방법을 살펴보겠습니다. 물고기는 어떻게 번식할까요?

학생 알을 낳습니다.

교사 [과제] 고래는 어떻게 번식할까요?

학생 [발표] 새끼를 낳습니다.

교사 맞습니다. [단서] 그러면 다른 물고기와 달리 폐로 숨을 쉬고, 새끼를 낳는 고래는 물고기라고 할 수 있을까요?

학생 물고기라고 할 수 없을 것 같습니다.

교사 네. 고래는 물에 살지만 폐를 통해 숨을 쉬고, 새끼를 낳는 등 여러 특징으로 포유류로 분류됩니다.

교수 처방 2 **난개념** 특이한 환경에서 생물은 적응하여 살아간다.

여름철 교실에서 '에어컨을 켜야 한다', '켜지 말아야 한다'는 의견으로 학생들이 설왕설래하는 모습은 쉽게 찾아볼 수 있다. 이는 학생들이 자신을 중심으로 생각하고, 자신이 가지고 있는 배경지식을 바탕으로 대상을 판단하기 때문이다. 특이한 환경에서 사는 생물에 대해 학습할 때에도 학생들은 자신이 살고 있는 현재의 환경을 기준으로 다른 환경을 판단하여 사막과 같은 경우 사람이 살 수 없다고 생각한다. 이는 내가 살고 있는 환경에 비해 덥거나 척박하여 생명이 살기 어렵다고 생각하는 것이다. 그러므로 사례를 통하여 우리 주변에는 다양한 환경이 존재하고, 그 환경에 적응해서 살고 있는 생물과 사람들이 있음을 알도록 할 필요가 있다.

생각해 보기

학습활동을 통해 학생들은 다양한 환경에 적응해서 살고 있는 생물에 대해 배운다. 그런데 몇몇 학생들은 자신이 살고 있는 현재의 환경을 기준으로 판단하여 춥거나, 덥거나, 건조한 곳에서는 생명체가 살기 어렵다고 생각하기도 한다. 따라서 다양한 환경에 적응하여 살고 있는 동물의 예시를 제시하고, 그 동물의 특성과 함께 특이한 환경에 적응하여 살 수 있었던 이유에 대해 생각해 보는 활동이 필요하다. 전시학습의 '여러 환경에서 사는 생물들의 차이점'과 관련지어 학습하는 것도 좋은 방법이 되겠다.

아래 수업 대화는 다양한 환경에 적응하는 생물에 대해 설명하는 과정이다.

사막과 극지방의 모습을 탐구하여 각 환경의 특징 이해하기

교사 우리가 살고 있는 환경에 대해 생각해 봅시다. 우리 주변의 환경은 어떻습니까?

학생 사계절이 있고, 산과 들, 강, 바다가 있습니다.

교사 여러분이 상상하는 사막의 환경은 어떻습니까?

학생 덥고 물이 없으며 모래로 이루어진 지형이 계속 펼쳐져 있습니다.

교사 여러분이 사막에 산다면 어떨까요?

학생 더워서 살기 어려울 것 같습니다.

교사 [과제] 그럼 낙타는 어떻게 사막에서 살 수 있을까요?

학생 낙타만의 적응방법이 있을 것 같습니다.

교사 그럼 낙타를 관찰하고 생김새와 특징을 이야기해 봅시다. [단서] 낙타의 부분 모습을 확대한 사진을 보여 준다.

학생 속눈썹이 길고 큰 혹을 가지고 있습니다.

교사 긴 속눈썹은 낙타가 사막에 사는 데 어떤 역할을 할까요?

학생 [탐구] 모래바람이 많이 불기 때문에 모래로부터 눈을 보호합니다.

교사 그렇습니다. 낙타의 혹은 어떤 역할을 할까요?

학생 낙타의 혹은 지방을 저장하여 오랫동안 음식을 먹지 않아도 됩니다.

교사 [설명] 그렇습니다. 이렇듯 낙타는 먹을 것이 풍부하지 않고, 모래바람이 많이 부는 사막지형에 적응하였습니다.

낙타와 펭귄의 모습 관찰하여 특징 탐구하기

교사 이번에는 극지방을 떠올려 보겠습니다. 극지방을 떠올리면 어떤 환경이 생각나나요?

학생 하얀 얼음과 추운 날씨가 생각납니다.

교사 여러분이 극지방에 산다면 어떨까요?

학생 너무 추워서 살기 어렵습니다.

교사 극지방에 살고 있는 생물들에는 무엇이 있을까요?

학생 펭귄, 북극곰 등이 있습니다.

교사 [과제] 그 중 펭귄은 어떻게 극지방의 환경에 적응하였을까요? 펭귄의 특징에 대해 이야기해 봅시다.

학생 [발표] 펭귄은 온 몸이 털로 덮여 있습니다.

교사 네. 펭귄은 두꺼운 지방과 여러 겹의 털로 추위로부터 몸을 보호합니다.

교사 [탐구] 어두운 동굴이나, 심해와 같이 여러분이 살기 어렵다고 생각한 곳에 다른 생물들은 어떻게 살고 있는 것일까요?

학생 환경에 적응하며 살고 있습니다.

교사 [설명] 그렇습니다. 동물들은 각각의 환경에 적응하며 살아가고 있습니다.

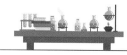

수업 개요

교과	과학		학습 주제	물에 사는 동물의 생김새를 관찰하고 생활방식 알아보기
학습 목표	물에 사는 동물의 생김새와 생활방식을 알 수 있다.			

단계	학습 내용 (학습 집단)	교수·학습 활동	PCK 전략			자료(★) 및 유의점(※)
			배움 주춤	배움 전략	배움 원리	
배움 열기	전시 학습 상기 (전체) 동기 유발 학습 목표 확인	• 전시 학습 상기하기 −땅에 사는 동물의 특징 이야기하기 −물에 사는 동물의 생김새와 생활방식 확인하기 • 학습 동기 유발하기 −바다에 사는 돌고래 영상 보기 • 공부할 문제 확인하기 −물고기의 특징을 알아봅시다.	선개념 오개념	그림 설명 매체 시범	연결 관찰 연결	★그림자료 (땅에 사는 동물) ★그림자료 (물에 사는 동물) ★동영상 자료
준비 단계	물고기의 특징 관찰 하기 (모둠)	• 물고기의 특징 관찰하기 −물고기의 생김새 관찰하기 −물고기의 생활모습 관찰하기 −물고기의 특징을 그림과 글로 나타내기		탐구	관찰	★그림자료 (물고기) 교사 평가
이해 단계	물고기의 특징 관찰 하기 (모둠)	• 물고기가 물속에서 생활하기 알맞은 까닭 탐구하기 −물고기의 특징과 생활환경과의 관계 생각해 보기 −물고기가 물속에서 생활하기에 알맞은 점 알아보기 • 고래의 특징 관찰하기 −고래의 특징 살펴보기 −고래와 물고기의 공통점 탐구하기 −고래와 물고기의 차이점 탐구하기	신개념 오개념	발표 설명 탐구 대조	관찰 연결 관찰	★그림자료 (물고기) 동료 평가
적용 단계	특이한 환경에서 사는 생물 의 특징 탐구하기 (모둠)	• 특이한 환경에서 사는 생물의 특징 탐구하기 −특이한 환경에서 사는 생물 찾아보기 −생물의 특징 탐구하기 −환경과 생물의 특징의 연관성 찾아보기 −환경에 따른 생물의 특징 정리하기 −환경과 생물의 적응 방법 정리하기 −환경에 대한 상대적인 차이 알아보기	신개념 난개념	탐구 발표 설명 대조		★그림자료 (낙타, 펭귄)
배움 정리	정리하기 (전체) 차시예고	• 오늘 학습한 내용 알아보기 −물고기의 특징 정리하기 −고래와 물고기의 차이점 정리하기 −환경에 따른 생물의 적응 방법 정리하기 • 학습을 하면서 느낀 점 발표하기 • 차시 예고하기 −하늘을 나는 동물의 특징 알아보기		메모		자기 평가

화석은 동물이나 식물의 죽은 몸체만을 말하는 것이죠?

⊙ 학습 주제

여러 가지 화석을 관찰하기

⊙ 성취 기준

여러 가지 화석을 관찰하여 화석의 의미를 설명할 수 있다.

⊙ 오개념 1

동물이나 식물의 죽은 몸체가 있어야만 화석이다.

⊙ 오개념 2

화석은 모두 딱딱한 돌이다.

지도 요소

상황 진단

화석은 동물이나 식물의 죽은 몸체만을 말하는 것이죠?

교수 처방 1

교수 처방 2

⊙ 오개념 1 처방

• 다양한 흔적 화석 사진을 제시함으로써 오개념 수정하기

• 화석이란 생물의 몸체나 흔적들이 암석이나 지층 속에 나타나 있는 것임을 확인하기

⊙ 오개념 2 처방

• 호박 화석 및 매머드 화석을 제시하여 수정하기

• 용어의 사용이 시대에 따라 달라졌음을 알게 함으로써 반드시 돌로 변한 것은 아님을 알기

- ⚙ **관련 단원** `3학년 2학기` 2. 지층과 화석 ┃ (2) 지층 속 생물의 흔적(7/11차시)
- ⚙ **학습 주제** 여러 가지 화석을 관찰하기
- ⚙ **성취 기준** 핵 과4144-1. 여러 가지 화석을 관찰할 수 있다.
- ⚙ **학습 목표** • 화석의 의미를 설명할 수 있다.
  • 여러 가지 화석을 관찰하고 특징을 말할 수 있다.

상황 진단

오개념 1	동물이나 식물의 죽은 몸체가 있어야만 화석이다.
문제 상황 진단	바다나 육지에 살았던 생물이 죽어 바닥에 가라앉고, 이후 진흙과 같은 퇴적물이 계속 쌓여 오랜 시간이 지나면 생물의 몸체가 화석으로 변한다. 학생들에게 제시되는 대부분의 화석 표본들은 생물의 몸체가 화석이 된 것들이다. 하지만 공룡이 남긴 발자국이나 벌레가 기어간 자국도 화석이라고 할 수 있다. 왜냐하면 화석이란 지질 시대에 살았던 생물의 몸체나 흔적이 암석이나 지층 속에 남아 있는 것을 말하기 때문이다. 흔적 화석에 대한 다양한 사진 자료를 통해 지도할 필요가 있다.
오개념 2	화석은 모두 딱딱한 돌이다.
문제 상황 진단	학생들에게 제시되는 화석 표본은 모두 돌로 되어 있다. 화석(化石)이란 단어 속에 돌로 변했다는 의미가 들어 있기 때문에 '화석=돌'이라는 오개념이 확고해지기 쉽다. 하지만 화석은 반드시 돌처럼 딱딱하지는 않다. 예를 들어, 시베리아 동토에서 발견된 잘 보존되어 있는 매머드도 지질시대의 생물로 화석이지만, 털 등이 남아 있고, 미이라 형태이지만 돌처럼 딱딱하지 않기 때문이다. 돌처럼 딱딱하지 않은 화석의 예시 자료를 통해 오개념을 바로잡아 줄 필요가 있다.

 관련 개념

화석이란?

화석이란 과거 지질시대에 살았던 생물의 유해나 흔적들이 보존된 것이다. 화석(化石)이란 말은 중국에서 유래된 것이며, 돌로 변한 것이라는 뜻을 갖고 있다. 영어로는 fossil이라고 하는데, 땅속에서 파낸 물건이라는 라틴어에서 유래한 것이다. 처음에는 땅속에서 파낸 진기한 물건을 모두 화석이라고 하였으나, 18세기 후반부터는 지질시대에 생존했던 생물의 유해와 흔적을 의미하는 것으로 개념이 변하였다.

시상화석과 표준화석의 구분은?

산호는 수심이 얕고 따뜻하며, 깨끗하고 잔잔한 바다에서만 산다. 만약 20만 년 전의 지층에서 산호가 발견되었다면 그 지층은 과거에 수심이 얕고 따뜻한 바다였음을 알 수 있다. 이처럼 생존기간이 길고 특정한 환경에서만 생존하여, 지층이 만들어진 환경을 알려 주는 화석을 시상화석이라 한다.

- 종류: 산호 화석, 고사리 화석, 조개껍질 화석 등

공룡은 지구 여러 곳에서 생활했으나 중생대에만 살았다. 이처럼 생존기간이 짧고 진화속도가 빠르며 여러 곳에서 나타나, 지층이 만들어진 시대를 알려 주는 화석을 표준화석이라 한다.

- 고생대의 표준화석: 삼엽충, 필석, 갑주어, 푸줄리나(방추충) 등
- 중생대의 표준화석: 암모나이트, 해파리, 잠자리, 공룡, 시조새 등
- 신생대의 표준화석: 화폐석, 매머드 등

화석의 형태에 따른 구분 방법은?

- 체화석: 동식물의 일부 또는 전체가 나타난 경우
- 흔적화석: 기어다닌 자국 등 생활 모습이 나타난 경우

화석이 되려면?

- 생물이 빠르게 퇴적물에 묻혀야 함
- 생물의 몸체에 단단한 부분이 있어야 함
- 생물의 몸체나 흔적이 퇴적층에 묻혀 오랜 시간이 지나는 동안 단단하게 굳어져야 함

교수 처방

교수 처방 1 오개념 동물이나 식물의 죽은 몸체가 있어야만 화석이다.

화석이라고 하면 대부분의 학생들은 동물이나 식물의 죽은 몸체가 있는 돌로 이루어진 것이라고 생각하고 대답한다. 하지만 화석의 형태에 따른 분류에서 알 수 있듯이, 동물의 일부 또는 전체가 나타난 경우뿐 아니라 기어다닌 자국 등의 생활 모습이 나타난

경우도 화석이라고 부른다.

직접 학생들과 함께 화석을 채집해 보면서 내용을 설명하고 익히면 학생들에게 흥미 유발 및 개념 정립에 가장 좋겠지만, 한정된 시간과 상황이라면 학생들에게 다양한 자료를 통해 오개념을 바로잡아 주는 것이 중요하다.

> **생각해 보기**
>
> 학교에서 학생들에게 제시하는 대부분의 화석 표본(10종, 18종, 20종) 모두 동식물의 일부 또는 전체가 나타난 체화석이다. 학생들에게 관찰을 통해 화석에 대한 정의를 이끌어 보니 많은 학생들이 화석은 모두 동식물의 죽은 몸체라는 오개념을 가지고 있었다.
>
> 따라서 지도를 할 때 학교에 있는 표본 관찰 활동 외에 다양한 흔적화석을 제시할 필요가 있다. 다양한 흔적화석을 관찰한 후에 학생들에게 화석이란 무엇인지 정의내리기 활동을 할 필요가 있다.

[교사] [시범] 지금까지 다양한 화석을 본 경험을 이야기했습니다. 이제부터는 모둠별로 화석 표본을 돋보기를 이용하여 관찰해 보도록 하겠습니다.

[학생] [관찰] 모둠별로 화석 표본을 자세히 관찰한다.

화석 표본(10종) 세트 화석 관찰하기

[교사] 잘 관찰했나요? 화석이란 무엇을 말하는 것인가요?

[학생] [발표] 옛날에 살았던 생물의 몸체가 지층이나 암석 속에 남아 있는 것을 말합니다.

[교사] 그렇다면 생물의 몸체란 무엇일까요?

[학생] 동물과 식물의 죽은 형태의 모습입니다.

[교사] 그렇다면 다음 사진을 살펴보도록 합시다.

[학생] [관찰] 사진을 자세히 살펴본다.

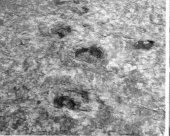

공룡 발자국 화석(화순)　　　　　공룡 발자국 화석(고성)　　　　　새 발자국 화석(해남)

교사 사진에서 무엇을 찾을 수 있나요?

학생 [발표] 공룡의 발자국, 새의 발자국을 볼 수 있었습니다.

교사 이러한 발자국도 생물의 몸체라고 할 수 있나요?

학생 [발표] 아닙니다. 생물의 몸체가 아닙니다.

교사 발자국도 화석이라 할 수 있나요?

학생 [발표] 발자국 등을 이용해 옛날 생물체의 모습이나 환경을 추측해 볼 수 있는 자료이기 때문에 화석이라고 할 수 있습니다.

교사 화석에 대하여 다시 정리하여 발표해 볼까요?

학생 [발표] 화석은 지질시대에 살았던 생물의 몸체나 흔적들이 암석이나 지층 속에 남아 있는 것을 말합니다.

교수 처방 2 **오개념** 화석은 모두 딱딱한 돌이다.

화석이라고 하면 학생들은 딱딱한 돌이라고 많이들 생각한다. 하지만 모든 화석들이 딱딱한 돌은 아니다. 예를 들어, 시베리아 동토에서 발견된 매머드 화석은 개가 뜯어 먹을 수 있을 정도로 잘 보존되어 있지만 지질시대의 생물이므로 화석이라고 한다. 화석이 돌이라고 생각하는 학생들의 오개념을 어떻게 처방해야 할까?

생각해 보기

모든 화석들이 돌로 되어 있지는 않다. 화석은 주로 암석이나 지층 속에서 동식물의 몸체 또는 흔적으로 발견되지만 어떤 동식물은 살아있던 모습 그대로 발견되기도 한다.

따라서 수업 활동 중 돌로 된 화석뿐 아니라 돌이 아닌 다양한 화석을 소개함으로써 학생들에게 오개념이 생기지 않도록 지도해야 한다.

다음의 수업 대화는 교실에서 여러 가지 화석을 관찰한 후 화석에 대한 정의를 보충하는 내용이다.

교사 화석이란 어떤 것이라고 말할 수 있을까요?

학생 [발표] 화석은 지질시대에 살았던 생물의 몸체나 흔적들이 암석이나 지층 속에 남아 있는 것을 말합니다.

교사 관찰했듯이 몸체나 흔적들이 암석이나 지층 속에 남아 있는 것을 말합니다.
[매체] 화석을 한자로 알아봅시다.

> 화(化) – 될 화
> 석(石) – 돌 석
> 돌로 변화했다는 의미

화석을 한자로 이렇게 써요.
(칠판에 제시하면서)
화(化): 될 화, 석(石): 돌 석
(돌로 변화했다는 뜻)

교사 그렇다면 화석은 모두 돌로 되어 있을까요?

학생 글쎄요. 잘 모르겠어요.

교사 그러면 다음 사진을 살펴보도록 합시다.

학생 [관찰] 사진을 자세히 살펴본다.

곤충이 들어 있는 호박 화석

얼음 속 매머드 화석

교사 화석은 모두 돌로 되어 있나요?

학생 [발표] 아닙니다. 화석은 모두 돌로 되어 있지는 않습니다.

교사 그렇습니다. 곤충이 들어 있는 호박 화석은 나무에서 흘러나온 송진이 땅속에서 오랜 시간이 지나면서 굳어져 생긴 것이고, 러시아의 시베리아에서는 생김새가 코끼리와 비슷하지만 오래전에 멸종된 매머드가 얼음 속에서 꽁꽁 언 채 발견되었습니다.

학생 한자어에서 살펴보았을 때는 돌로 변화한 것을 화석이라고 하지 않았나요?

교사 화석(化石)이란 말은 중국에서 유래된 것이며, 돌로 변한 것이라는 뜻을 갖고 있습니다. 처음에는 땅속에서 파낸 진기한 물건을 모두 화석이라고 하였으나 18세기 후반부터는 지질시대에 생존했던 생물의 유해와 흔적을 화석이라고 하기로 했습니다. 따라서 화석이 반드시 돌로 변한 것은 아니라고 말할 수 있습니다.

교과		과학			학습 주제		여러 가지 화석을 관찰하기			
학습 목표		여러 가지 화석을 관찰하여 의미와 특징을 말할 수 있다.								

단계	학습 내용 (학습 집단)	교수·학습 활동	PCK 전략			자료(★) 및 유의점(※)
			배움 주춤	배움 전략	배움 원리	
배움 열기	동기 유발	• 학습 동기 유발하기 –화석을 본 경험 이야기하기 –화석 발굴 현장 사진이나 동영상 자료 보고 이야기하기		발표 설명		★화석 발굴 사진 자료
	학습 목표 확인	• 공부할 문제 확인하기 –여러 가지 화석을 관찰하고 의미와 특징을 말해 봅시다.				
배움 활동	여러 가지 화석 관찰 하기 (모둠)	• 화석 표본 관찰하기 –동물 화석 관찰하기 –식물 화석 관찰하기 • 관찰한 화석의 특징 이야기하기 –암모나이트 화석의 특징 –삼엽충 화석의 특징 –상어 화석의 특징 등		발표 설명	관찰 연결	
	화석의 정의 알아보기 (전체)	• 화석의 정의 알아보기 –화석의 정의를 정리해 보기 –흔적화석에 대하여 생각해 보기 –돌이 아닌 화석에 대하여 생각해 보기	신개념 오개념 1 오개념 2	설명 예시	격려 수용	★여러 가지 화석 사진 자료
	모습 나타내기 (개별)	• 화석이 된 생물이 살아있었을 때의 모습 나타내기 –상상하여 이야기하기 –상상하여 그림으로 나타내기 –그린 그림 발표하기		유추 설명 발표	격려 수용	
배움 정리	정리하기 (전체)	• 오늘 학습하면서 알게 된 것 이야기하기 –화석의 정의 –화석이 된 생물이 살아있었을 때의 모습 • 학습하면서 느낀 점 이야기하기 –화석에 대하여 다양한 형태를 알게 되었습니다.		메모		자기 평가
	차시예고	• 차시 예고하기 –다음 시간에는 화석이 만들어지는 과정을 알아보겠습니다. 내가 만들 화석의 모형을 각자 생각해 오도록 합니다.				

⊙ 성취 기준을 바탕으로 다양하게 수업 설계를 해 보세요.

기체도 무게가 있나요?

문제 상황 제시

한눈에 알아보기

◎ 학습 주제

기체에 무게가 있는지 알아보기

◎ 성취 기준

기체의 무게를 측정하는 실험을 통해 기체가 무게가 있음을 설명할 수 있다.

◎ 오개념

기체는 무게가 없다.

지도 요소

상황 진단

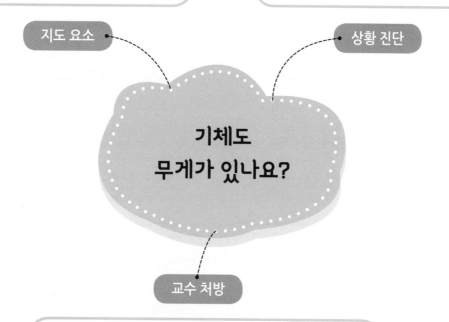

기체도
무게가 있나요?

교수 처방

◎ 오개념 처방

• 킨볼을 활용하여 실험함으로써 기체에 무게가 있음을 이해하기

• 학생들이 직접 눈으로 보고 확인하는 관찰을 통해 오개념 수정하기

- ✪ **관련 단원**　`3학년 2학기`　3. 액체와 기체 | (2) 기체의 부피와 무게(10/11차시)
- ✪ **학습 주제**　기체에 무게가 있는지 알아보기
- ✪ **성취 기준**　`핵` 과4075. 기체의 무게를 측정하는 실험을 통해 기체가 무게가 있음을 설명할 수 있다.
- ✪ **학습 목표**　기체에 무게가 있음을 증거를 들어 설명할 수 있다.

상황 진단

오개념	기체는 무게가 없다.
문제 상황 진단	일상생활에서는 주위가 항상 기체로 둘러싸여 있고 우리 몸이 기체의 무게에 적응하고 있으므로 그 무게를 거의 느끼지 못한다. 이러한 이유로 '기체에 무게가 없다.'라는 잘못된 과학적 지식을 갖고 있는 학생들이 있다. 따라서 간단한 실험을 통해 기체에도 무게가 있다는 것을 깨달을 수 있도록 지도하는 것이 필요하다.

관련 개념

기체에 무게가 있을까?

먼저 두 개의 풍선을 불어서 양팔저울에 하나씩 매달고 수평을 맞춘다. 그리고 한쪽 풍선의 기체를 빼내면 어떻게 되는지 살펴본다. 수평이었던 양팔저울이 기체가 들어 있는 풍선 쪽으로 기우는 것을 볼 수 있다. 이것으로 기체도 무게가 있다는 것을 알 수 있다.

기체의 무게는 얼마나 될까?

기체도 무게가 있다면, 교실 안에 들어 있는 기체의 무게는 얼마나 될까? 교실의 넓이가 $80m^2$이고, 높이가 2.5m이면, 교실의 공간은 $200m^3$가 된다. 일상생활의 기온과 기압에서 기체의 무게는 $1m^3$당 약 1.2kg이다. 따라서 $200m^3$인 교실에 있는 기체의 무게는 240kg이 된다.

기체의 무게를 느끼지 못하는 이유는?

일상생활에서는 주위가 항상 기체로 둘러싸여 있고 우리 몸이 기체의 무게에 적응하고 있으므로 그 무게를 거의 느끼지 못한다.

 **교수 처방**

교수 처방 **오개념** **기체는 무게가 없다.**

기체에 무게가 있는지 실험을 통해 알아보기 전 학생들에게 "기체에 무게가 있을까?"라는 질문을 했다. 학생들의 의견은 정확하게 둘로 나뉘었다. '기체에는 무게가 없을 것이다.'라고 생각하는 학생에게 다시 질문을 했다. "왜 기체에 무게가 없을 거라고 생각하니?" "무게가 있다면 우리 머리 위에 기체가 많아 깔려 죽을 테니까요." 당당하고 자신 있게 얘기하는 학생의 의견을 듣고, '기체에는 무게가 있을 것이다.'라고 생각했던 학생들조차 "맞아. 기체에 무게가 있다면 우리가 느끼지 못할 리가 없지."라고 말을 하였다.

모든 학생들이 기체에 무게가 있을 거라고 대답할 것을 예상했지만, '기체에 무게가 없다.'라고 생각하는 학생들이 많으니, 어떻게 하면 쉽게 오개념을 처방할 수 있을까?

　3학년 수준의 학생들은 교사들이 생각하는 것 이상으로 과학적 지식이 부족하며, 수준차 또한 크다. 따라서 지도를 할 때 이 점을 고려해서 다양한 수준의 학생들을 모두 만족시킬 수 있는 방법으로 재구성해서 지도하는 것을 고민해야 한다. 오개념을 진단하고 수정할 때 지나치게 어렵게 접근한다면 학생들은 그것을 이해할 수 없고, 혼란만 가중될 것이기 때문이다.

　'기체는 무게가 없다.'라고 생각하는 학생들에게 가장 쉬우면서도 흥미롭게 실험할 수 있는 방법이 무엇일지 고민하고 적용할 필요가 있기 때문에 학생들이 일상생활에서 쉽게 접할 수 있는 공을 통해 활동을 전개하였다. 축구공 같은 크기의 공은 바람이 빠지기 전과 후의 무게를 학생들이 몸으로 체감하기엔 미세하기 때문에 크기가 매우 크고 기체가 많이 들어갈 수 있는 킨볼을 이용하여 활동을 전개하였다.

　킨볼에 기체를 넣기 전 무게를 들어 보고, 기체를 가득 넣었을 때 무게를 들어 보는 활동을 통해 학생들로 하여금 '기체는 무게가 있다.'는 것을 몸으로 느껴 보도록 하였다.

　기체에 무게가 있는지 알아보는 활동 중 추가적인 자료 제시 및 실험을 통해 오개념을 처방하는 상황이다.

교사　여러분들이 잘 알고 있는 킨볼 2개를 준비했습니다. '기체에 무게가 없다.'라고 생각한 학생들이 많이 있는데 아주 간단한 실험을 해 보도록 하겠습니다. 먼저 기체가 들어 있지 않은 킨볼을 들어 봅시다.

학생　[활동] 아주 가벼워요.

교사　그렇죠. 한 명이 들어도 충분히 들 수 있을 만큼 가볍습니다. 그럼, 이번에는 킨볼에 기체를 넣어 보도록 하겠습니다. 여러분들이 기체에는 무게가 없다고 했으니까 기체를 넣어도 당연히 가볍겠네요. 한 명씩 나와서 기체가 가득 들어 있는 킨볼을 들어 보세요.

학생　[활동] 선생님, 매우 무거워요. 못 들겠어요.

기체를 넣기 전과 후의 킨볼의 무게를 느껴 보는 학생들

 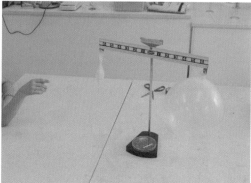

양팔저울을 통해 기체를 넣은 풍선과 넣지 않은 풍선의 무게를 비교하는 학생들

교사 그럼, 다른 실험 한 가지를 더 해 볼게요. 양팔저울에 기체를 넣은 풍선 하나와 기체를 넣지 않은 풍선 하나를 매달아 보도록 하겠습니다. 어느 쪽으로 기우는지 실험해 보세요.

학생 [관찰] 기체를 넣은 쪽으로 양팔저울이 기울었습니다.

교사 그렇죠? 우리가 킨볼에 기체를 넣어서 들어 보고, 양팔저울에 풍선을 매달아 보는 실험을 해 봤는데 이 두 가지 실험을 통해서 알 수 있는 점은 무엇일까요?

학생 [발표] 기체에는 무게가 있다는 것을 알게 되었습니다.

교사 [설명] 네, 맞아요. 우리가 일상생활에서 기체의 무게를 느끼지 못하는 것은 기체가 우리를 누르는 압력만큼 우리 몸이 밀어내기 때문에 느끼지 못하는 것입니다. 우리가 기체의 무게를 느끼지 못한다고 해서 기체에는 무게가 없다고 생각하지 말아요.

수업 개요

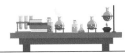

교과	과학		학습 주제	기체에 무게가 있는지 알아보기
학습 목표	기체에 무게가 있음을 증거를 들어 설명할 수 있다.			

단계	학습 내용 (학습 집단)	교수·학습 활동	PCK 전략			자료(★) 및 유의점(※)
			배움 주춤	배움 전략	배움 원리	
배움 열기	전시 학습 상기(전체)	• 전시 학습 상기하기 −기체를 다른 곳으로 옮기기 −부채로 기체를 다른 곳으로 이동시킬 수 있음을 관찰하기	선개념 선기능	설명	연결 관찰	
	동기 유발	• 학습 동기 유발하기 −기체를 마신 아기 개구리 이야기	오개념	설명	연결 추론	★그림자료
	학습 목표 확인	• 공부할 문제 확인하기 −기체에 무게가 있는지 알아봅시다.				
배움 활동	기체에 무게가 있는지 알아보기 (전체−짝−전체)	• 킨볼을 이용하여 알아보기 −기체를 넣기 전 킨볼의 무게 확인하기 −킨볼에 기체 넣어 보기 −기체를 넣은 킨볼 들어 보기		설명 발표	관찰	★킨볼
		• 풍선의 무게를 비교하여 알아보기 −기체를 넣은 풍선과 넣지 않은 풍선 준비하기 −양팔저울을 이용하여 두 개의 풍선 무게 비교하기 −실험결과를 통해 알게 된 점 이야기해 보기 −기체에 무게가 있음을 알기	신개념	설명	관찰 연결	★고무풍선, 양팔저울
	생활 속에서 알아보기 (전체)	• 기체에 무게가 있어서 나타나는 현상 알아보기 −고무보트의 경우 기체를 뺀 후 이동함을 설명하기 −헬륨 풍선은 공기보다 가벼워 하늘로 날아감을 설명하기		설명 유추		※학생들이 일상생활 속에서 경험하기 쉬운 예를 들어 줌으로써 학습한 내용을 일상생활과 연결 지을 수 있도록 한다.
		• 기체에 무게가 있어 나타나는 현상 찾기 −기체에 무게가 있어 나타나는 현상을 찾고 발표하기		발표		
배움 정리	정리하기 (전체)	• 오늘 학습하면서 알게 된 것 이야기하기 −무게와 부피의 개념 차이를 알게 됨 −기체에 무게가 있음을 알게 됨		메모		자기 평가
		• 학습하면서 느낀 점 이야기하기 −실험이 재밌고 이해가 잘 되었음				
	차시예고	• 차시 예고하기 −다음 시간에는 단원 정리를 하겠습니다.				

⊙ 성취 기준을 바탕으로 다양하게 수업 설계를 해 보세요.

물속에서 소리가 전달되나요?

3
학년

2
학기

학습 주제

소리가 어떻게 전달되는지 알고 멀리 전달해 보기

성취 기준

소리를 내는 물체를 관찰하여 물체가 떨때 소리가 남을 설명할 수 있다.

오개념 1

물속에서는 소리가 들리지 않는다.

오개념 2

실 전화기에서 소리가 직접 실을 타고 이동한다.

지도 요소

상황 진단

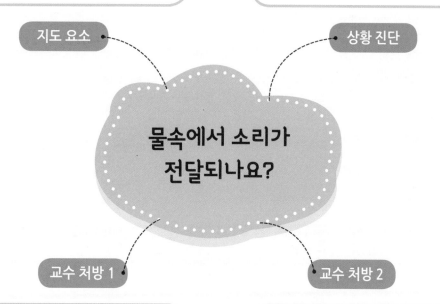

물속에서 소리가 전달되나요?

교수 처방 1

교수 처방 2

오개념 1 처방

• 물속에 소리가 나는 물체를 넣어 봄으로써 소리가 들리는지 직접 확인하기

• 학생들이 직접 눈으로 보고 체험하는 활동과 설명을 통해 오개념 수정하기

오개념 2 처방

• 실 전화기에서 소리가 전달되는 과정을 그림으로 그려 보아 이해 돕기

• 예시자료와 다양한 활동을 통해 오개념 수정하기

⚙ **관련 단원**　3학년 2학기　4. 소리의 성질 ｜ (2) 소리 전달하기(5/11차시)

⚙ **학습 주제**　소리가 어떻게 전달되는지 알아보기

⚙ **성취 기준**　핵 과4082. 소리를 내는 물체를 관찰하여 물체가 떨 때 소리가 남을 설명할 수 있다.

⚙ **학습 목표**　• 소리가 어떻게 전달되는지를 안다.

　　　　　　　• 고체, 기체, 액체 물질을 통하여 소리가 전달됨을 알 수 있다.

 상황 진단

오개념 1	물속에서는 소리가 들리지 않는다.
문제 상황 진단	3학년 학생들은 소리의 떨림 또는 진동이라는 내용을 이해하기 쉽지 않다. 게다가 공기 중에서 소리가 전달되는 과정보다, '물속에서는 소리가 전달된다.' 는 개념은 더욱이 어려움을 느낀다. 우선 '소리'는 우리 눈에 직접 보이는 것이 아니며 '물속'이라는 조건이 붙기 때문이다. 따라서 학생들이 직접 실습과 체험을 통해 물속에서도 소리가 들린다는 것을 알고, 이를 바탕으로 소리의 전달 과정에 대해 지도해야 할 필요가 있다.
오개념 2	실 전화기에서 소리가 직접 실을 타고 이동한다.
문제 상황 진단	실 전화기를 만들어 소리를 멀리 전달하는 실험 과정 중에 학생들은 혼란스러워한다. 소리의 전달이 우리의 눈에 보이지 않고, 실 전화기의 원리와 소리의 전달 원리를 동시에 학습하기 때문이다. 따라서 실 전화기의 전달 원리를 쉽게 알 수 있는 여러 가지 활동과 놀이자료를 통해서 지도하는 것이 필요하다.

🔔 관련 개념

소리의 전달

① 우리가 흔히 듣는 소리를 듣게 되는 이유는 음원의 진동이 주위의 공기 분자들을 진동시키면서 소리가 전달되어 우리의 귀에 오기 때문이다.

② 소리는 종파이므로 소리가 진행하는 방향과 나란한 방향으로 매질이 진동한다.

③ 소리는 탄성파이므로 매질이 반드시 필요하다.(진공에서는 매질이 없기 때문에 소리가 전달되지 않는다.)

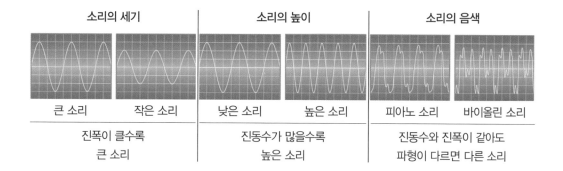

	소리의 세기		소리의 높이		소리의 음색	
	큰 소리	작은 소리	낮은 소리	높은 소리	피아노 소리	바이올린 소리
	진폭이 클수록 큰 소리		진동수가 많을수록 높은 소리		진동수와 진폭이 같아도 파형이 다르면 다른 소리	

 3학년 2학기

매질에 따라 달라지는 소리의 속력

- 고체〉액체〉기체 순으로 빠르다.
- 분자 사이의 거리가 가까울수록 진동이 빠르게 전달되기 때문이다. 공기와 같은 기체보다 액체나 고체가 소리가 더 빠르게 전달된다.
- 기온이 높을수록 소리의 속력이 빠르다.(온도가 높을수록 분자의 운동이 더 활발하기 때문이다)

매질	속력(m/s)
공기(15℃)	340.45
공기(30℃)	349.45
물(25℃)	1493
구리(20℃)	3560

교수 처방

교수 처방 1 **오개념** 물속에서는 소리가 들리지 않는다.

학생들과 소리를 내 보는 활동을 하고 마무리 활동으로 즐겁고 신나는 음악을 듣고 있었다. 흥겨운 음악소리에 반 단체가 어깨를 들썩이고 있었는데, 두 친구가 이야기를 하다가 질문을 하였다.

"선생님, 수영을 하고 있는데 물속에서 떠들 수 있나요 없나요?"라는 질문에 그저 아이들이 귀엽게만 느껴졌는데, 문득 무릎을 탁 치면서 무언가 잘못된 점을 알게 되었다.

학생들은 물속에서는 소리가 들리지 않는다고 생각하고 있었다. 수영장에 가서 직접 실험을 해 보는 것이 호기심을 확실하게 해결할 수 있겠지만, 당장 해결하기 위한 좋은 실험방법을 떠올려야 했다.

생각해 보기

　　과학과 교육과정은 활동 중심의 과학 수업을 통하여 학생들의 과학 탐구에 필요한 기초 탐구 능력을 기르는 데 초점이 있다.

　　따라서 지도를 할 때는 이 점을 고려하여 학생들이 직접 체험하고 손으로 만들어 보고, 간단하고도 성취감 있는 활동을 제시하는 것이 중요하다.

　　'물속에서는 소리가 들리지 않는다.'라는 오개념에 대해 고민하는 학생들이 쉬우면서도 흥미로운 실험을 할 수 있도록 해야 한다. 따라서, 직접 방수팩을 통해 물속에서 소리를 들어 보고, 영화를 예시로 들어 보면서 직간접적으로 문제 해결을 할 수 있도록 해야겠다.

아래 수업 대화는 물속에서는 소리를 듣지 못할 것이라는 오개념을 처방하는 실험과정이다.

교사 소리를 직접 낼 수 있는 물건에는 무엇이 있을까요?

학생 휴대폰이 있습니다. / mp3, 시계 태엽인형이 있습니다.

교사 [과제] 그래서 선생님이 휴대폰을 준비해 보았어요. 소리를 들어 봅시다.

학생 소리가 잘 들립니다.

교사 [과제] 그러면 물속에서는 어떨까요?

학생 [예상] 들리지 않을 것 같습니다.

교사 그럼 왜 들리지 않는다고 생각하나요?

학생 [발표] 사방이 막혀 있기 때문입니다. / 물 때문에 귀가 막혀 있기 때문입니다.

교사 [실험] 지금부터 물속에서 소리를 들을 수 있는지 실험을 해 봅시다.

실험 과정
1. 방수팩과 직접 소리를 내는 물건을 준비한다. (휴대폰, 알람시계, mp3 등)
2. 방수팩에 소리 내는 물건을 넣고 밀봉한다. (물이 새는지 미리 종이를 넣고 방수팩을 물속에 넣어서 확인해 본다)
3. 물건을 넣은 방수팩을 물속에 넣고, 소리를 들어 본다.

물속에 방수팩으로 밀봉한 휴대폰을 넣고 소리를 들어 보는 사진

교사 여러분, 물속에서 소리가 들렸나요?

학생 네, 소리가 잘 들립니다.

교사 [단서] 어떻게 물속에서 소리를 들을 수 있을까? 소리가 나는 이유와 관련지어 생각해 보면 쉬울 것 같아요.

학생 물체가 떨리면 소리가 납니다. 물도 떨려서 소리가 나는 것입니다.

교사 [설명] 네, 소리가 나는 물체들을 관찰해 보면 모두 떨림(진동)이 있습니다. 대표적으로 소리굽쇠를 보면 알 수 있습니다. 물체가 떨면 소리가 나는 것이고, 이 떨림이 공기를 떨게 해서 우리 귀가 소리를 듣는 것입니다. 물속에서는 물체의 떨림이 공기가 아닌 물을 통해 전달되어 우리 귀가 소리를 듣게 되는 것이죠.

물속에서 소리를 듣는 간단한 방법으로, 구슬이나 돌 등 서로 부딪칠 수 있는 물체를 넣고 직접 쳐 볼 수가 있다. 또는 잠수함 관련 영화(한국영화 중 '유령')에서 바다 속에서 터진 폭뢰 소리를 잠수함 속에 있는 사람들이 듣는 장면을 보고도 알 수 있다.

아래 자료는 EBS클립뱅크를 통해 소리의 전달에 관하여 볼 수 있는 QR코드와 사이트이다.

http://clipbank.ebs.co.kr로 접속하여 키워드를 검색하면 수업내용과 관련 있는 다양한 동영상을 시청할 수 있다.

교수 처방 2 **오개념** 실 전화기에서 소리가 직접 실을 타고 이동한다.

소리와 관련된 단원에서 실 전화기 실험은 가장 간단하면서도 즐거운 활동이다. 실 전화기 만들기는 간단하지만, 학생들이 직접 원리를 파악하는 것은 쉽지 않다. 실 전화기 활동에서 학생들은 소리가 직접 실을 타고 이동하는 것으로 생각하고 있었다. 이 오개념을 해결하기 위해서 다양한 조작활동을 통해 학생들을 도울 필요가 있다.

> **생각해 보기**
>
> 교과서를 통해서 학생들은 앞에서 배운 소리를 가지고 멀리까지 전달하는 활동을 해 본다. 소리를 전달하는 방법에 대해 이야기하고, 실 전화기를 만들어 본다.
>
> 실 전화기를 만들어 직접 활동을 해 보지만 소리가 실 전화기에서 어떻게 전달되는지 학생들이 알기는 어렵다.
>
> 따라서 학생들을 지도할 때, 소리가 전달되는 과정을 그림으로 그려 보고 나서 활동을 해 보는 것이 좋은 방법이다. 또한 떨림(진동)이 잘 보이도록 실 전화기에 색분필가루 등을 묻혀 놓는 방법도 있다.

학생들이 직접 실 전화기에서 소리가 어떻게 이동할지 생각해 보고 전달 과정을 직접 그려 보도록 한다.

실 전화기를 만들어 보고 직접 소리를 전달해 보는 사진

교사 여러분, 실 전화기로 대화할 때 소리가 잘 들리던가요?

학생 네. 잘 들립니다.

교사 실 전화기에서 소리가 어떻게 전달될까요?

학생 소리가 직접 실을 타고 이동합니다. / 실 전화기는 그저 장난감이고 사실은 우리가 배운 것처럼 공기를 통해서 소리가 들리는 것입니다.

교사 그러면 실 전화기에서 소리가 전달되는 것을 그림으로 그려 볼까요?

실 전화기에서 소리가 전달되는 오개념 사진

교사 [설명] 그렇다면, 직접 실 전화기를 가지고 소리를 들어 봅시다. 소리가 어떻게 해서 나는 지를 생각하면서 들어 봅시다. 소리를 들으면서 손으로 친구들이 사용하고 있는 실 전화기의 실이나 종이컵을 손으로 잡아 봅시다. 떨림이 느껴지나요?

학생 네, 떨리는 것이 느껴집니다.

교사 그러면, 실 전화기의 실을 손으로 세게 잡고 있어 봅시다. 소리가 들리나요?

학생 아니요, 잘 들리지 않습니다.

교사 왜 그럴까요?

학생 실을 세게 잡았기 때문에, 떨림이 제대로 전달되지 않기 때문입니다.

교사 그러면, 소리가 우리 귀로만 들어올까요?

학생 소리가 종이컵에서 나갈 때 여러 방향으로 퍼집니다.

교사 그렇다면, 이번에는 여러 명이서 실 전화기를 가지고 실험을 해 봅시다. 과연, 한 명이 말하는 내용을 다른 사람도 들을 수 있을까요?

실 전화기의 실을 잡고 떨림을
느껴 보는 실험 사진

여러 명이 실 전화기를 사용하여 떨림이 여러 군데로
전달될 수 있음을 아는 실험 사진

교사 [설명] 실 전화기에서 소리는 공기를 타고 가는 것도 아니고, 단순히 장난감인 것도 아니었습니다. 우리가 종이컵에 대고 말을 하면 떨림이 발생합니다. 이 떨림이 종이컵과 실을 통해서 반대편 종이컵으로 전달되어, 친구의 귀에 소리가 들리게 되는 것이죠.

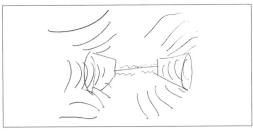 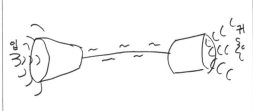

오개념 교정 후 그린 사진

 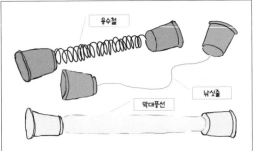

추가실험: 실이 아닌 다양한 물체를 사용하여 소리 전달하기

Tip

실 전화기를 만들 때, 종이컵 안쪽에 실을 테이프로 고정시키면 떨림을 막을 수 있기 때문에 클립을 이용하여 실을 고정하면 떨림이 줄지 않고 소리를 잘 전달할 수 있다.

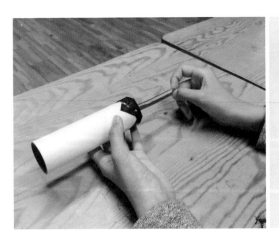

떨림이 소리를 발생시키고 전달하는 원리로 '천둥소리' 만들기 활동을 한다.

• **준비물:** 원형 통, 종이, 용수철

• **만드는 방법**
  1. 원형 통의 한쪽 입구 크기만큼 종이를 자른다.
  2. 종이에 용수철을 끼운 후 안쪽을 테이프나 글루건으로 고정시킨다.
  3. 종이를 원형 통에 부착시킨다.
  4. 용수철을 당겼다가 놓으면 통이 떨리면서 소리가 발생한다.

교과	과학		학습 주제	소리가 어떻게 전달되는지 알고 멀리 전달해 보기
학습 목표	소리가 어떻게 전달되는지 알고 멀리 전달할 수 있다.			

단계	학습 내용 (학습 집단)	교수·학습 활동	PCK 전략			자료(★) 및 유의점(※)
			배움 주춤	배움 전략	배움 원리	
배움 열기	전시 학습 상기(전체) 동기 유발 학습 목표 확인	• 전시 학습 상기하기 −소리내기 놀이를 통해 공부할 문제 확인하기 • 학습 동기 유발하기 −소리를 직접 내는 물건 알기 • 공부할 문제 확인하기 −소리가 전달되는 원리를 알고, 멀리 전달해 봅시다.	선개념 선기능	설명 설명 단서	연결 관찰	★소리를 직접 내는 물건(휴대폰, 시계, 태엽인형 등)
배움 활동	물속에서 소리 들어보기 (모둠)	• 물속에서 소리 전달하기 −물속에서 소리가 들릴지 예상해 보기 −직접 물속에서 소리를 들을 수 있는 실험 해 보기 −진동과 관련하여 소리가 나는 물체와 물속에서 소리를 들을 수 있는 이유 알기	오개념 1	매체 예상 관찰 설명	참여 격려	★방수팩, 소리를 내는 물건, 수조 ★http://clipbank.ebs.co.kr 소리의 전달 EBS클립뱅크
	실 전화기에서 소리 들어보기 (짝 – 모둠)	• 실 전화기 만들어 보고 예상해 보기 −실 전화기에서 소리가 어떻게 전달될지 예상해 보기 −그림으로 그려 보기 • 다양한 물체 사용하여 소리 전달하기 −다양한 물체를 사용하여 소리를 전달해 보는 활동을 해 보고, 떨림과 관련지어 보기 • 천둥소리 만들기 활동	오개념 2	예상 발표 단서 비교	칭찬 수용 연결	★용수철, 낚싯줄, 막대풍선, 원형통, 종이
배움 정리	정리하기 (전체)	• 오늘 학습하면서 알게 된 것 이야기하기 −물속에서도 소리가 전달됨을 알게 됨 −실 전화기에서 소리가 어떻게 전달되는지 알고 직접 전달할 수 있음 • 학습하면서 느낀 점 이야기하기 −소리의 전달 과정에 대해서 자세히 알게 되었고, 물체가 떨 때 소리가 남을 알게 되었음		발표	수용 연결	자기 평가

받침점과 물체 사이의 거리가 멀수록 더 무거운 거죠?

지도 요소

◎ 학습 주제

수평잡기로 무게 재기

◎ 성취 기준

양팔저울을 사용하여 물체의 무게를 비교하고, 원리를 설명할 수 있다.

상황 진단

◎ 오개념

받침점으로부터 멀리 있는 물체가 무겁다.

◎ 난기능

윗접시저울을 사용하여 무게를 측정하기 어렵다.

받침점과 물체 사이의 거리가 멀수록 더 무거운 거죠?

교수 처방 1

◎ 오개념 처방

• 받침점으로부터 거리와 무게 사이의 관계 생각해 보기

• 시소에서 받침점을 찾아보고 직접 시소를 타면서 받침점으로부터의 거리와 무게 사이의 관계 찾기

교수 처방 2

◎ 난기능 처방

• 기준물체를 사용하여 다양한 물체의 무게를 어림하면서 무게의 양감을 기를 기회를 제공한 후 무게 측정하기

• 윗접시저울의 사용 방법을 수평잡기의 원리를 사용하여 설명할 기회 제공하기

◎ **관련 단원** 　4학년 1학기　　1. 무게 재기 ｜ (2) 수평잡기로 무게 재기(7~8/11차시)

◎ **학습 주제** 　수평잡기의 원리 알아보기

◎ **성취 기준** 　[핵] 과4022. 수평잡기의 원리를 사용하여 물체의 무게를 비교하고, 원리를 설명할 수 있다.

◎ **학습 목표** 　• 무게가 같은 두 물체와 무게가 다른 두 물체의 수평을 잡을 수 있다.

　　　　　　　• 수평잡기의 원리를 말할 수 있다.

상황 진단

오개념	받침점으로부터 멀리 있는 물체가 무겁다.
문제 상황 진단	'멀다'와 '가깝다', '무겁다'와 '가볍다' 이 단어들 사이에는 큰 관련성이 없음에도 불구하고 '멀다'는 '무겁다'와 관련이 있고, '가깝다'는 '가볍다'와 관련이 있다고 흔히 생각한다. 이러한 생각은 특히 수평잡기에서 학생들이 오개념을 갖게 한다. 받침점으로부터 거리와 무게 사이는 반비례 관계(부적 관계)이지만 학생들은 단어의 유사성 때문에 비례 관계로 생각하게 된다. 즉, 수평일 때, 받침점과 물체 사이의 거리가 멀수록 물체의 무게는 가벼운데도 불구하고, 멀리 있으니 물체의 무게도 무겁다고 생각하는 것이다. 이 오개념을 해결하기 위해 시소를 직접 타 보면서 그 관계를 경험적으로 파악하도록 하면 보다 쉽게 이해할 수 있을 것이다.
난기능	윗접시저울을 사용하여 무게를 측정하기 어렵다.
문제 상황 진단	윗접시저울은 수평잡기의 원리를 사용하는 것으로 양쪽의 윗접시에 같은 무게를 올려놓고 무게를 측정하는 간단한 원리를 이용한 도구이다. 이러한 원리에도 불구하고 학생들은 윗접시저울을 이용하여 물체의 무게를 측정하는 데 많은 시간이 걸린다. 그 이유는 물체의 무게와 가장 비슷한 분동부터 올려놓아야 하는데 무게에 대한 양감이 없다 보니 가장 가벼운 분동부터 올려놓거나 가장 무거운 분동을 올려놓으면서, 어려움을 겪거나 시간이 많이 걸릴 수밖에 없는 것이다. 이러한 상황에서 학생들의 난기능을 처방하기 위해 무게에 대한 양감을 먼저 기르는 것이 선행되어야 한다.

관련 개념

시소를 타면서 받침점과 물체 사이 거리의 관계를 알아내자!

　시소는 수평잡기 원리를 이용한 놀이기구로 수업에 대한 흥미를 불러일으킬 수 있으면서도 받침점과 물체 사이의 관계를 알아내는 데 적합하다. 그러나 자칫 수업이 아니라 놀이 시간이 될 수 있으므로 교사의 충분한 안내가 필요하다. 다음은 시소를 이용하여 수평잡기의 원리를 알아낼 때 적용할 수 있는 수업 방법이다.

- 방법 ① 몸무게가 비슷한 학생끼리 짝을 지어 준다. 무게가 비슷할 경우 어떻게 수평을 잡는지 알아낸다. 그 후 무게가 서로 다른 학생끼리 다시 짝을 지어 준다. 무게가 서로 다를 경우 어떻게 수평을 잡는지 알아낸다.
- 방법 ② 모둠이 협동하여 수평잡기의 원리를 알아내는 미션을 제시한다. 그 미션에 대한 설명과 더불어 아래의 학습지를 제시하여 미션 수행방법을 충분히 안내한다.

시소를 타면서 알아보자!

4학년 (   )반 모둠 이름 (   )

1. 친구와 함께 시소를 타 봅시다. 어떻게 되었나요?

_____

2. 시소를 탔을 때 수평이 이루어지지 않았다면 그 이유가 무엇이라고 생각하나요?

_____

3. 수평을 이루기 위해서 기울어진 쪽에 있는 친구가 어떻게 해야 했나요?

_____

4. 그렇게 했을 때 시소가 어떻게 되었는지 설명해 봅시다.

_____

교수 처방 1 오개념 받침점으로부터 멀리 있는 물체가 무겁다.

'멀다'와 '무겁다'는 아무런 관계가 없는 단어임에도 불구하고 두 단어 사이에 관계가 있는 것처럼 생각하여 수평잡기에서 받침점과 물체 사이의 거리와 무게의 관계를 지도하는 데 어려움을 느낄 때가 많다. 이러한 오개념을 지도하기 위해 학생들에게 받침점과 물체 사이의 거리는 무게와 반비례 관계임을 실험을 통해 알아내고 그 관계를 기억하도록 하는 것이 일반적이다. 그러나 이러한 방법을 사용하여도 그 때 당시에는 이해하지만 시간이 지나면 어느새 '멀다'와 '무겁다'를 연결지어 생각하여 혼란스러워하는 경우를 많이 볼 수 있다. 당시에는 이해하지만 혼란스러워지는 받침점과 물체 사이의 관계. 이러한 문제를 해결하기 위한 방법에는 무엇이 있을까?

생각해 보기

받침점과 물체 사이의 거리와 무게의 관계를 경험적으로 손쉽게 체득할 수 있는 것은 시소이다. 시소는 학생들이 어렸을 때부터 접하는 놀이기구로 대부분의 학생들이 사용한 경험이 있다. 그러므로 학생들이 시소를 타 봤던 경험을 활용하여 받침점과 물체 사이의 거리와 무게의 관계를 지도하는 것은 좋은 방법이 될 것이다. 이 때, 시소를 탔었던 기억에 의존하기보다는 직접 시소를 타 보고 수평잡기를 고민하게 한다면 더욱 좋을 것이다.

이를 위해 시소에서 받침점으로부터 다른 거리에 있지만 수평이 된 그림을 보고 누가 더 무거운지 고민하게 한 후, 받침점으로부터의 거리와 물체의 무게 사이의 관계를 알아낼 수 있도록 직접 시소를 타 보게 한다. 그 후 시소를 둘이 타면서 어떻게 수평잡기를 하였는지 받침점으로부터의 거리와 무게 사이의 관계를 찾아내도록 한다.

다만 이 때 자칫하면 과학수업이 아닌 놀이시간이 될 수 있으므로 시소를 타면서 무엇을 고민하고 생각해야 하는지 충분한 안내가 필요하다. 또한 시소를 타면서 안전사고가 발생하지 않도록 시소 사용 시 주의해야 할 점에 대한 설명이 반드시 이루어져야 할 것이다.

아래 수업 대화는 시소 놀이 활동을 통해 수평잡기의 원리를 알아내고 오개념을 수정해 주는 상황이다.

교사 몸무게가 비슷한 학생 두 명이 시소를 타려고 합니다. 어떻게 하면 수평을 잡을 수 있죠?
학생 받침점으로부터 같은 거리에서 시소를 타면 됩니다.

받침점으로부터 서로 다른 거리에 있지만 수평이 된 그림을 제시해 준다. 이 때, 받침점이 어느 곳인지 질문하여 두 학생이 받침점으로부터 서로 다른 거리에 있음을 학생들이 알아챌 수 있도록 한다. [단서], [매체]

교사 그렇다면 이 그림에서 무거운 사람은 누구죠?

학생 왼쪽 사람입니다.

학생 아닙니다. 오른쪽 사람입니다.

교사 여러분들이 이렇게 다른 생각을 가진 이유가 뭘까요?

학생 받침점으로부터 다른 거리에 있는데 수평이 이루어졌기 때문입니다.

교사 [과제] 그렇군요. 정말 받침점으로부터 다른 거리에 있는데도 수평이네요. 그럼 둘 중 누가 더 무거운지 우리 직접 시소를 타면서 알아볼까요?

학생 [활동] 짝을 지어 직접 시소를 타면서 수평을 잡아 보는 활동을 한다.

교사 무엇을 알 수 있었나요?

학생 [발표] 시소를 직접 타 보니 무거운 사람이 가벼운 사람보다 받침점에서부터 가깝게 있어야 수평이 되었습니다.

교사 그렇군요. 그럼 받침점으로부터의 거리와 무게 사이의 관계를 어떻게 말할 수 있을까요?

학생 [발표] 무게가 무거울수록 받침점으로부터 가깝게 있어야 하고, 무게가 가벼울수록 받침점으로부터 멀리 있어야 수평이 됩니다.

교사 그럼 선생님이 말한 문장이 맞는지 말해 봅시다. 시소가 수평일 때, '받침점으로부터 멀리 있는 물체가 무겁다.'

학생 틀립니다. 가까울수록 무겁습니다.

교사 맞아요. 무게가 무거울수록 받침점으로부터 거리는 가깝고, 가벼울수록 받침점으로부터 멀어져야 수평을 잡을 수 있답니다.

교수 처방 2 난기능 윗접시저울을 사용하여 무게를 측정하기 어렵다.

수평잡기의 원리로 물체의 무게를 재는 윗접시저울은 한쪽에 무게를 측정하고 싶은 물체를 올려놓고 다른 한쪽에 분동을 올려놓아 수평을 만든 후 분동의 무게를 모두 더하여 무게를 재는 저울이다. 이처럼 사용방법이 비교적 간단함에도 불구하고 학생들은 윗접시저울을 사용하여 물체의 무게를 직접 재는 데 어려움을 겪는다. 그 모습을 잘 살펴보면, 무게를 재려는 물체를 한쪽 접시에 올려놓고 난 뒤, 반대쪽 접시에 어떤 분동을 먼저 올려놓는 것이 좋은지 몰라서 어려움을 겪는 경우가 대부분이다. 즉 물체의 무게를 어림하는 능력이 부족하여 물체의 무게와 비슷한 분동을 먼저 사용하지 못하고, 가장 무거운 분동 또는 가벼운 분동을 사용하다 보니 무게를 측정하는 데 시간이 많이 소요되고 어려움을 겪는다. 이를 해결하기 위해 윗접시저울을 사용하는 방법을 배우기에 앞서 물체의 무게에 대한 양감을 기를 수 있는 활동이 선행될 필요가 있다.

생각해 보기

윗접시저울을 사용하기 전에 물체의 무게에 대한 양감을 길러 주어야 한다. 그러나 무게의 양감이라는 것이 한순간에 길러지는 것이 아니라 오랜 시간 동안 경험을 통해서 습득된다는 점에서 무게에 대한 양감을 기르는 것이 어려운 일임에는 분명하다. 시간을 들여 100g 만들기, 500g 만들기 등 다양한 활동을 통해 무게에 대한 양감을 길러 주면 수업을 진행하는 데 도움이 될 것이다.

양감 길러 주기 활동 후, 우리 주변에서 쉽게 접할 수 있는 물체의 무게를 기준으로 측정하고자 하는 물체들의 무게를 어림해 보는 활동을 퀴즈로 제시하는 등 게임을 진행한다. 어림한 무게가 실제 측정 결과와 맞는지 확인하기 위해서 윗접시저울의 사용방법을 익혀 무게를 측정하도록 한다면 능동적으로 윗접시저울의 사용방법까지 익힐 수 있을 것이다.

아래 수업 대화는 윗접시저울로 무게를 측정해 보면서 무게에 대한 양감을 기르는 상황이다.

[교사] 선생님이 지금 들고 있는 물체는 무엇인가요?

[학생] 풀입니다.

[교사] 풀의 무게는 어느 정도 될까요?

[학생] 약 30g 정도 됩니다.

[교사] [과제] 그렇군요. 직접 측정해 보니 이 풀의 무게는 41g이었어요. 잘 어림했군요. 그럼 각자 100g 만들기를 해 볼까요? 자신이 가진 물체들을 모아서 100g을 만들어 보세요. 100g에 가장 가깝게 만든 사람을 '어림하기 왕'으로 뽑겠어요.

| 학생 | [활동] 100g을 만들어 측정해 본다. |

| 교사 | 어림하기 왕도 뽑았으니 이제 어림하여 측정까지 해 봅시다. 여러분이 평소에 잘 사용하는 5가지 물체를 바구니에 놓았어요. 각각의 무게를 어림해서 무게를 써 봅시다. |

| 학생 | [활동] 5가지 물체의 무게를 어림하여 쓴다. |

| 교사 | 이제 어림한 것을 바탕으로 윗접시저울을 사용하여 물체의 무게를 직접 재어 봅시다. |

| 교사 | [과제] 윗접시저울은 어떻게 사용할까요? |

| 학생 | [발표] 한쪽 접시에 물체를 올려놓고 다른 접시에 분동을 올려놓아 수평을 맞추어 측정합니다. |

풀을 보여 주며 풀의 무게를 어림할 수 있게 한다. 그 후 직접 전자저울에 무게를 재어 보고 가장 가깝게 어림한 학생을 칭찬한다. 이를 통해 100g 만들기 활동에 적극적으로 참여하도록 유도한다.

| 교사 | [과제] 그래요. 더 자세히 말해 보면 저울을 평평한 곳에 놓고 영점 조절을 해요. 한쪽 접시에 물체를 올려놓고 다른 접시에 집게로 분동을 올리고 내리면서 바늘이 중심에 오게 해야 해요. 접시에 있는 분동의 무게를 모두 합하여 무게를 구하세요. |

| 교사 | 그럼, 분동의 무게에는 어떤 것들이 있는지 먼저 살펴봅시다. |

| 학생 | 100g, 50g, 20g, 10g, 5g, 2g, 1g, 500mg, 200mg, 100mg이 있습니다. |

| 교사 | 그럼 분동은 어떤 것부터 사용하는 것이 좋을까요? |

| 학생 | 가벼운 것부터 올려놓습니다. |

| 학생 | 무거운 것부터 올려놓습니다. |

| 학생 | 물체의 무게와 가장 비슷한 것부터 올려놓습니다. |

윗접시저울의 사용방법에 대해 교사가 일방적으로 설명하기보다는 학생들이 윗접시저울을 살펴보고 사용방법에 대해 말하도록 한다. 그 후 학생들의 설명에서 부족한 부분을 교사가 추가적으로 설명하여 윗접시저울의 사용방법을 충분히 알려 주어 바르게 사용할 수 있도록 한다.

| 교사 | [설명] 그래요. 물체의 무게를 예상하여 어림했으니까 가장 비슷한 것부터 올려놓아 보세요. 그리고 윗접시가 기울어지는 것을 확인한 후 분동의 무게를 조절해 봅시다. |

[설명] 여러분들이 편하게 무게를 재려면 물체의 무게를 어림하여 비슷한 무게를 지닌 무게를 지닌 분동을 올려놓아야 편하다는 것을 알 수 있습니다.

교과	과학	학습 주제	수평잡기의 원리를 알아보기
학습 목표	• 무게가 같은 두 물체와 무게가 다른 두 물체의 수평을 잡을 수 있다.		

단계	학습 내용 (학습 집단)	교수·학습 활동	PCK 전략			자료(★) 및 유의점(※)
			배움 주춤	배움 전략	배움 원리	
배움 열기	전시 학습 상기(전체)	• 전시 학습 상기하기 –모빌에서 수평을 잡는 방법 이야기하기	선개념	설명	연결 관찰	
	동기 유발	• 학습 동기 유발하기 –시소를 타고 있는 사진을 보여 주면서 누가 더 무거운지 생각해 보기				★ 시소를 타고 있는 사진
	학습 목표 확인	• 공부할 문제 확인하기 –두 물체의 수평을 잡아 봅시다.				
배움 활동	시소를 타고 있는 그림 살펴 보기 (전체)	• 시소를 타고 있는 그림 살펴보기 –받침점으로부터 서로 다른 거리에 있는데 수평이 이루어진 모습의 사진 살펴보기 –받침점으로부터 서로 다른 거리에 있는 두 아이 중 누가 더 무거운지 예상해 보고 그 이유 설명해 보기		예상	격려 수용	
	시소를 타며 수평 잡기의 원리 찾기 (짝)	• 시소를 타며 수평잡기의 원리 찾기 –서로 다른 몸무게를 지닌 친구와 짝이 되어 시소를 직접 타면서 수평 잡아 보기 –시소의 수평을 잡았을 때 무게와 받침점 사이의 거리의 관계 알아내기	오개념	실험 발표	존중 참여	★시소, 학습지 ※몸무게가 다른 학생과 짝을 이룰 수 있도록 사전에 적절히 짝을 지어 주기
	수평 잡기의 원리 설명 하기 (전체)	• 수평잡기의 원리 설명하기 –시소를 타면서 어떻게 수평을 잡았는지 설명하기 –물체의 무게와 받침점 사이의 거리의 관계 설명하기	오개념	설명 추론	연결 표현	
배움 정리	정리하기 (전체)	• 오늘 학습하면서 알게 된 것 이야기하기 –물체의 무게가 같은 경우 수평잡기의 원리 설명하기 –물체의 무게가 다른 경우 수평잡기의 원리 설명하기		발표		자기 평가
	차시예고	• 차시 예고하기 –윗접시저울로 무게 재어 보기				

⊙ 성취 기준을 바탕으로 다양하게 수업 설계를 해 보세요.

대나무는 나무인가요?

◉ 학습 주제

여러 가지 식물의 한살이를 비교해 보기

◉ 성취 기준

여러 가지 식물의 한살이를 비교하여 식물에 따라 한살이의 유형이 다름을 설명할 수 있다.

◉ 난개념

풀을 한해살이와 여러해살이로 분류하는 것이 어렵다.

◉ 오개념

대나무는 나무다.

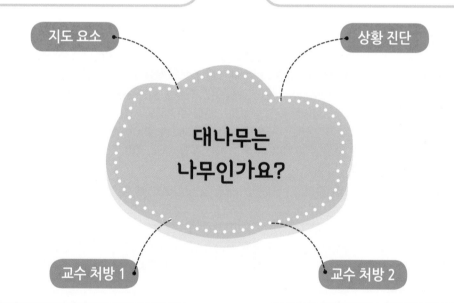

지도 요소

상황 진단

대나무는 나무인가요?

교수 처방 1

교수 처방 2

◉ 난개념 처방

• 친숙하게 볼 수 있는 식물 중에 한해살이 풀과 여러해살이 풀을 이야기로 풀어 설명하기

• 도식화된 형태의 단서를 활용하여 한해살이 풀과 여러해살이 풀 구분하기

◉ 오개념 처방

• 학생들의 경험과 예시자료를 활용하여 대나무와 일반 나무의 차이점 유추하기

• 학생들이 직접 나무라고 부르는 식물 중 풀로 분류하는 식물이 있는지 찾아보기

- ✪ **관련 단원** 4학년 1학기 2. 식물의 한살이 | (3) 여러 가지 식물의 한살이(10/11차시)

- ✪ **학습 주제** 여러 가지 식물의 한살이를 비교해 보기

- ✪ **성취 기준** 핵 과4114. 여러 가지 식물의 한살이를 비교하여 식물에 따라 한살이의 유형이 다름을 설명할 수 있다.

- ✪ **학습 목표** • 식물의 한살이 과정을 설명할 수 있다.
  - 한해살이 풀과 여러해살이 풀을 비교할 수 있다.
  - 여러해살이 풀과 나무를 비교할 수 있다.

상황 진단

난개념	풀을 한해살이와 여러해살이로 분류하는 것이 어렵다.
문제 상황 진단	식물의 한살이를 가르치면서 학생들이 과학 수업에서 실험뿐만 아니라 개념들도 많이 어려워한다는 사실을 알게 되었다. 특히, 학생들에게 풀을 분류하는 수업을 하면 한해살이와 여러해살이로 구별하지 못한다. 왜냐하면 대부분 학생들은 풀은 한해살이라고 생각하기 쉽기 때문이다. 설명식 수업을 통해 개념을 주입해도 시간이 지나면 금방 잊어 버리게 된다. 그러므로 학생들에게 사진자료 및 실물자료를 활용하여 여러 종류의 풀을 소개해 주고 한 해만 사는 풀과 여러 해 동안 사는 풀을 실제 경험 및 사례를 통해 분류해 주는 지도가 필요하다. 그 후 한해살이는 풀이고 여러해살이에는 풀과 나무가 있다는 점을 확인하도록 한다.
오개념	대나무는 나무다.
문제 상황 진단	학생들은 대나무, 바나나 나무 등을 풀이 아닌 나무라고 인식하기 쉽다. 식물 이름에 '나무'가 있기 때문이다. 학생들에게 '대나무는 풀입니다.'라고 매번 설명해도 학생들은 이해하지 못한다. 학생들에게 나무와 풀의 차이점을 설명해 주고 몇몇 풀들이 나무로 불리는 이유에 대해 재미있는 이야기를 만들어 지도하는 것이 필요하다.

다양한 식물들의 이름을 알고 싶을 때 모야모 어플을 사용하면 쉽게 찾을 수 있다. 모야모 어플에서는 식물의 별명, 꽃말, 전설, 약효, 공기정화능력, 키우기 요령 등 유용한 정보가 담긴 식물도감을 볼 수 있다. 또한 휴대폰으로 식물의 사진을 찍어 '알려주세요' 란에 올리면 해당 분야의 전문가들이 신속하게 이름을 알려 준다. 내가 알고 있는 식물에 답을 함으로써 지식 기부도 할 수 있는 유용한 앱이다.

교수 처방

교수 처방 1 **난개념** 풀을 한해살이와 여러해살이로 분류하는 것이 어렵다.

학생들이 식물의 한살이 단원을 배우면서 식물에 대한 관심이 줄어드는 모습을 볼 수 있다. 특히, 4학년 수준의 학생들은 교사들이 생각하는 것 이상으로 식물을 한해살이와 여러해살이로 분류하지 못하며 수업 내용을 지루해한다. 왜냐하면 동영상 및 사진자료 제시 및 단순 암기 형태의 학습을 주로 활용하기 때문이다. 실제로 학생들에게 한해살이 풀과 여러해살이 풀을 분류하는 수업을 진행하고 암기를 시켰지만 다음날 배운 내용을 기억하는 학생이 거의 없었다.

생각해 보기

한해살이 풀과 여러해살이 풀을 분류하는 수업을 진행할 때 설명식 수업보다는 직접 밖에 나가서 주변에서 쉽게 볼 수 있는 식물들을 지속적으로 관찰하고 스토리텔링 및 UCC자료를 학생들이 스스로 만들어 보는 활동으로 수업을 전개할 필요가 있다. 그 후, 도식화된 표를 이용하여 한해살이 풀과 여러해살이 풀을 공부해 보도록 한다.

이 때 교육과정 재구성을 통해 다양한 사진과 실물자료 그리고 인터넷을 활용해 직접 식물을 찾아보고 관찰하는 활동으로 수업을 구성한다.

아래 수업 대화는 학생들에게 한해살이 식물과 여러해살이 식물을 분류할 수 있도록 설명하는 자료이다.

교사 지난 시간에 풀은 한해살이와 여러해살이로 나눈다고 배웠지요. 먼저 어떻게 구분하는지 알아볼까요?

학생 선생님, 전 아직 풀을 한해살이와 여러해살이로 구분하는 것이 너무 어려워요.

교사 풀을 한해살이와 여러해살이로 분류하는 것이 어렵구나! 선생님이 이해하기 쉽게 설명해 주겠습니다. [단서] 여러분이 먹는 쌀은 어떤 식물에서 나옵니까?

학생 벼입니다.

교사 벼는 어떻게 쌀로 만듭니까?

학생 벼를 수확해서 얻을 수 있습니다.

교사 수확한 후 다시 쌀을 얻으려면 어떻게 해야 하나요?

학생 벼를 심어서 다시 수확해서 얻을 수 있습니다.

교사 [설명] 이렇게 벼처럼 한 해가 지나면 다시 씨를 뿌려야 되는 식물을 한해살이 풀이라고 합니다. 여러해살이 풀은 비비추처럼 씨를 다시 뿌리지 않아도 다음 해에 다시 자라나는 식물을 말합니다.

학생들이 실제로 경험했던 상황을 수업 장면으로 이끌어 내는 것이 중요하다. 특히 이 수업을 위해 주변의 식물들을 관찰해 보았거나 직접 심어 보았던 경험을 이야기하면 더욱 효과적이다. 그 후 다양한 산출물을 만들어 보고 공유해 보는 활동도 필요하다. 또한 주변의 식물들을 직접 관찰하여 한살이 과정을 살펴보거나 재배를 통해 살펴보는 방법도 좋다.

식물의 한살이를 이야기로 만들어 본다. 만화 형태로 종이에 직접 그려 보거나 스마트패드를 사용하여 UCC 형태로 만들어 본다. 위의 그림은 벼가 한 해 동안 자라고 수확하면서 다음 해에 다시 씨를 뿌리는 장면을 학생들이 찾아보고 그림으로 나타낸 것이다. 이러한 그림을 그린 후 스토리텔링을 통해 벼가 한해살이 풀임을 알 수 있다.

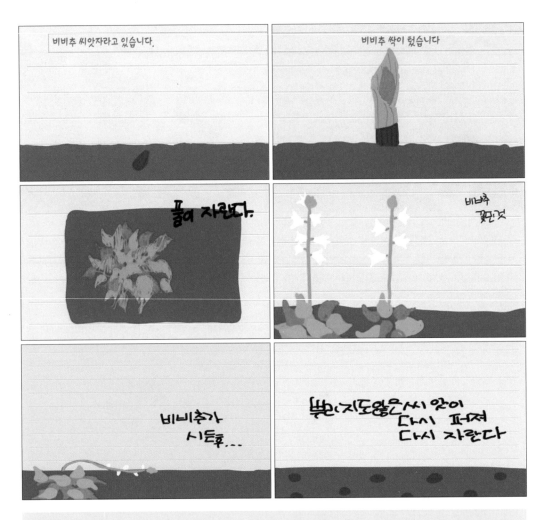

식물의 한살이를 이야기로 만들어 본다. 만화 형태로 종이에 직접 그려 보거나 스마트패드를 사용하여 UCC 형태로 만들어 본다. 위의 그림은 비비추가 한 해 동안 자라고 시들면서 다음 해에 씨를 뿌리지 않아도 다시 피어나는 장면을 학생들이 찾아보고 그림으로 나타낸 것이다. 이러한 그림을 그린 후 스토리텔링을 통해 비비추가 여러해살이 풀임을 알 수 있다.

이러한 형태의 수업이 진행된 후 도식화된 형태로 학생들에게 한해살이 풀과 여러해살이 풀을 구분해 주는 것이 좋다.

한해살이 풀

벼

강낭콩

옥수수

여러해살이 풀

비비추

쑥

엉겅퀴

교수 처방 2 **오개념** 대나무는 나무다.

수업을 하면서 교사가 지도할 내용을 모른다면 어떻게 될까? 아마 식은땀이 흐르며 부끄러워지는 상황이 연출되지 않을까? 식물 단원을 지도하면서 학생들이 물어본 질문 중 아래 질문이 아직도 생생하게 기억이 난다. "선생님 대나무는 나무에요 풀이에요?" 이 질문을 받았을 때 몰래 스마트폰을 꺼내 네이버 지식인을 찾아보는 나를 보면서 부끄러움을 느꼈다. 또한 학생들에게 바나나 나무가 왜 풀인지에 대해 제대로 설명하고 이해시킬 필요성을 느끼게 되었다.

생각해 보기

학생들은 교과서를 통해 대나무와 바나나 나무는 나무가 아니라 풀이라고 단편적으로 배운다. 하지만 시간이 지나면 학생들이 쉽게 잊게 된다. 실제로 어른들조차 대나무와 바나나 나무가 나무인지 풀인지 잘 모르는 경우가 많다. 이는 암기 형태 혹은 단순 설명식으로 내용을 지도하기 때문에 나타나는 현상이다.

이러한 문제를 해결하기 위해 학생들을 지도할 때 나무와 풀의 명확한 기준을 알려 주고 대나무와 바나나 나무가 왜 풀인지에 대해 알려 줄 필요가 있다.

또한 학생들이 스토리텔링 자료를 만들거나 직접 조사해 보는 활동을 통해 수업을 진행하는 것도 좋은 방법이라고 할 수 있다.

대나무나 바나나 나무를 본 학생들의 경험을 수업에 들여와서 자연스럽게 이야기해 보도록 하는 것이 필요하다.

교사 여러분은 대나무를 직접 본 적이 있나요?

학생 담양의 죽녹원으로 여행 갔을 때 본 적이 있습니다.

교사 대나무의 내부를 본 적 있나요?

학생 본 적은 없지만 나무라고 부르니 두꺼운 줄기가 있고 나이테가 있을 것 같습니다.

교사 만약 내부에 나이테가 없으면 나무일까요, 풀일까요?

학생 풀이라고 불러야 합니다.

교사 사진을 보고 대나무 내부의 모습을 살펴보세요. 직접 관찰하면서 대나무가 풀인지 나무인지 생각해 보세요.

- 실제 대나무 내부의 사진을 보여 주면서 대나무가 풀인지 나무인지 생각하게 한다. [단서, 매체]

사진자료 혹은 주변에서 나무와 대나무를 직접 찾아보고 각각의 차이점을 생각해 본다.

교사 선생님이 조금 전에 보여 준 대나무와 일반적인 나무의 차이점에는 무엇이 있을까요?

학생 대나무는 줄기가 두껍지 않습니다. 또한 나무에는 나이테가 있는데 대나무에는 나이테가 없습니다.

교사 대나무와 일반 나무를 가로로 자른 모습을 보면 더욱 명확히 알 수 있습니다. 사진을 찍고 발표자료를 만들어 친구들에게 설명해 보세요.

학생들이 대나무와 일반 나무의 모습을 관찰하면서 보고서를 작성해 보도록 한다. 표 형태의 보고서를 작성하고 공통점과 차이점을 비교한다면 대나무가 왜 풀인지 명확하게 알 수 있다.

교사 [설명] 우리가 나무라고 부르는 식물 중에는 실제로 풀인 식물이 있습니다. 인터넷을 통해 풀이면서 나무라고 부르는 식물들을 찾아봅시다.

나무라고 부르지만 풀로 분류되는 식물이 있다는 사실을 학생들이 인지하고 이를 직접 찾아보게 한다.

왜 나무라고 부르는지 앞에 나와 설명하도록 한다.

여러해살이 풀 대나무

대나무는 키가 20~30m, 지름이 약 30cm까지 자라는 여러해살이 풀이다. 열대지방, 아시아에서 흔히 볼 수 있고, 줄기속은 비어 있다.

세계에서 가장 빠르게 자라나는 식물이다. 하루 최대 60cm까지 자라기도 한다.

예부터 나무처럼 생활에 필요한 물건을 만든다 하여 '대나무'라 불렸다.

여러해살이 풀 바나나

바나나는 3~10미터 정도의 높이까지 자라며 여러해살이풀로 분류된다. 씨(종자)는 짙은 갈색을 띠고 있으며 둥글고 5 밀리미터 정도 된다. 원기둥 모양의 헛줄기를 가지고 있다.

바나나는 주로 식용을 목적으로 재배되어, 간식으로 이용되거나 가공 곡식, 과일 칵테일, 샐러드, 케이크, 파이 등에 재료로 쓰인다.

교과	과학		학습 주제	여러 가지 식물의 한살이를 비교하기			
학습 목표	여러 가지 식물의 한살이를 비교할 수 있다.						

단계	학습 내용 (학습 집단)	교수·학습 활동	PCK 전략			자료(★) 및 유의점(※)
			배움 주춤	배움 전략	배움 원리	
배움 열기	동기 유발 학습 목표 확인	• 학습 동기 유발하기 −식물들의 어렸을 때와 나이가 들었을 때의 모습 살펴보기 −식물이 시들고 다시 피어나는 과정에 대해 이야기하기 • 공부할 문제 확인하기 −여러 가지 식물의 한살이를 비교해 봅시다.	선개념	설명 매체	연결 비교 추론 관찰	★그림자료(벼의 한살이를 나타 내는 그림) ★동영상자료(식 물의 한살이를 나타내는 동영 상자료) ※수업 전에 학생 들이 직접 그림 과 영상을 가져 와 공유하도록 한다.
배움 활동	한해살이 식물에 대해 살펴 보기(전체)	• 한해살이 식물에 대해 알아보기 −한해살이 식물 살펴보기 −한해살이 식물의 한살이 알아보기		그림 설명 예시	관찰	
	여러해살이 식물에 대해 살펴 보기(전체)	• 여러해살이 식물에 대해 알아보기 −여러해살이 식물 살펴보기 −여러해살이 식물의 한살이 알아보기		그림 설명 예시	관찰	
	한해살이 식물과 여러해살이 식물 비교 하기(개별)	• 한해살이 식물과 여러해살이 식물의 차이점 알아보기 −한해살이 식물을 본 경험 이야기하기 −여러해살이 식물을 본 경험 이야기하기 −이야기를 통해 한해살이와 여러해살이 식물 의 차이점 찾아보기	난개념	설명 유추 발표	연결 추론	※인터넷을 활용 하여 여러해살 이 식물과 한해 살이 식물을 찾 아보도록 한다. ※주변에서 쉽게 발견할 수 있는 식물을 탐색하 도록 한다.

단계	학습 내용 (학습 집단)	교수·학습 활동	PCK 전략			자료(★) 및 유의점(※)
			배움 주춤	배움 전략	배움 원리	
배움 활동	풀과 나무에 대해 알아 보기(모둠)	• 풀과 나무의 차이점 설명하기 −풀과 나무 사진 살펴보기 −풀과 나무의 공통점과 차이점 조사하기 −조사한 내용을 발표하기 • 대나무가 나무인지 알아보기 −대나무를 보았던 경험 이야기하기 −대나무와 일반 나무 비교하기 −대나무가 왜 풀인지 설명하기 −풀이면서 나무라고 부르는 식물 찾아보기	오개념	조사 탐구 발문 발표	격려 수용 연결	★그림자료(풀과 나무의 가로가 잘려진 사진) ※사진을 살펴보며 학생들이 스스로 차이점을 알아보도록 안내한다. ★스마트패드 ※학생들이 대나무의 특징을 조사하고 발표자료를 만들도록 한다.
배움 정리	정리하기 (전체)	• 오늘 학습하면서 알게 된 것 이야기하기 −한해살이와 여러해살이 식물에 대해 알게 됨 −한해살이 식물과 여러해살이 식물을 비교하게 됨		메모		자기 평가 ※실험 관찰에 내용을 정리한다.
	차시예고	• 다음 시간에 단원 정리해 보기				

화산 꼭대기에는 모두 분화구가 있나요?

학습 주제

세계 여러 곳의 화산 관찰하기

성취 기준

화산 활동으로 여러 가지 물질이 나온다는 것을 안다.

오개념

화산 꼭대기에는 모두 분화구가 있다.

난개념

화산이 폭발할 때는 용암만 나온다.

지도 요소

상황 진단

화산 꼭대기에는 모두 분화구가 있나요?

교수 처방 1

교수 처방 2

오개념 처방

• 여러 가지 화산의 모양 살펴보기

• 분화구가 없는 화산 알아보기

난개념 처방

• 화산이 분출할 때 나오는 물질 알아보기

• 화산의 다양한 모양 차이 알아보기

- ✪ **관련 단원** `4학년 1학기` 3. 화산과 지진 | (1) 분출하는 화산(2/12차시)
- ✪ **학습 주제** 세계 여러 곳의 화산 관찰하기
- ✪ **성취 기준** `핵` 과4121. 화산 활동으로 여러 가지 물질이 나온다는 것을 안다.
- ✪ **학습 목표** 세계 여러 곳의 화산을 관찰할 수 있다.

상황 진단

오개념	화산 꼭대기에는 모두 분화구가 있다.
문제 상황 진단	4학년 1학기 3단원의 '화산과 지진'을 배우는 시간, 화산에 대해서 알고 있는 내용이 무엇인지 물어보았더니 '산꼭대기에 웅덩이가 푹 파인 것이 화산이다.'라고 알고 있는 학생들이 대부분이었다. 이는 우리나라의 대표적인 화산인 백두산과 한라산에 각각 천지, 백록담이 있기 때문에 이러한 오개념을 갖게 된 것 같다. 따라서 학생들이 가지고 있는 '화산 꼭대기에는 모두 분화구가 있다.'라는 오개념을 해결하기 위해 화산의 모양이 얼마나 다양한지 알아보고, 다양한 모양을 갖게 되는 원인도 파악해 봄으로써 오개념을 처방하고자 한다.
난개념	화산이 폭발할 때는 용암만 나온다.
문제 상황 진단	우리나라 곳곳에 화산 활동의 흔적이 있고, 가까운 나라 일본에도 화산과 지진 활동이 지속적으로 일어나고 있어 학생들은 뉴스 등 언론매체를 접해 관심이 많다. 그러나 수업 전에 학생들의 선지식을 테스트해 본 결과 알고 있는 내용은 그리 많지 않았다. 화산은 땅속에 있는 뜨거운 마그마가 일시적으로 폭발하며 용암만 흘러나온다고 대부분 알고 있었다. 화산이 폭발할 때 나오는 물질이 무엇이며 그 화산 분출물이 주변 환경과 사람들의 삶에 어떤 영향을 끼치고 있는지 알아보고, 안전 교육과 연계까지 하면 일석이조의 효과를 얻을 수 있을 것이다.

관련 개념

순상화산

산록의 경사가 5~6°로 매우 완만하고 거대한 방패 모양의 화산으로 점성이 작아 유동성이 매우 큰 현무암질 용암에 의해 생성된다. 분출 초기에는 마그마가 뜨겁고 유동성이 높아 경사가 급하지 않은 산체를 형성하지만, 계속적으로 용암이 분출되면 마그마가 냉각되고 점성이 높아지면서 점차 정상부로 가면서 산록의 경사가 급해진다. 하와이 섬에서 관찰되는 지구상에서 가장 큰 활화산인 마우나로아(Mauna Loa) 화산, 킬라우에아(Kilauea) 화산 및 마우나케아(Mauna Kea) 화산이 대표적인 순상화산이다.

성층화산

용암과 가스, 재 그리고 암석 부스러기 같은 화산쇄설물이 교대로 쌓여서 만들어진 원뿔 모양의 화산이다. 마그마는 주로 안산암질 또는 유문암질 마그마로, 규산염 함유량이 많고 온도가 낮으므로 점성이 높아 느리게 움직인다. 따라서 산록의 경사가 매우 급한 화산을 형성한다. 정상부에서는 30° 내외의 급경사를 가지며 기슭은 완만하다. 특정 장소에서 오랜 기간에 걸쳐 화산 분화가 일어날 때 잘 발달한다. 일본의 후지 산, 필리핀의 메이온 산 및 시칠리아 섬의 에트나 산이 대표적인 성층화산이다.

종상화산

안산암질 또는 유문암질 마그마처럼 규산염 함유량이 많고 점성이 매우 큰 마그마가 지표로 밀려 나와 만들어진 화산으로, 종을 엎은 모양과 같이 둥글고 측면 경사가 급한 모양을 이룬다. 용암돔 또는 용암원정구라고도 부른다. 점성이 작은 경우에는 지표로 밀려 나온 뒤 옆으로 부풀어 만두 모양의 구릉을 이루기도 한다. 미국의 세인트헬렌스(St. Helens) 산에서 관찰된다. 지표로 올라온 부분이 탑 모양을 만들기도 한다.

순상화산   성층화산   종상화산

교수 처방

교수 처방 1 **오개념** 화산 꼭대기에는 모두 분화구가 있다.

여름방학에 제주도를 여행하면서 제주도는 화산 활동으로 만들어진 화산섬이라는 것을 무척 실감하게 되었다. 분화구에 물이 고여서 만들어진 백록담을 비롯하여 용암이 분출하는 과정에서 만들어졌다는 만장굴과 최근에 인기 좋은 오름, 관광지가 되고 있는 바위들 모두 대부분이 화산 활동으로 만들어진 것이다. 제주도에 있는 화산이 약 370개나 된다고 하니 화산 활동의 위력을 새삼 느끼게 된다. 또한, 울릉도와 독도 역시 화산 활동으로 만들어진 섬이라는 것을 생각할 때, 비록 지금 우리나라에는 휴화산만 존재하지만 옛날부터 지금까지 끊임없이 화산 활동으로 지형을 변화시켰을 것이다.

학생들에게 화산 모양을 그리라고 하면 산꼭대기가 파인 모양만 천편일률적으로 그린다. 이런 학생들에게 학생의 오개념을 바꿀 수 있는 예시로는 부족할 수 있는 우리나라의 화산들보다는 외국의 사진이나 생생한 동영상 자료를 통해 화산에 대해 폭넓은 이해를 돕는 것이 필요하겠다.

🤔 생각해 보기

제주도의 거문오름은 9개의 봉우리가 가운데 알오름을 품고 있는 형상을 하고 있고, 만장굴을 비롯한 많은 용암동굴의 근원지가 되기도 하여 화산의 보고로 유네스코 세계문화유산으로 지정되었다고 한다. 거문오름에 있는 분화구에는 그 안에 용암협곡도 있고, 일본이 전쟁 때 사용한 갱도 진지가 9개쯤 있으며 용암으로 만들어진 동굴도 있는 등 학생들이 단순하게 생각하는 산꼭대기에 분화구가 있는 모습과는 아주 다른 특별한 형태를 이루고 있다. 이렇게 우리나라뿐 아니라 세계 지역에 흩어져 있는 화산들의 모양은 외형으로는 구분할 수 없는 다양한 형태를 이루고 있다. 그리고 화산의 크기도 한눈에 볼 수 있는 작은 산이 있을 뿐만 아니라 차를 타고 며칠을 이동해야 할 만큼 거대한 면적을 가진 것도 있다. 그러므로 화산 꼭대기에 분화구가 없는 화산들을 살펴봄으로써 화산 모양의 다양성을 인식할 수 있도록 해야 할 것이다.

아래 수업 대화는 화산에 모두 분화구가 있는 것이 아니라 용암의 성질이나 나오는 내용에 따라 다양한 형태가 있을 수 있다는 것을 알 수 있도록 사진과 동영상 자료를 제시하고, 확인하는 활동이다.

교사 여러분, 우리나라 산 중에 대표적인 산으로 어떤 것들이 있는지 알고 있나요?

학생 백두산입니다. / 한라산입니다.

교사 맞아요. 그럼, 화산인지 아닌지는 어떻게 구분할 수 있을까요?

학생 산꼭대기에 푹 파인 분화구가 있어요. 백두산에 천지가 있고, 한라산에 백록담이 있잖아요.

백두산 천지 | 한라산 백록담 | 제주도 산방산

교사 대부분의 화산에는 화산이 폭발하고 용암이 흘러나온 분화구가 있어서 쉽게 구분할 수 있지만 분화구가 없는 화산도 많이 있어요.

학생 분화구가 없는 화산이 있다고요? 분화구가 없으면 어떤 모양의 화산인가요?

교사 흘러나오는 마그마가 점성이 약하여 잘 흐르면 평평하게 넓게 퍼져서 경사가 약한 모양을 하고, 점성이 강하면 아주 천천히 흐르며 굳어서 경사가 급한 모양을 하지요. 제주도에 있는 오름들은 방패처럼 평평하게 생겼지요? 또, 제주도의 산방산도 천천히 굳어서 종 모양인데 분화구는 없어요. 제주도의 하논분화구는 무척 넓고 평평하여 화산인지도 잘 모를 정도구요. 그래서 예로부터 제주도에서 유일하게 논농사가 이루어지는 곳이지요.

제주도 오름 | 마우나로아 화산(하와이) | 제주 하논분화구(논농사지)

교수 처방 2 **난개념** **화산이 폭발할 때는 용암만 나온다.**

'교수 처방 1'의 활동을 통해 '화산마다 모두 분화구가 있는 것이 아니다.'라는 것을 알게 되었다. 화산의 모양이 비슷한 것이 아니라 다양하다는 것을 이해했지만, 화산이 폭발할 때 나오는 내용물에 대해서는 '용암만 나온다.'라고 알고 있는 학생들이 많았다. 학생들도 이웃나라 일본이 화산 활동으로 피해를 입고 있다는 것을 언론매체 등을 통해 알고 있다. 또한 다큐멘터리 등을 통해 화산에서 용암이 솟구쳐 나오는 것을 본 경험이 많다. 그래서 다들 알고 있겠거니 생각하며, 수업 전 사전지식을 점검해 본 결과, 화산 활동은 용암만 나온다고 생각하고, 지진은 화산 활동과 별개로 생각했다. 또, 가스 분출,

수증기, 화산재, 화산탄 등 부수적인 생성물들은 생각하지 못하고 있었다.

따라서 용암이 분출할 때 나오는 내용물들을 살펴보고 내용물에 따라 주변에 있는 자연환경이나 사람들의 생활에 어떤 영향을 끼치는지 알아보는 활동이 필요하다.

생각해 보기

　　1963년 아이슬란드 남쪽 얕은 바다에서 화산이 분출하여 섬이 되었는데 그 곳이 서트 섬이라고 한다. 또한, 2009년 3월 18일에는 남태평양 통가 섬 근처에서 화산이 폭발했는데 용암이 바닷물과 접촉하면서 검은색 돌이 되어 바다로 가라앉고 검은 가스가 치솟는 것이 확인되었다. 이렇게 화산은 폭발하면서 용암만 나오는 것이 아니라 많은 가스와 화산쇄설물을 분출하게 된다. 1883년 인도네시아 자바 섬 서쪽의 크라카타우 섬의 화산 폭발로 화산재가 지표로부터 50km까지 올라가 햇빛을 차단했고 지구 온도의 0.5도가 떨어지게 할 만큼 화산 활동은 자연환경과 인간의 삶에 영향을 끼친다. 우리나라는 사화산인 독도, 휴화산인 백두산이나 제주도 백록담 등 현재는 쉬고 있는 상태라고 해도 최근에 중국이나 일본 등 옆에 있는 나라에서 지진이 크게 일어나는 것을 볼 때, 화산과 지진이 남의 나라 이야기라고 볼 것이 아니라 학생들이 좀 더 적극적으로 관심을 갖고 정확한 지식을 갖게 할 필요가 있다. 그리고 화산 활동이 꼭 나쁜 영향만 주는 것이 아니라 우리의 생활에 긍정적인 영향도 끼치는 것을 알게 하는 것이 좋겠다.

아래 수업 대화는 학생들과 화산 활동에 대해 공부하면서 화산이 폭발할 때 나오는 물질에 대해서 확인하고, 화산 폭발이 자연과 사람의 생활에 어떠한 영향을 주는지 알아보는 과정이다.

교사 화산이 폭발할 때 나오는 것을 무엇이라고 하나요?

학생 용암이라고 합니다.

교사 무엇을 용암이라고 하지요?

학생 땅 속에서 암석이 녹은 마그마가 땅 밖으로 흘러나오는 것을 말합니다.

교사 맞아요. 그런데 화산이 분출할 때 단순히 용암만 나오는 것은 아니에요. 용암 말고 또 어떤 것들이 있는지 화산 폭발 장면을 동영상으로 보도록 하겠습니다.

교사 (동영상 시청 후) 화산이 분출할 때 보이는 것은 무엇입니까?

백두산 가상 화산 폭발 동영상 QR 코드
(http://m.site.naver.com/0jXiU)

화산 폭발 동영상 QR 코드
(http://m.site.naver.com/0jXib)

학생 붉은 액체가 흐릅니다. / 연기가 납니다. / 먼지 같은 것이 나옵니다. / 돌덩어리가 날라옵니다.

교사 분출물의 특징을 자세히 살펴보도록 하겠습니다.

| 화산재 | 화산암석 | 용암 | 화산가스 |

용암 동영상(http://m.site.naver.com/0jXit)

화산가스 동영상(http://m.site.naver.com/0jXiw)

교사 화산재의 특징은 어떻습니까?

학생 회색이며 크기가 아주 작은 가루입니다.

교사 화산암석의 특징은 어떻습니까?

학생 색과 크기가 다양하며 단단합니다.

교사 용암의 특징은 어떻습니까?

학생 검고 붉은 색이며 아주 뜨거워 보입니다.

교사 화산가스의 특징은 어떻습니까?

학생 흰색이며 연기 같고 몸에 해로운 가스입니다.

교사 이렇게 용암만 나오는 것이 아니라 그 속에서 암석 조각이나 화산가스가 많이 나옵니다. 선생님이 작년에 필리핀으로 관광을 갔을 때 피나투보 화산지대를 다녀왔는데 1991년에 폭발해서 20년이 지난 지금도 화산 주변에 있는 마을이나 들이 하얀 화산재로 덮여 있었습니다.

학생 화산이 폭발하면 굉장히 무섭겠네요.

교사 맞아요. 옛날 폼페이라는 도시는 베수비오화산 폭발로 도시 전체가 사라져 버렸어요. 최근에 발굴되어 지금은 관광지가 되어 있지요.

| 미국 엘레스톤 국립공원 | 지열발전소 | 푸닝 온천(인도네시아) |

학생 화산 폭발로 관광지가 되어 좋은 점도 있는 거네요.

교사 미국의 엘레스톤 국립공원은 미국 처음으로 국립공원으로 지정된 곳인데 화산 활동으로 생긴 아름다운 관광지이지요. 여러분도 일본의 화산과 온천이 관광지로 이용되고 있는 것 알고 있지요? 하와이도 현재 화산 활동이 진행되고 있어서 구경하기 위해 몰려든 관광객들로부터 수입을 많이 올리고 있지요. 이렇게 화산 폭발은 재앙이기도 하지만, 사람들의 생활에 도움도 주고 있습니다.

수업 개요

교과	과학			학습 주제	세계 여러 곳의 화산 관찰하기		
학습 목표	세계 여러 곳의 화산을 관찰하여 특징을 말할 수 있다.						

단계	학습 내용 (학습 집단)	교수·학습 활동	PCK 전략			자료(★) 및 유의점(※)
			배움 주축	배움 전략	배움 원리	
배움 열기	동기 유발	• 학습 동기 유발하기 −기사나 동영상으로 화산이 폭발한 경우를 본 경험 이야기하기		발표 설명		★사진자료
	학습 목표 확인	• 공부할 문제 확인하기 −세계 여러 곳의 화산을 관찰하고 특징을 말해 봅시다.				
배움 활동	여러 곳의 화산 관찰하기 (모둠)	• 여러 곳의 화산 관찰하기 −분화구가 있는 화산 관찰하기 −분화구가 없는 화산 관찰하기	오개념	예시	관찰	★사진자료 ★동영상자료
		• 관찰한 화산의 특징 이야기하기 −제주도 오름의 화산 특징 이야기하기 −하와이 화산의 특징 이야기하기 −제주도의 하논분화구 특징 이야기하기	신개념	설명	연결	
	화산의 분출물 관찰하기 (전체)	• 화산의 분출물 관찰하기 −화산이 분출할 때 나오는 것들 생각해 보기 −사진자료와 동영상을 통해 화산 분출물 관찰하기 −화산의 이로움 생각해 보기	오개념 신개념	설명 예시	격려 수용	★사진자료 ★동영상자료
배움 정리	정리하기 (전체)	• 오늘 학습하면서 알게 된 것 이야기하기 −화산의 모습을 보며 알게 된 내용 이야기하기 −화산 분출물의 종류 발표해 보기		메모		
		• 학습하면서 느낀 점 이야기하기 −화산에 대하여 다양한 형태를 알게 되었습니다.				자기 평가
	차시예고	• 차시 예고하기 −다음 시간에는 화산 활동 모형을 만들어 보겠습니다.				

콩은 팥보다 더 큰가요?

문제 상황 제시

콩과 팥이 섞여 있는 혼합물이에요. 체에 한번 걸러 볼까요?

선생님, 이거 콩 아니에요. 체에 거르면 팥은 내려가고 콩은 체 위에 있다고 책에서 봤어요!

4
학년

1
학기

◉ 학습 주제

크기가 다른 고체 혼합물 분리하기

◉ 성취 기준

알갱이의 크기와 자석에 붙는 성질 등을 이용하여 고체 혼합물을 분리할 수 있다.

◉ 오개념

콩은 팥보다 더 크다.

◉ 난개념

체를 이용한 콩, 팥, 좁쌀의 분리실험에서 콩과 팥이 완전히 분리되지 않는다.

지도 요소

상황 진단

콩은 팥보다 더 큰가요?

교수 처방 1

교수 처방 2

◉ 오개념 처방

• 교과서에 제시된 백태 외에 쥐눈이콩, 녹두콩 등 팥보다 작은 콩으로 실험을 재진행하기

• 다양한 콩이 있음을 알려 주고 상황에 따라 적합한 크기의 체를 사용해야 함을 안내하기

◉ 난개념 처방

• 체를 이용하여 한 번 거르고 분리하는 팀과 손으로만 분리하는 팀으로 나누어 실험하기

• 체로 완전히 걸러지지 않는 경우가 생겨도 체를 한 번 사용하는 것이 편리함을 알게 하기

- ⊕ 관련 단원 `4학년 1학기` 4. 혼합물의 분리 | (2) 혼합물을 분리하는 여러 가지 방법(4/11차시)
- ⊕ 학습 주제 크기가 다른 고체 혼합물 분리하기
- ⊕ 성취 기준 `핵` 과4102. 알갱이의 크기와 자석에 붙는 성질 등을 이용하여 고체 혼합물을 분리할 수 있다.
- ⊕ 학습 목표 • 콩, 팥, 좁쌀을 관찰하여 이들의 차이를 알 수 있다.
  • 알갱이의 크기 차이를 이용하여 콩, 팥, 좁쌀의 혼합물을 분리할 수 있다.

상황 진단

오개념	콩은 팥보다 더 크다.
문제 상황 진단	학생들에게 콩과 팥은 익숙한 곡식이다. 교과서의 실험은 백태를 활용하여 제시되어 있으며, 이 경우 팥보다 크기가 크기 때문에 체를 통해 거르는 실험이 가능하다. 하지만 콩에는 다양한 종류가 있으며, 이 중에는 팥과 비슷하거나 크기가 더 작은 콩도 존재한다. 학생들은 교과서 실험을 통해 모든 콩이 팥보다 더 크다는 고정관념을 가질 수 있다. 그러므로 학생들에게 콩의 종류와 크기가 다양하며, 교과서에 있는 콩은 한 가지 예시일 뿐이라는 사실을 안내하여야 한다. 또 팥과 크기가 비슷하거나 더 작은 콩도 실험에 활용함으로써 고정관념을 수정할 필요가 있다.
난개념	체를 이용한 콩, 팥, 좁쌀의 분리실험에서 콩과 팥이 완전히 분리되지 않는다.
문제 상황 진단	교과서에 제시된 백태는 대부분 팥보다 큰 편이지만 간간이 팥보다 크기가 작은 것도 존재한다. 이를 가지고 실험을 하다 보면 체에 걸러지는 콩이 있다. '체'라는 도구를 사용해 한 번에 완전한 분리를 기대했던 학생들에게 이러한 상황은 혼란을 일으킬 수 있다. 따라서 학생들에게 콩이나 팥 중에도 크기가 크거나 작은 것이 있어 완전한 분리가 일어나지 않을 수 있다는 사실을 인지시키고, 체를 사용하여 분리하는 것은 일일이 손으로 분리하는 것보다 훨씬 효율적인 과정임을 이해시킬 필요가 있다.

관련 개념

순물질과 혼합물, 화합물

순물질

다른 물질이 섞여 있지 않고, 오직 한 종류로만 이루어진 물질을 순물질이라고 한다.

순물질은 고유한 성질이 있으며, 녹는점, 끓는점, 밀도 등이 일정하다.
- 순물질의 예: 물, 에탄올, 소금, 산소 등

혼합물

두 가지 이상의 물질이 화학적 반응을 일으키지 않고 물리적으로 단순히 섞여 있는 물질을 혼합물이라고 한다. 혼합물의 성분 물질이 얼마나 고르게 섞여 있느냐에 따라 균일 혼합물과 불균일 혼합물로 분리한다.
- 균일 혼합물의 예: 공기, 소금물, 설탕물 등
- 불균일 혼합물의 예: 흙탕물, 우유, 암석 등

화합물

두 가지 이상의 원소가 일정한 비율로 구성된 순물질을 화합물이라고 합니다. 자연계에 있는 100여 종의 원소들이 다양한 결합을 통해 무수히 많은 화합물을 만들어 낸다. 화합물은 각 원소의 구성 비율이 일정하며 규칙성 있게 이루어져 있다.
- 화합물의 예: 물, 탄산칼슘, 이산화탄소 등

다양한 종류의 콩

| 백태 | 서리태 | 강낭콩 | 완두콩 |
| 쥐눈이콩 | 녹두콩 | 렌틸콩 | 땅콩 |

교수 처방

교수 처방 1 **오개념** 콩은 팥보다 더 크다.

혼합물 분리 단원의 실험을 재미있게 진행하기 위해 마트에서 '검은콩'이라고 쓰여 있는 곡식 팩을 샀다. 다음 날 실험을 위해 콩, 팥, 좁쌀을 섞었는데 콩과 팥의 크기 차이가 거의 나지 않아 실험이 잘 이루어지지 않았다. 설상가상으로 미리 공부했다는 것을 티내는 학생이 "선생님, 이거 콩이 아니에요. 제가 미리 공부했는데, 콩은 노란색이고 팥보다 커요."라고 이야기한 순간, 이 차시를 운영하려면 더 많은 준비가 필요했음을 깨닫게 되었다.

생각해 보기

4학년 학생들은 거의 모두 콩과 팥을 알고 있으며, 생활 속에서 접해 본 적도 많다. 하지만 수업을 진행하다 보면 생각보다 4학년 학생들이 경험과 교과서 속의 지식을 연결짓지 못하는 경우를 발견할 수 있다.

학생들은 각각의 콩을 개별로 보여 주면 그것이 콩인 줄 알지만, 암묵적으로 '콩은 팥보다 더 크다'는 고정관념을 형성할 수 있다. 또 한 개의 학습 요소당 한 개의 대표 실험을 하는 경우 혼합물 분리의 원리를 폭넓게 적용하고 활용하는 데 어려움을 겪을 수 있다.

따라서 교과서 실험 외의 다양한 콩을 제시하여 고정관념의 형성을 예방하고, 알갱이의 크기가 다른 고체 혼합물을 분리하는 상황을 여러 가지 제시하여 응용할 수 있는 능력을 길러 주는 것이 필요하다.

아래 수업 대화는 학생들에게 체를 사용하여 콩, 팥, 좁쌀을 분리하는 실험을 한 후 다양한 콩을 제시하여 이를 활용하는 장면이다.

본 차시를 선행적으로 경험한 학생들은 콩은 둥글고 노란색이며, 알갱이의 크기는 '콩>팥>좁쌀'의 순서라고 알고 있었다.

교사 여러분, 이제 팥보다 구멍이 더 큰 체를 사용해 혼합물을 분리해 보겠습니다. 체에 거르면 혼합물은 어떻게 분리될까요?

학생 [추론] 콩은 체 위에 남고, 팥과 좁쌀은 아래로 떨어질 것 같습니다.

(실험 진행)

교사 실험 결과를 발표해 봅시다.

학생 [관찰] 콩은 팥과 좁쌀보다 알갱이의 크기가 더 크기 때문에 팥보다 구멍이 더 크고 콩보다 구멍이 더 작은 체에 걸러집니다.

교사 잘 말했습니다. 콩은 팥이나 좁쌀보다 더 크기 때문에 체에 걸러지는군요. 그렇다면 다시 실험을 해 보겠습니다.

(백태 대신 쥐눈이콩, 녹두콩 등 팥보다 크기가 더 작은 콩을 준비한다.)

교사 이번에는 실험 결과가 어떻게 나왔나요?

학생 [발표] 팥보다 구멍이 더 큰 체에는 콩과 팥, 좁쌀이 모두 체 아래로 떨어집니다.

교사 그렇다면 어떻게 혼합물을 분리할 수 있을까요?

학생 [발표] 팥보다는 작고, 콩보다는 구멍이 더 큰 체를 사용하면, 팥이 걸러지고 콩과 좁쌀이 아래로 떨어질 것 같습니다.

교사 [과제] 여러분의 의견대로 다시 한 번 혼합물을 분리해 봅시다.

학생 [조작] (팥, 팥보다 작은 콩, 좁쌀이 섞여 있는 혼합물을 분리한다.)

교사 실험 결과를 이야기해 봅시다.

학생 콩과 좁쌀이 체 아래로 떨어지고, 팥이 체 위에 남아 있습니다.

교사 실험을 통해 무엇을 알게 되었나요?

학생 콩이 팥보다 더 큰 줄 알았는데, 더 작은 것도 있네요.

교사 [설명] 콩에도 다양한 종류가 있습니다. 팥보다 큰 콩도 있고, 비슷하거나 더 작은 콩도 있습니다. 따라서 알갱이의 크기가 다른 고체 물질을 분리할 때에는 상황에 따라 적합한 크기의 체를 사용하여 분리하는 것이 중요합니다.

백태   팥   좁쌀

교과서에 제시된 콩, 팥, 좁쌀의 알갱이 크기 비교

실험 과정
1. 교과서에 있는 실험대로 백태, 팥, 좁쌀의 혼합물을 분리한다.
2. 모양과 크기가 다른 다양한 콩이 있음을 안내한다.
3. 백태 대신 팥보다 크기가 더 작은 콩이 섞인 혼합물을 제시한다.
4. 콩이 항상 팥보다 더 크지는 않다는 것을 알게 한다.
5. 알갱이의 크기가 다른 고체물질을 분리할 때 상황에 따라 적합한 크기의 체를 사용해야 함을 주지시킨다.

교수 처방 2 난개념 체를 이용한 콩, 팥, 좁쌀의 분리실험에서 콩과 팥이 완전히 분리되지 않는다.

학생들과 함께 체를 이용한 콩, 팥, 좁쌀의 분리실험을 진행하였다. 알갱이의 크기 차이를 이용하여 체에 거르는 실험으로 알갱이의 크기가 큰 콩은 체 위에 남고, 팥과 좁쌀은 체 아래로 떨어지는 과정을 거치게 된다. 실험을 진행한 결과 당연히 교과서대로 실험 결과가 나올 줄 알았는데, 팥과 함께 체 아래로 떨어지는 콩도 있었고, 체 아래로 떨어져야 하지만 떨어지지 않는 팥도 간혹 있었다.

콩 중에도 크기가 작은 콩이 있을 수 있으며, 팥 중에도 크기가 큰 팥이 있을 수 있는 것은 당연하지만, 학생들은 상황에 대한 이해보다는 혼합물이 완전히 분리되지 않았다는 사실에 혼란을 갖게 되었다.

생각해 보기

혼합물의 분리 단원에서 제시되는 다양한 분리 방법 중, 자석을 이용하여 플라스틱 구슬과 쇠 구슬을 분리하는 방법은 혼합물 분리 방법의 편리성을 확실하게 보여 주는 차시이다. 하지만 크기가 다른 고체 혼합물을 분리하는 차시의 경우 크기에 따라 체를 이용하여 완전히 분리되지 않는 경우가 발생한다. 백태는 대부분 팥보다 더 큰 편이지만 간혹 팥보다 더 작은 콩이 존재하며, 팥 중에서도 체를 통과하지 못하는 큰 팥이 존재한다. 학생들은 원하는 결과를 완벽하게 보여 주지 못하는 실험 내용에 혼란과 실망감을 느낄 수 있다.

하지만 약간의 예외가 발생하더라도 체를 이용한 방법으로 한 번 거르고 나서 추가로 분리하는 것이 처음부터 일일이 분리하는 것보다 훨씬 더 빠르고 편한 방법임을 학생들이 자연스러운 경험을 통해 알 수 있도록 지도하는 것이 필요하다.

아래 수업 대화는 학생들에게 콩, 팥, 좁쌀을 분리하는 실험과정에서 같은 종류의 콩이나 팥도 크기가 다를 수 있음을 알고, 그럼에도 체를 이용한 분리의 필요성을 알게 하는 장면이다.

학생 선생님, 어떤 콩은 체 아래로 내려가고, 어떤 팥은 체 위에 남아 있어요. 뭘 잘못했나봐요.

교사 아니요, 여러분이 실험한 것이 맞아요. 여러분도 모두 같은 사람이지만 키가 모두 같나요?

학생 키가 큰 학생도 있고, 작은 학생도 있습니다.

교사 [설명] 콩이랑 팥도 마찬가지로 같은 종류라도 더 큰 것이 있고, 작은 것도 있을 수 있답니다. 여러분의 실험 결과처럼 되는 것은 당연한 것이에요.

학생 아하, 그렇구나.

학생 그런데 선생님, 그러면 혼합물의 분리가 안 되는 것이잖아요.

교사 그 부분을 알아보기 위해 한번 게임을 해 봅시다. 한 팀은 콩과 팥을 손으로 분리하고, 다른 한 팀은 체를 통해서 한 번 거른 후에 남은 곡식들을 손으로 분리해 보기로 해요.

실험 과정
1. 콩과 팥을 섞고 학생을 두 그룹으로 나눈다.
2. 한 그룹은 체를 사용하지 않고 손으로만 분리하며, 다른 한 그룹은 체를 통해 한 번 거르고 나서 손으로 분리한다.
3. 두 그룹의 비교를 통해 어떤 방법이 더 편리한지 알아본다.

교사 두 과정을 비교해 보니 어떤가요?

학생 [발표] 체로 한 번 거른 후에 분리하는 것이 훨씬 편하네요!

교사 네, 체를 통해서 모든 혼합물이 한 번에 걸러지지 않더라도, 체를 사용하지 않고 손으로 분리하는 것보다는 체로 한 번 거른 후에 손으로 분리하는 것이 편하답니다.

수업 개요

교과	과학		학습 주제	크기가 다른 고체 혼합물 분리하기
학습 목표	알갱이의 크기 차이를 이용하여 콩, 팥, 좁쌀의 혼합물을 분리할 수 있다.			

단계	학습 내용 (학습 집단)	교수·학습 활동	PCK 전략			자료(★) 및 유의점(※)
			배움 주출	배움 전략	배움 원리	
배움 열기	동기 유발 학습 목표 확인	• 학습 동기 유발하기 –재첩을 잡는 동영상 시청하기 –재첩을 쉽게 잡는 방법에 대해 생각하기 • 공부할 문제 확인하기 –알갱이의 크기 차이를 이용하여 콩, 팥, 좁쌀의 혼합물을 분리해 봅시다.	선개념	관찰	격려 수용	★재첩을 잡는 동영상 ※다양한 의견을 존중한다.
배움 활동	체를 이용하여 콩, 팥, 좁쌀의 혼합물 분리하기 (모둠)	• 체를 이용하여 콩, 팥, 좁쌀의 혼합물 분리하기 –콩, 팥, 좁쌀의 다른 점 알아보기 –콩, 팥, 좁쌀의 혼합물을 분리할 때 필요한 것 알기 –체를 이용하여 콩, 팥, 좁쌀의 혼합물 분리하기	오개념	조작 탐구	추론	★체, 백태, 팥, 좁쌀, 빈 그릇, 접시 ※방법을 알려 주지 않고, 준비물을 활용하여 자유롭게 분리해 보게 한다.
	혼합물 분리실험 보완하기 (모둠)	• 작은 콩, 팥, 좁쌀이 섞인 혼합물 분리하기 –콩의 종류가 다양함을 알고, 상황에 따라 다른 체를 사용해야 함을 알기 • 콩, 팥, 좁쌀의 크기가 다를 수 있음을 알기		조작 탐구	연결	★팥보다 작은 콩(녹두, 쥐눈이콩 등), 좁쌀, 팥, 다양한 크기의 체, 빈 그릇 ※알갱이의 크기 차이라는 공통의 성질을 이용하여 다양한 상황에 적용할 수 있도록 한다.
	체를 이용한 분리의 편리성 확인하기 (모둠)	• 혼합물 분리 게임하기 –두 팀으로 나누어 혼합물 분리 게임하기 –체를 이용한 팀과, 손을 이용한 팀의 분리 결과 관찰하기 –실험한 내용 발표하기	난개념	조작 탐구 발표		★콩, 팥, 체, 빈 그릇 ※체를 이용한 방법이 더 편리하다는 것을 자연스럽게 익히게 유도한다.
배움 정리	정리하기 (전체) 차시예고	• 생활 속에서 크기가 다른 혼합물을 분리하는 경우 생각하기 –해변의 쓰레기 수거, 공사장의 모래 분리, 과일의 크기별 분리 • 오늘 학습하면서 알게 된 것 이야기하기 –크기가 다른 혼합물을 분리할 때 체를 이용하면 효과적임을 알기 • 차시 예고하기 –다음 시간에는 자석을 이용하여 혼합물을 분리해 보겠습니다.		조사 탐구		자기 평가

⊙ 성취 기준을 바탕으로 다양하게 수업 설계를 해 보세요.

식물은 꽃이 있어야 번식할 수 있나요?

문제 상황 제시

식물은
어떤 방법으로 번식할까요?

꽃이 피고 씨가
생겨서 번식합니다.

꽃이 피지 않는 식물은 어떻게 번식해요?
꽃이 피지 않으면 씨도 생기지 않잖아요?

◎ 학습 주제

식물의 번식 방법 알아보기

◎ 성취 기준

씨앗이 싹트고 자라서 꽃을 피우고 열매를 맺는 과정과 그에 따른 변화를 이해할 수 있다.

◎ 오개념 1

식물은 꽃이 피어야 번식할 수 있다.

◎ 오개념 2

식물은 씨가 있어야 번식할 수 있다.

지도 요소

상황 진단

식물은 꽃이 있어야 번식할 수 있나요?

교수 처방 1

교수 처방 2

◎ 오개념 1 처방

• 주변에 꽃이 피지 않는 식물 알아보기

• 꽃이 피지 않는 식물의 번식 방법 알아보기

◎ 오개념 2 처방

• 주변에서 씨앗이 아닌 것으로 번식하는 식물 찾아보기

• 특별한 방법으로 번식하는 식물 알아보기

• 인공으로 번식하는 방법 알아보기

- **관련 단원** `4학년 2학기` 1. 식물의 생활 | (1) 식물의 생김새(9/11차시)
- **학습 주제** 식물의 번식 방법 알아보기
- **성취 기준** `핵` 과4113. 씨앗이 싹트고 자라서 꽃을 피우고 열매를 맺는 과정과 그에 따른 변화를 이해한다.
- **학습 목표** 식물의 번식 방법을 알 수 있다.

상황 진단

오개념 1	식물은 꽃이 피어야 번식할 수 있다.
문제 상황 진단	4학년 2학기 1단원의 '식물의 생활'에서는 여러 가지 식물의 생김새를 관찰하는 활동이 주를 이룬다. 그러다 보면 식물은 뿌리, 줄기, 잎, 꽃으로 이루어졌고, 각 식물들은 사는 곳에 따라 그 환경에 적응하여 모양이 다르다는 것을 알게 된다. 이런 학습과정 중에 학생들은 "식물은 꽃이 피고, 꽃이 있어야 번식이 된다."는 개념이 머릿속에 확고하게 자리 잡는다. 따라서 꽃이 피지 않는 식물에는 어떤 것들이 있는지 찾아본 다음, 이끼류, 고사리와 같이 주변에서 쉽게 볼 수 있는 식물들의 번식 방법을 알게 하는 것이 좋겠다.
오개념 2	식물은 씨가 있어야 번식할 수 있다.
문제 상황 진단	학생들의 선지식을 점검한 결과 식물의 번식은 씨앗을 통해서만 이루어진다고 알고 있다. 즉, '씨앗을 심거나 씨앗이 저절로 떨어져서 그 식물이 다시 싹이 나고 번식이 계속된다.'는 것으로만 알고 있다. 이러한 학생들의 오개념을 해결하기 위해 씨앗이 아닌 다른 방법으로 번식이 이루어지는 식물들을 살펴봐야 한다. 특히, 우리 주변에서 손쉽게 볼 수 있는 식물들을 조사 및 관찰하여 인공번식 등 다양한 번식 방법이 있음을 알게 하는 전략을 쓰는 것이 필수다.

관련 개념

꽃이 피지 않고 포자로 번식하는 식물

민꽃식물
- 민꽃식물은 꽃이 피지 않아 종자로 번식하지 않고 대부분 포자로 번식한다.
- 민꽃식물의 분류 기준: 관다발의 유무, 엽록체(소)의 유무, 생활 장소, 세포의 수 등

- 민꽃식물의 분류군: 양치식물, 선태식물, 균류, 조류

양치식물의 특징

- 뿌리, 줄기, 잎의 구별이 뚜렷하며 관다발이 발달하였다.
- 꽃이 피지 않고 포자로 번식한다.
- 엽록체가 있어서 광합성을 한다.
- 종류: 고사리, 고비, 쇠뜨기, 일엽초, 생이가래 등

선태식물의 특징

- 잎, 줄기, 뿌리의 구별이 뚜렷하지 않으며, 관다발이 없고 헛뿌리를 갖는다.
- 몸 전체로 물과 무기 양분을 흡수한다.
- 암그루와 수그루의 구별이 있으며 포자로 번식한다.
- 수정하는 데 물이 필요하다.
- 종류: 솔이끼, 우산이끼, 물이끼, 뿔이끼 등

※ 균류와 조류 역시 포자낭에 포자(홀씨)가 생성되면서 이 홀씨로 번식한다.

그 밖에 식물의 특별한 번식 방법: 영양생식

영양생식은 무성생식의 한 종류로서 일반적으로 식물이 씨앗이나 포자를 이용하지 않고 잎, 줄기, 뿌리와 같은 영양기관을 이용해서 번식하는 방법을 가리킨다.

이는 식물 종에서 자연적으로 일어나는 현상이며 인간이 인위적으로 작물을 재배할 때 경제적으로 가치가 있는 식물을 만들어 내기 위해서도 이용한다. 자연에서 일어나는 영양생식은 줄기나 뿌리가 변형되어 생식이 일어나는 경우가 많다. 자연 영양생식의 예로는 딸기, 고구마처럼 기는 줄기로의 번식, 나리, 감자처럼 땅속줄기로의 번식, 고구마, 다알리아처럼 뿌리줄기로의 번식이 있고, 인공 영양번식으로는 휘묻이, 접붙이기, 포기 나누기 등이 있다.

교수 처방

교수 처방 1 오개념 식물은 꽃이 피어야 번식할 수 있다.

들과 산에 사는 여러 가지 식물을 관찰하는 시간에 한 학생이 "이끼 같은 식물은 어떻게 씨앗을 퍼뜨리나요? 꽃도 안 피는데?" 하고 질문을 하였다. 그래서 손을 들어 조사해

보니 학생의 1/3 정도가 '모든 식물이 씨앗으로 번식을 한다.'고 알고 있었다. 사실 그 시간에는 솔이끼와 우산이끼의 생김새와 주변 환경의 특징 등만 살펴보면 되는 차시이지만 '4학년 1학기 식물의 한살이' 단원에서 꽃과 열매를 통한 번식을 위주로 배웠기 때문에 이런 오개념이 생긴 것 같다.

생각해 보기

일반적으로 식물은 꽃을 피워서 열매를 맺거나 씨앗을 남겨서 같은 종류의 식물이 계속적으로 번식하는 것으로 알고 있다. 그렇지만 실제로 산과 들을 살펴보면 꽃을 피우지 않는 식물이 더 많이 분포한다. 그러므로 우선 꽃을 피우지 않는 식물에는 어떤 것들이 있는지 주변 식물을 조사하고, 우리 눈에 많이 띄는 대표적인 식물 몇 가지를 자세히 관찰해 봄으로써 꽃을 피우지 않는 식물의 특별한 번식법을 인지하도록 한다. 교과서에 제시되어 있는 이끼류를 중심으로 관찰하고, 비슷한 식물들의 번식 방법은 인터넷이나 사진자료를 활용하여 확인하도록 한다. 즉, 실제 관찰은 선태식물인 이끼를 중심으로 관찰하고, 포자로 번식하는 선태식물 고사리와 균류인 버섯 등을 추가로 인터넷 사진자료와 영상자료로 학습하여 꽃이 없는 식물의 또 다른 번식 방법을 확인하도록 한다.

아래 수업 대화는 산과 들에 사는 식물 중에 꽃이 피지 않는 식물 중 이끼를 채집하여 관찰하면서 꽃이 피지 않는 식물들의 번식 방법을 생각해 보는 과정이다.

이끼 관찰

이끼 모습

이끼 포자 모습

교사 [질문] 여러분, 들과 산에 있는 식물 중에 꽃이 피지 않는 식물에는 어떤 것들이 있나요?

학생 [발표] 고사리, 버섯, 이끼 등이 있습니다.

교사 그럼, 여러분 앞에 있는 이끼를 관찰해 볼까요? 뿌리, 줄기, 잎이 잘 구분되나요?

학생 [관찰] 너무 작아서 구분하기가 어려워요.

교사 [설명] 네, 이끼는 뿌리, 줄기, 잎을 정확히 구분하기 어렵습니다. 이끼는 몸 전체로 물과 양분을 빨아들인답니다.

학생 [질문] 그럼 꽃도 피지 않고 씨도 없는 이끼가 어떻게 다른 이끼를 퍼뜨리나요?

교사 [설명] 꽃이 피는 식물을 꽃식물, 꽃이 피지 않는 식물을 민꽃식물이라고 하는데, 민꽃식물 중에 이끼나 고사리 같은 것은 자기 몸에 포자를 만들어서 포자로 번식을 합니다. 이끼는 작아서 관찰이 좀 어렵지만, 고사리 뒷면을 관찰하면 포자를 볼 수 있어요. 그 포자가 땅에 떨어져 퍼지게 되는 거지요. 쇠뜨기와 고비도 포자가 생겨서 번식이 이루어집니다. 포자의 모습을 사진자료로 확인합시다.

쇠고사리의 포자 모습

도깨비고비의 포자 모습

교수 처방 2 오개념 식물은 씨가 있어야 번식할 수 있다.

'교수 처방 1'의 활동을 통해 꽃이 피지 않는 식물은 포자를 만들어 번식이 이루어진다는 것을 알아보았다. 그러나 자칫하면 학생들은 식물의 번식이 씨앗 또는 포자를 통해서만 번식한다고 착각할 수 있다. 그러므로 식물의 번식 방법에는 다양한 것들이 있다는 것을 추가로 살펴보는 것이 필요하다. 또한, 식물의 번식 사례를 더 넓혀 농작물이나 나무 등의 번식 방법까지 소개하는 것도 좋겠다.

🤔 생각해 보기

산에 사는 식물 중 대표적인 것이 나무이고, 들에 사는 식물로는 가장 많이 눈에 띄는 것이 논과 밭에 있는 농작물이다. 그래서 나무와 농작물들은 대체로 어떤 방식으로 번식이 이루어지는지 확인해 보면 좋겠다는 생각을 하였다. 물론 산에 사는 나무나 들에서 가꾸는 농작물들 중에는 꽃이 피는 것도 많이 있지만, 씨앗이 아닌 것으로 번식하는 예들을 소개하기 위해 사례를 잘 선정해야 한다.

'교수 처방 1'에서는 꽃이 피지 않는 식물들이 주로 포자를 통해 번식하는 것을 알게 하였고, '교수 처방 2'에서는 씨앗이 아닌 특별한 방법으로 번식하는 식물들을 살펴봄으로써 우리 주변에 있는 식물들의 다양한 번식 방법을 이해하게 한다.

아래 수업 대화는 씨나 포자 외의 다른 방법으로 번식하는 식물을 학생들이 조사하여 알게 된 것을 교사가 질문을 통해 확인해 보고, 식물의 특별한 번식 방법에 대해 정리해 보는 과정이다.

교사 산과 들에 사는 식물 중에 꽃이 피지 않는 식물들은 주로 어떻게 번식이 이루어지나요?

학생 포자로 번식합니다.

교사 [질문] 산에는 나무가 많이 있는데, 이 나무들은 처음에 어떻게 나기 시작했을까요?

학생 [대답] 누군가 나무를 심었을 것입니다. / 씨앗이 떨어져서 싹이 나고 자랐을 것입니다.

교사 [매체] 그래요. 식물이 씨앗이나 포자가 땅에 떨어져 싹이 나서 자랐을 거예요. 그런데 이와는 다른 번식 방법이 있을까요?

학생 [활동] 엄마가 화분에 있는 식물을 몇 개로 나누어서 화분을 여러 개 만들었습니다.

교사 아주 잘 보았군요. 그것을 '포기 나누기'라고 해요.

학생 화분에 있는 식물의 줄기를 잘라 심어 뿌리가 또 생기는 것을 보았습니다.

교사 맞아요. 그것을 '꺾꽂이'라고 해요. 개나리도 가지를 꺾어서 심으면 잘 커요. 꺾꽂이 할 수 있는 나무가 무엇이 있는지 조사해 보세요.

학생 국화, 장미, 사철나무, 무궁화 등이 있어요.

학생 잎을 떼어 꽂아도 되는 것이 있어요.

교사 그런 것을 '잎꽂이' 한다고 해요. 제라늄, 베고니아 등이 있어요.

학생 아빠에게 들었는데, 좋은 열매를 맺는 나뭇가지를 반으로 잘라서, 나쁜 열매를 맺는 나뭇가지를 집어 넣고 묶어 놓으면, 좋은 열매가 맺힌대요.

교사 [설명] 잘 가르쳐 주셨군요. 그런 것을 '접붙이기'라고 합니다. 좋은 품종을 생산하기 위해 좋은 열매 맺는 것으로 접붙이기를 많이 하지요. 그 밖에도 감자나 고구마 등 좋은 종자를 골라서 싹이 날 부분을 잘라 심어요. 이렇게 씨앗이나 포자로 번식시키는 것이 아니라, 식물의 뿌리나 줄기 또는 잎을 잘라 심어 번식시키는 것을 영양생식이라고 합니다.

감자의 '땅속 줄기'

고구마의 '꺾꽂이'

대나무의 '땅속 줄기'

베고니아의 '잎꽂이'

뽕나무의 '휘묻이'

양딸기의 '기는 줄기'

수업 개요

교과	과학	학습 주제	식물의 번식 방법 알아보기
학습 목표	식물의 번식 방법을 설명할 수 있다.		

단계	학습 내용 (학습 집단)	교수·학습 활동	PCK 전략			자료(★) 및 유의점(※)
			배움 주춤	배움 전략	배움 원리	
배움 열기	동기 유발 학습 목표 확인	• 학습 동기 유발하기 −식물들이 꽃을 피워 번식하는 영상을 보며 식물의 번식 방법에 대해 이야기하기 • 공부할 문제 확인하기 −식물의 번식 방법을 설명해 봅시다.	오개념	발표 설명		★동영상자료

배움
활동
	꽃을
	피우지
	않고 번식
	하는 식물
	관찰하기
	(모둠)
		• 이끼 관찰하기
		−이끼 관찰하기
		−포자 관찰하기
		
		• 관찰한 식물에 대해 이야기하기
		−쇠고사리 포자의 특징을 관찰해 보고 발표
		  하기
		−도깨비고비 포자의 특징을 관찰해 보고 발
		  표하기
			신개념	발표
				
				설명
					관찰
					
					언걸
						★이끼, 돋보기
						★사진자료

	식물의 번식 종류 알아보기 (전체)	• 식물의 번식 방법 알아보기 −씨앗이 아닌 번식 방법으로 번식하는 식물 알아보기 −다양한 식물의 번식 종류 조사하기	오개념 신개념	설명 예시	격려 수용	★사진자료 ★동영상자료 ※동영상, 사진을 통해 보충한다.

배움
정리
	정리하기
	(전체)
	
	차시예고
		• 오늘 학습하면서 알게 된 것 이야기하기
		−민꽃식물에 대해 알게 된 점 발표하기
		−다양한 식물의 번식 방법 발표하기
		
		• 학습하면서 느낀 점 이야기하기
		−식물의 다양한 번식 방법을 알게 되었습
		  니다.
		
		• 차시 예고하기
		−다음 시간에는 생활속에서 식물이 어떻게
		  이용되는지 알아보도록 하겠습니다.
				메모		자기 평가

⊙ 성취 기준을 바탕으로 다양하게 수업 설계를 해 보세요.

차가운 컵 표면의 물은 어디에서 온 것일까?

⊙ 학습 주제

물의 상태 변화 알기

⊙ 성취 기준

물의 상태 변화를 관찰하고 생활 주변에서 그 예를 찾을 수 있다.

⊙ 오개념 1

차가운 컵 표면의 물은 컵 속에서 나온 것이다.

⊙ 오개념 2

얼음은 물에 비해 무엇인가 더 들어 있어 색이 다르다.

지도 요소

상황 진단

차가운 컵 표면의 물은 어디에서 온 것일까?

교수 처방 1

교수 처방 2

⊙ 오개념 1 처방

• 컵에 음료와 얼음을 넣고 전·후의 무게를 비교하는 실험을 통해 컵 속에서 물이 나왔다는 오개념을 수정하기

• 수증기가 응결하여 컵 표면에 맺힌 것을 확인하기

⊙ 오개념 2 처방

• 플라스틱 시험관 속의 물에 다른 물질이 들어가지 못하도록 마개를 덮고 얼리는 실험을 통해 외부에서 물방울이 생기는 것을 확인하기

• 물과 얼음은 같은 물질이지만 상태가 다름을 알기

- ❂ 관련 단원   4학년 2학기   2. 물의 상태 변화 | (3) 물과 수증기(10/11차시)
- ❂ 학습 주제   물의 상태 변화 알기
- ❂ 성취 기준   핵 과4165. 수증기가 응결할 때의 변화를 관찰하고, 생활 주변에서 그 예를 들 수 있다.
- ❂ 학습 목표   • 수증기가 응결할 때의 변화를 관찰할 수 있다.
              • 생활 속에서 수증기가 응결하는 예를 찾을 수 있다.
              • 물이 얼 때의 무게와 부피 변화를 측정하여 비교할 수 있다.

상황 진단

오개념 1	차가운 컵 표면의 물은 컵 속에서 나온 것이다.
문제 상황 진단	차가운 물이 담긴 컵을 공기 중에 두면 주변에 물방울이 생기게 된다. 이 현상에 대하여 학생들에게 물어보면 '컵 속에 있는 물이 컵 주변으로 나왔다'는 대답을 많이 듣게 된다. 이뿐만 아니라 식물에 맺힌 이슬도 식물의 잎에서 나온 것이라고 대답하는 학생들도 종종 있다. 공기 중의 수증기가 물이 되어 컵의 표면에 응결하여 맺힌 것을 실험을 통해 확인시켜 줄 배움 전략이 필요하다.
오개념 2	얼음은 물에 비해 무엇인가 더 들어 있어 색이 다르다.
문제 상황 진단	물이 얼게 되면, 얼음 속이 보이지 않기 때문에 학생들은 얼음에는 물에 비해 무엇인가가 더 들어 있다고 생각할 수 있게 된다. 플라스틱 시험관 속에 있는 물을 얼리는 활동 과정을 통해서 마개 때문에 바깥에서 다른 물질이 들어올 수 없다는 것을 확인시켜 준다. 얼음의 색깔은 얼음의 두께와 빛의 산란과 관련 있음을 지도하도록 한다.

관련 개념

물은 상태에 따라 어떠한 특징을 가지고 있나요?

우리 주변의 물체들은 대부분 고체, 액체, 기체 세 가지 상태로 존재한다. 그 중 고체는 물질을 이루는 입자들이 규칙적이고 강하게 결합하고 있어서 일정한 크기와 모양과 단단한 성질을 가진다. 얼음은 물의 고체 상태인데, 1기압이고 온도가 0℃ 이하라면 물이 얼어서 얼음으로 된다.

액체는 고체보다 입자의 움직임이 자유롭기 때문에 흐르는 성질을 가지고, 부피는 일정하지만, 그릇의 형태에 따라 모양이 변한다. 물은 액체 상태의 물질로 1기압 상태에서 온도가 0℃ 이상, 100℃ 이하일 때 액체 상태로 존재한다.

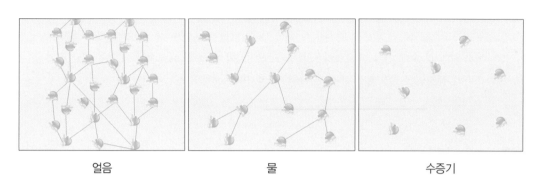

| 얼음 | 물 | 수증기 |

고체, 액체, 기체의 세 가지 상태는 온도에 따라서 그 상태가 변한다. 고체에 열을 가해 녹으면 액체가 되고, 액체에 열을 가하면 기체가 된다. 또 기체가 열을 잃으면 액체가 되고, 액체가 열을 잃으면 고체가 된다.

이처럼 물질의 상태가 고체, 액체, 기체로 변하는 것을 '상태 변화'라고 한다. 물도 온도에 따라 고체, 액체, 기체의 상태로 변한다.

액체가 기체로 변하는 현상을 기화, 기체가 액체로 변하는 현상을 액화, 고체가 액체로 변하는 현상은 융해, 액체가 고체로 변하는 현상은 응고라고 한다. 또한, 고체가 액체 상태를 거치지 않고 바로 기체가 되거나 기체가 바로 고체가 되는 현상을 승화라고 한다.

 **교수 처방**

교수 처방 1 **오개념** 차가운 컵 표면의 물은 컵 속에서 나온 것이다.

차가운 물이 담긴 컵의 표면에 물방울이 맺힌 것을 볼 수 있다. 이 현상에 대해 질문하면 '컵 속에 있는 물이 컵 밖으로 나왔다'라고 대답하는 학생들을 쉽게 찾아볼 수 있다. 하지만 이것은 공기 중의 수증기가 물이 되어 컵의 표면에 응결하여 맺힌 것으로 설명해 주고 확인시켜 줄 필요가 있다.

수증기는 물의 기체 상태인데, 액체 상태인 물이 끓거나 증발하여 만들어진다. 학생들이 직접 수증기를 눈으로 확인할 수 없기 때문에 컵 표면에 맺힌 물은 컵 속에서 나왔다고 자주 오류를 범하게 되는데, 어떻게 처방해야 할까?

컵에 음료와 얼음을 넣고 뚜껑을 닫고 전과 후의 무게를 비교함으로써 학생들에게 컵 표면의 물이 컵 속에서 나왔다는 오개념을 쉽게 바로잡아 줄 수가 있다.

가끔 학생들이 플라스틱 또는 유리컵의 조그마한 공간에서 물이 새어 나왔다고 대답하기도 하지만 무게를 직접 재어 봄으로써 학생들이 쉽게 범하는 오류를 줄여 줄 수 있다. 또한 컵 표면에 생긴 물방울과 컵 속에 있는 음료수의 색을 비교함으로써 컵 속의 음료수가 나오지 않고 공기 중의 수증기가 응결되었음을 쉽게 설명하고 확인할 수 있다.(염화코발트 종이로 확인 가능)

교사 [설명] 우리는 차가운 물병을 물병 주머니에 담아 두는 경우가 있습니다. 왜 차가운 물병을 주머니에 담아 둘까요?

학생 [발표] 얼음이 오랫동안 녹지 않도록 하기 위해서입니다.

학생 얼음 물병 주변에 물이 생기기 때문입니다.

교사 두 의견 모두 맞습니다. 그렇다면 얼음 물병 표면에 물이 생기는 이유는 무엇일까요?

학생 [발표] 얼음 물병 속에 있는 물이 밖으로 나왔기 때문입니다.

학생 공기 중의 수증기가 식어서 물병 표면에 생겼기 때문입니다.

교사 [실험] 다음과 같이 실험을 통해 알아보도록 하겠습니다.

실험 과정
1. 플라스틱 컵에 주스와 얼음을 넣고 뚜껑을 닫는다.
2. 플라스틱 컵 표면의 물기를 닦고 은박 접시와 함께 무게를 측정한다.
3. 플라스틱 컵 표면에 물방울이 맺히는 모습을 관찰한다.
4. 플라스틱 컵과 은박 접시의 무게를 측정한다.

학생 [관찰] 모둠별로 관찰하고 실험 결과를 기록하여 본다.

교사 관찰했나요? 주스와 얼음을 넣은 플라스틱 컵의 무게가 처음과 같았습니까?

학생 [발표] 처음에 비하여 무게가 늘어났습니다.

교사 무게가 늘어난 이유는 무엇일까요?

학생 [발표] 컵 표면에 물이 생겼기 때문입니다.

교사 컵 표면에 있는 물은 컵 속에서 나온 것일까요?

학생 [발표] 무게가 늘어난 것으로 보았을 때 컵 속에 있는 주스가 밖으로 나온 것은 아닙니다. 컵 표면에 있는 물은 주스의 색깔도 아닙니다.

교사 그렇다면 컵 주변에 있는 물은 어디서 생긴 것일까요?

학생 [발표] 공기 중의 수증기가 물로 변하여 컵 표면에 달라붙은 것입니다.

교사 컵 표면에 수증기가 물로 변하여 달라붙은 이유는 무엇일까요?

학생 [발표] 온도 차이 때문입니다.

교사 그렇습니다. 주스와 얼음이 들어 있는 플라스틱 컵 표면에 맺힌 액체는 공기 중의 수증기가 물방울로 변한 것입니다. 이러한 다른 예를 확인해 봅시다.

이슬 맺힌 잎

차가운 병에 맺힌 물방울

안개

교수 처방 2 오개념 **얼음은 물에 비해 무엇인가 더 들어 있어 색이 다르다.**

물이 얼 때의 무게와 부피 변화를 실험할 때 얼음은 물의 고체 상태임을 알 수 있다. 하지만 물이 얼게 되면 얼음 속이 보이지 않는 경우가 많다. 그렇게 되면 학생들은 얼음이 물에 비하여 무엇인가가 더 들어 있다고 생각하는 경우를 종종 볼 수 있다. 물이 얼음이 되는 과정 속에서 공기 중의 다른 물질들이 함께 혼합되면서 얼게 되어 얼음의 색이 다르다고 판단하게 된다. 이러한 오개념을 바로잡아 주기 위한 전략이 필요하다.

생각해 보기

얼음의 속이 보이지 않기 때문에 학생들이 얼음에는 물에 비해 다른 물질이 들어갔다고 생각한다. 플라스틱 시험관 속에 있는 물을 얼리는 활동 과정에서 마개 때문에 바깥에서 다른 물질이 들어올 수 없다는 것을 확인시켜 주도록 한다. 물과 얼음은 같은 물질이고 상태가 다른 것임을 쉽게 확인할 수 있을 것이다.

빛의 파장에 따라 색깔이 달라지며, 투과와 산란의 정도에 따라 물과 얼음은 같은 물질이지만 상태가 다름을 알도록 지도한다.

교사 (얼음과 물의 사진을 보여 주며) 두 물질은 어떤 것인가요?

학생 [발표] 얼음과 물입니다.

교사 얼음은 물이 어떻게 된 상태인가요?

학생 얼음은 물이 얼어서 된 것입니다.

교사 얼음과 물은 같은 물질인가요? 다음 사진을 보면서 이야기해 봅시다.

투명한 얼음   불투명한 얼음

학생 물과 얼음의 색이 다르기 때문에 얼음에는 물에 비하여 무엇인가가 더 들어 있는 것 같습니다.

교사 내용을 확인하기 위해 간단한 실험을 직접 해 보도록 하겠습니다.

실험 과정
1. 플라스틱 시험관에 물을 넣어 높이를 표시하고 마개를 막은 후 물이 얼기 전의 무게와 부피를 측정한다.
2. 비커에 잘게 부순 얼음과 소금을 넣고 유리 막대로 잘 섞는다.
3. 비커에 플라스틱 시험관을 꽂아 두고 물이 얼 때의 변화를 관찰한다.
4. 물이 완전히 언 후에 물의 무게와 부피를 측정하고 색깔도 관찰한다.

시험관에 물을 넣고 마개 막기   얼음과 소금을 넣은 비커 속 시험관

<table>
<tr><td>교사</td><td>얼음을 관찰하여 봅시다. 물과 다른가요?</td></tr>
<tr><td>학생</td><td>[발표] 물은 투명한데 얼음은 불투명합니다.</td></tr>
<tr><td>교사</td><td>실험하기 전과 후의 시험관 무게는 어떠합니까?</td></tr>
<tr><td>학생</td><td>[발표] 실험하기 전과 후의 시험관 무게는 똑같습니다.</td></tr>
<tr><td>교사</td><td>시험관 속 부피는 어떻습니까?</td></tr>
<tr><td>학생</td><td>[발표] 얼음이 된 후의 높이가 더 높아졌기 때문에 부피가 커졌습니다.</td></tr>
<tr><td>교사</td><td>우리는 실험을 할 때 마개를 막았습니다. 다른 물질이 들어간 것일까요?</td></tr>
<tr><td>학생</td><td>[발표] 마개를 막았기 때문에 다른 물질이 들어가지 못했습니다.</td></tr>
<tr><td>교사</td><td>그렇다면 같은 물질이라고 생각할 수 있을까요?</td></tr>
<tr><td>학생</td><td>[발표] 네, 그렇습니다.</td></tr>
</table>

Tip

얼음의 색깔은 얼음의 두께와 빛의 산란과 관련이 있다. 물을 끓인 후 식혀서 얼리는 실험을 하면 투명한 얼음을 얻을 수 있다. 이것은 물을 끓이는 과정에서 물속에 녹아 있던 기체들이 상당량 증발해 버리기 때문에 얼음 속의 기체 알갱이들이 적어져 투명한 얼음을 얻을 수 있기 때문이다.

| 교과 | 과학 | | 학습 주제 | 물의 상태 변화 알기 | | |

학습 목표 수증기가 응결할 때의 변화를 관찰하고 그 예를 찾아 설명할 수 있다.

단계	학습 내용 (학습 집단)	교수·학습 활동	PCK 전략			자료(★) 및 유의점(※)
			배움 주춤	배움 전략	배움 원리	
배움 열기	동기 유발	• 학습 동기 유발하기 –얼음 물병을 주머니에 넣어 두는 까닭과 차가운 물병 주변에 물방울이 생긴 것을 본 경험 이야기하기		발표 설명		★물방울을 확인할 수 있는 사진자료
	학습 목표 확인	• 공부할 문제 확인하기 –수증기가 응결할 때의 변화를 관찰하고 그 예를 찾아 설명해 봅시다.				
배움 활동	이슬에 대해 알아보기 (전체)	• 이슬을 본 경험 발표하기 –이른 아침에 풀잎이나 나뭇잎을 본 경험 이야기하기 –거미줄에 이슬이 맺힌 것을 본 경험 이야기하기		발표	수용	
		• 이슬은 어디에서 온 것인지 생각해 보기 –공기 중에서 온 것, 식물의 잎, 땅에 있던 물 등 자신의 생각 발표하기 –식물의 잎에서 나온 것 –땅에 있던 물이 올라온 것	오개념 1	발표	격려	
	컵 표면의 변화 관찰하기 (모둠)	• 차가운 주스가 든 컵 표면의 변화 관찰하기 –실험 설계하기 –차가운 주스가 든 컵 표면의 변화 관찰하기 –플라스틱 컵의 무게가 달라진 까닭 생각하기 –플라스틱 컵 표면에 생긴 액체가 무엇인지 발표하기	신개념	설명	수용	★차가운 주스가 담긴 컵
	생활 속 응결의 예 찾아보기 (전체)	• 우리 주변에서 응결의 예 알아보기 –냄비 뚜껑의 물 –욕실의 거울 –안경의 김 –안개		발표 유추	격려	★응결의 예 사진자료
배움 정리	정리하기 (전체)	• 오늘 학습하면서 알게 된 것 이야기하기 –수증기가 응결할 때의 변화 과정 알아보기 –생활 속 응결의 예 알아보기 • 학습하면서 느낀 점 이야기하기		메모		자기 평가
	차시예고	• 차시 예고하기				

⊙ 성취 기준을 바탕으로 다양하게 수업 설계를 해 보세요.

그림자는 무슨 색인가요?

한눈에 알아보기

◎ 학습 주제

그림자가 생기는 까닭 알아보기

◎ 성취 기준

여러 가지 물체의 그림자를 비교하여 그림
자가 생기는 원리를 설명할 수 있다.

◎ 오개념

그림자는 모두 검은색이다.

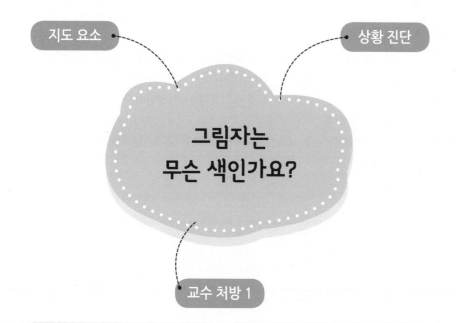

지도 요소

상황 진단

그림자는
무슨 색인가요?

교수 처방 1

◎ 오개념 처방

• 셀로판지를 이용하여 여러 가지 색깔의 그림자를 만들어 보기
• 셀로판지를 겹쳐 그림자의 특성에 대해 알아보기
• 셀로판지를 활용한 나비그림자 만들기를 통해 다양한 색깔의 그림자놀이를 해 보기

○ **관련 단원** 4학년 2학기 3. 거울과 그림자 | (3) 그림자(19/1차시)

○ **학습 주제** 그림자가 생기는 까닭 알아보기

○ **성취 기준** 핵 과4152. 여러 가지 물체의 그림자를 비교하여 그림자가 생기는 원리를 설명할 수 있다.

○ **학습 목표** 여러 가지 물체에 빛을 비추고 그림자의 모습을 관찰할 수 있다.

상황 진단

오개념	모든 그림자는 검은색이다.
문제 상황 진단	손전등을 유리컵에 비춰 그림자가 생기는 원리에 대해 학습한 후 정리 단계에서 학생들에게 질문을 했다. "그림자가 생기는 까닭에 대해 배웠습니다. 그런데 그림자는 무슨 색인가요?"라고 발문했을 때 대부분의 학생들이 "그야 당연히 검은색이죠."라고 대답하였다. 당황스러우면서도 여러 가지 색깔의 그림자를 본 경험이 거의 없는 학생들의 대답은 어찌 보면 당연하다는 생각이 들었다. 따라서 '그림자가 모두 검은색이다.'라는 잘못된 오개념을 갖고 있는 학생들을 위해 흥미로우면서도 아주 쉽게 이해할 수 있는 실험이 필요하다고 생각한다.

관련 개념

그림자가 생기는 이유는 무엇일까?

그림자와 관련해서 투명한 것과 투명하지 않은 것의 다른 점에는 무엇이 있을까? 바로 그림자다. 투명하지 않은 물체에 빛이 닿으면 빛이 물체를 통과하지 못한다. 그렇기 때문에 물체 뒤쪽으로는 빛이 닿지 않아 어두워지는 것이다. 어두워서 검은 그림자가 생겼듯, 그림자가 어느 방향에 어떤 모양과 크기로 생길지를 결정하는 것은 '빛'이다.

빛을 어느 방향에서 비춰 주느냐에 따라 조금씩 다른 모양의 그림자가 생긴다. 빛의 직진성을 이용하면 그림자가 어떤 모양으로 생길지를 미리 알 수 있다. 빛은 직선으로만 움직이기 때문에 빛살이 닿는 곳은 빛이 도달하는 곳이다. 그러나 빛살이 닿지 않는 곳은 빛이 도달하지 않는 곳이기 때문에 그림자가 생기게 된다. 즉, 물체의 가장자리를 지나는 빛살들이 바닥에 닿는 곳들은 바로 그림자의 가장자리가 되고, 그게 바로 그림자의 모습이 되는 것이다.

그림자는 항상 빛이 비치는 곳의 반대쪽에 생긴다. 그리고 광원과 가까울수록 그림자는 더 크게 생기게 된다. 또한 물체와 그림자가 생길 벽이 서로 가까울수록 그림자는 더 작아진다. 이렇게 그림자의 모양이 광원과의 거리에 따라 변하는 것은 모두 빛이 직진하기 때문이다.

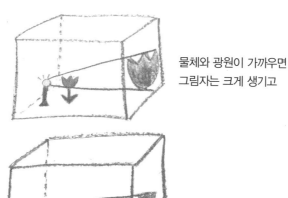

물체와 광원이 가까우면 그림자는 크게 생기고

물체와 광원이 멀면 그림자는 작게 생긴다.

그림자의 크기 변화 실험

 교수 처방

교수 처방 오개념 모든 그림자는 검은색이다.

그림자가 생기는 원리에 대해 알아보는 수업을 하고 있었다. 손전등을 유리컵에 비춰 그림자가 생기는 원리에 대해 학습한 후 정리 단계에서 학생들에게 질문을 했다.

"그림자가 생기는 까닭에 대해 배웠는데 그렇다면 그림자는 무슨 색일까?"라고 발문했을 때 대부분의 학생들이 "그야 당연히 검은색이죠."라고 대답하였다.

당황스러우면서도 여러 가지 색깔의 그림자를 본 경험이 거의 없는 학생들의 대답은 어찌 보면 당연하다는 생각이 들었다. 학생들의 말대로 그림자의 색깔 대부분은 검은색이다. 하지만 모든 그림자가 검은색인 것은 아니다. 어떤 물체의 그림자인가에 따라 다양한 색깔의 그림자가 생길 수 있다.

'그림자가 모두 검은색이다.'라고 알고 있는 학생들을 위해 흥미로우면서도 쉽게 이해할 수 있는 추가실험을 해 보았다.

4학년 학생들을 지도할 때 좋은 방법 중 하나는 실물자료를 활용하여 직접 보고, 만지고, 느끼게 하는 것이다.

따라서 교사 중심의 설명식 수업보다는 셀로판지를 활용한 색깔 그림자 만들기를 진행하여 재밌고 배움이 있는 실험을 할 필요가 있다.

'모든 그림자는 검은색이다.'라고 생각하는 학생들에게 학생중심으로 수업을 진행할 수 있고 재밌으면서도 그 속에 배움이 있는 실험을 할 수 있는 방법이 무엇일지 고민하고 적용할 필요가 있다.

아래 수업 대화는 셀로판지를 이용한 여러 가지 그림자 색깔 만들기를 통해 학생들의 오개념을 처방하는 상황이다.

교사 선생님이 재밌는 질문을 한 가지 해 보겠습니다. 그림자는 모두 검은색이다? ○, X 퀴즈입니다.

학생 ○요. / X요.(11명 중 7명의 학생이 ○라고 손을 들었다. 학생들은 '그림자는 모두 검은색'이라는 생각을 갖고 있다.(오개념 발생))

교사 왜 ○라고 생각합니까? 또 왜 X라고 생각합니까?

학생 평상시 저를 따라다니는 그림자는 모두 검은색이었습니다.

학생 저는 불꽃놀이를 구경한 적이 있는데 그림자가 파란색이었던 걸 본 적이 있습니다.

교사 그렇다면 선생님과 실험 한 가지를 해 보도록 합시다. 선생님이 색깔이 다양한 셀로판지를 준비했습니다. 휴대폰 불빛을 이용해서 셀로판지를 통해 나타나는 그림자의 색깔을 확인해 봅시다.

교사 셀로판지의 그림자는 어떤 색인가요? 우리가 흔히 볼 수 있는 검은색인가요?

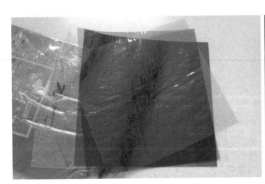
셀로판지 준비하기

셀로판지의 색깔 그림자 확인하기

학생　[관찰] 검은색이 아니라 셀로판지 색깔의 그림자가 보여요.

교사　그렇죠? 이처럼 모든 물체의 그림자가 반드시 검정색인 것은 아니랍니다. 셀로판지처럼 색깔을 갖고 있는 그림자도 있어요. 그럼 셀로판지를 이용해서 예쁜 나비 그림자를 만들어 봅시다.

학생　네. 선생님 재밌을 것 같아요.

교사　셀로판지를 이용하여 나비를 만들었다면 휴대폰 불빛을 광원으로 사용해서 예쁜 나비 그림자를 만들어 보세요.

학생　[활동] (모둠원들과 협력하여 나비 그림자를 만든다.)

그림자 나비 관찰하기

교사　나비 모양의 색깔 그림자를 잘 만들었네요. 그림자를 다양하게 만들어 보며 색깔 그림자를 관찰해 봅시다.

교사　색깔 그림자가 나타나게 된 원인에 대해서 생각해 봅시다.

학생　[발표] 빛이 물체를 만나 막혀서 빛이 도달하지 못한 곳에 그림자가 생깁니다.

교사　배운 것을 잘 정리해서 말해 주었네요. 학생이 발표한 대로 그림자는 공기 중에서 빛이 곧게 나아가다가 물체를 만나 빛의 일부 또는 전부가 막혀 빛이 도달하지 못한 곳에 생기게 되는 것입니다. 셀로판지의 경우 빛의 일부가 막히고 또 나머지가 통과되기 때문에 셀로판지의 색으로 그림자가 생기게 되는 것이랍니다.

교사　그렇다면 여러분들이 주로 검은색 그림자를 보는 이유는 뭘까요?

학생　[발표] 음. 빛이 대부분 통과하지 못하는 사물의 그림자를 보아서 그런 것이 아닐까요?

교사　[설명] 네, 맞아요. 여러분들이 주로 검은색의 그림자만 본 이유는 빛이 대부분 막혀서 통과되지 못하는 사물의 그림자를 많이 보았기 때문이죠. 사람, 건물, 자동차 등의 그림자가 바로 그것입니다.

교과	과학		학습 주제	그림자가 생기는 까닭 알아보기
학습 목표	그림자가 생기는 까닭을 빛의 성질과 관련지어 설명할 수 있다.			

단계	학습 내용 (학습 집단)	교수·학습 활동	PCK 전략			자료(★) 및 유의점(※)
			배움 주춤	배움 전략	배움 원리	
배움 열기	전시 학습 상기(전체) 동기 유발 학습 목표 확인	• 전시 학습 상기하기 −생활에서 빛의 양을 조절하는 경우 찾아보기 −불투명, 투명, 반투명에 대해 설명해 보기 • 학습 동기 유발하기 −그림자 샌드 애니메이션 보기 • 공부할 문제 확인하기 −그림자가 생기는 까닭을 알아봅시다.	선개념	설명 설명	연결 관찰	★영상자료
배움 활동	물체에 따른 그림자 관찰하기 (모둠)	• 투명한 물체와 불투명한 물체의 그림자 관 찰하기 −유리컵의 그림자 관찰하기 −도자기의 그림자 관찰하기 −투명한 물체와 불투명한 물체의 그림자 차 이 관찰 결과 발표하기		관찰 설명 예시	격려 수용	★예시자료
	색깔 그림자 만들기 (모둠)	• 셀로판지를 이용하여 색깔 그림자 만들기 −모둠별로 다양한 색깔의 셀로판지 준비하기 −셀로판지 그림자 만들어 보기 • 셀로판지를 이용한 그림자 놀이하기 −여러 가지 셀로판지를 겹쳐서 그림자 만들 어 보기 −실험 결과를 통해 알게 된 점 이야기해 보기 −다양한 색깔의 그림자가 있음을 알기	오개념 선개념	설명 발표 관찰	관찰	★셀로판지, 손전등
	나비 그림자 만들기 (전체)	• 그림자의 색깔을 이용하여 나비 그림자 만들기 −셀로판지를 이용하여 나비 만들기 −셀로판지로 만든 나비를 이용하여 그림자 만들기 • 그림자가 생기는 조건과 까닭 알아보기 −실험한 내용을 바탕으로 그림자가 생기는 조건과 까닭 설명해 보기		설명 유추 설명	연결	
배움 정리	정리하기 (전체) 차시예고	• 오늘 학습하면서 알게 된 것 이야기하기 −물체의 특성에 따라 그림자가 달라짐 −그림자가 생기는 조건과 까닭을 알게 되었음 • 학습하면서 느낀 점 이야기하기 −그림자에 대해 새로운 것을 알게 되었음 • 차시 예고하기 −다음 시간에는 그림자의 크기 변화에 대해 알아보기		발표		자기 평가

⊙ 성취 기준을 바탕으로 다양하게 수업 설계를 해 보세요.

왜 공기는 지구에서 빠져나가지 못할까?

문제 상황 제시

내 꿈은 우주비행사야. 왜냐하면 어두운 밤을 환하게 비추는 달에 꼭 가 보고 싶기 때문이지.

우주에 관한 영화에서 보면 우주비행사들은 우주복이 찢어져서 숨쉬기 어려워 보이던데, 혹시 공기가 지구 바깥으로 나가 버릴 수도 있을까?

◎ 학습 주제

지구와 달을 비교해 보기

◎ 성취 기준

지구와 달의 모습을 비교하여 지구에 생명체가 존재할 수 있는 이유를 설명할 수 있다.

◎ 난개념

공기는 지구에서 빠져나가지 못한다.

◎ 오개념

달은 밤에만 볼 수 있다.

지도 요소

상황 진단

왜 공기는 지구에서 빠져나가지 못할까?

교수 처방 1

교수 처방 2

◎ 난개념 처방

• 학생들의 경험과 예시자료를 활용하여 공기가 지구에서 빠져나가지 않음을 알기

• 간단한 용어의 설명과 사진자료를 통해 학생들의 수준에 맞는 학습내용 적용하기

◎ 오개념 처방

• 달을 직접 관찰해 보기도 하고, 간단한 그림을 통해서 달이 잘 보이지 않는 이유 학습하기

• 직접 달의 모형을 가지고 실험해 보기

- ○ **관련 단원** 4학년 2학기 4. 지구와 달 | (1) 우리의 지구(2, 5/11차시)
- ○ **학습 주제** • 지구 주위를 둘러싼 공기에 대하여 알아보기
  - • 지구와 달의 모양 알아보기
- ○ **성취 기준** 핵 과4015. 지구와 달의 모습을 비교하여 지구에 생명체가 존재할 수 있는 이유를 설명할 수 있다.
- ○ **학습 목표** • 공기의 특징과 역할을 설명할 수 있다.
  - • 지구와 달의 모양을 알고 공통점을 찾을 수 있다.

 상황 진단

난개념	공기는 지구에서 빠져나가지 못한다.
문제 상황 진단	풍선이나 기체를 활용하는 실험을 하는 중에 학생들은 풍선과 공 등을 활용해서 기체의 무게를 재 보는 활동으로 '기체는 가볍다'는 선경험을 지니고 있다. 또한 영화나 다큐멘터리 영상 등을 통하여 지구 밖 우주에서 공기가 부족한 상황이 되면, 주인공이 생명의 위기에 처하는 등 어려움을 겪는 장면을 본 경험을 가진 학생들도 많다. 이런 경험을 통해 공기가 사람이 살아가는 데 필요하다는 것과 가볍다는 것을 알고는 있지만, 우주 밖으로 나가지 않고 지구 주위에 공기가 머물러 있는 이유에 대해서는 이해하기 어려워한다. 이는 눈에 보이지 않는 기체인 공기가 지구 주변을 둘러싸고 있는 자연현상에 관한 난개념이므로 학생들이 이해하기 쉽게 다양한 방법으로 처방해야 한다.
오개념	달은 밤에만 볼 수 있다.
문제 상황 진단	학생들은 달을 항상 밤에만 볼 수 있는 것으로 생각한다. 대부분의 경험은 시각에 의존하기 때문에 과학적인 사실과 원리, 이론이 뒷받침되지 않으면, '달은 밤에만 볼 수 있다'라는 오개념을 지닐 수 있다. 따라서 관찰과 경험, 실험에 의한 과학적 탐구를 통하여 오개념을 바로잡는 것이 필요하다.

 관련 개념

달이란?

달은 스스로 빛을 내지 못하고, 햇빛을 반사하여 밤에 밝게 빛난다. 하룻밤 사이 달의 움직임을 관찰하면 동쪽에서 떠서 1시간에 15도씩 움직여 남쪽을 지나 서쪽으로 진다.

또 달은 지구 주위를 한 달에 한 바퀴씩 도는데, 이때 태양빛을 받는 부분이 달라지기 때문에 우리 눈에 보이는 달의 모양이 보름달, 하현달, 그믐달, 초승달, 상현달로 변하게 된다.

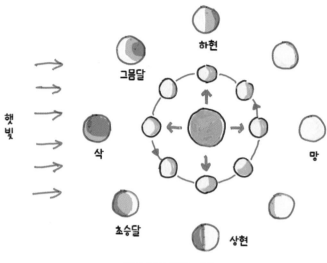

달의 모양 변화 그림

지구는 어떻게 공기를 갖게 되었나요?

지구에 있는 공기 대부분(약 99%)은 지구 표면으로부터 30km 안에 거의 다 있다. 지구에서 멀어질수록 대기가 점점 엷어져서 1,000km를 지나면 더 이상 공기가 존재하지 않는다. 지구 주변에만 공기가 있는 것이라고 생각할 수 있지만 사실, 공기도 지구의 중력에 붙들려 있는 것이다. 그 결과 질소, 산소 등의 무거운 공기들은 중력이 크게 작용해서 지표면 가까운 곳에 있고 수소나 헬륨 같은 가벼운 공기들은 중력이 작게 작용해 지표로부터 아주 높이까지 떨어져서 존재하게 되는 것이다. 즉 위로 올라갈수록 더 가벼운 기체들이 남아 있는 현재의 대기권이 만들어진 것이다.

또 한 가지 이유는 태양과의 거리가 비교적 멀어 수성처럼 태양풍에 의해 대기를 잃을 일이 없었던 것이다. 태초에 지구가 만들어질 때 마그마의 바다인 시기가 있었는데 그때 암석 속에 들어 있던 기체들이 빠져나와 대기가 만들어졌다. 만약 수성처럼 태양에 가까이 있었다면 지구도 태양풍에 의해 대기를 모두 잃었을 것이다.

교수 처방 1 **난개념** 왜 공기는 지구에서 빠져나가지 못할까?

우리들의 눈에 보이지 않지만 존재하고 있는 '공기'에 대해서는 어릴 때부터 알고 있다. '지구와 달' 단원에서 지구 주위를 둘러싼 공기에 대해 배우는데, 학생들은 공기가 지구에 계속 머무르고 있다는 것에 대해 깊이 생각하지 않고, 또한 알려 줘도 이해하기 어려워한다.

한 학생이 "왜 우리가 호흡하는 데 사용하는 공기는 다른 곳으로 가지 않을까?"라는 의문을 제기하여도, 다른 학생들은 "당연히 우리 주변에 있지", "공기가 없으면 호흡을 못하지" 등의 자신만의 생각을 말했다.

눈에 보이지 않는 '공기'가 지구에 계속 있는 현상에 대하여 학생들에게 어떻게 지도해야 할까?

> **생각해 보기**
>
> 4학년 학생들은 지구와 달에 대해 공부하면서 공기가 지구에는 있고, 달에는 없다는 것을 알게 된다. 그러면서 공기가 왜 계속 지구에 머물러 있는지에 대해서 궁금하게 생각한다.
>
> 하지만 이런 내용은 교실 수업에서 실험으로 실제 체험을 하기는 어렵다. 왜냐하면 현상이 눈에 보이는 것이 아닐뿐더러, 지구가 가진 성질에 대하여 공부를 해야 하기 때문이다.
>
> 따라서, 우주 배경 영화를 통해 공기가 지구에 존재함을 알고, 지구의 끌어당기는 힘과 자석을 예시로 들어 공기가 계속 지구에 머물고 있음을 알도록 하는 전략을 사용해 보았다.

학생들과 영화를 보고 이를 통해 자연스럽게 공기가 지구에서 빠져나가지 못하는 이유에 대해 이야기해 보는 상황이다.

SF영화 중 한 장면 제시

교사 우주를 배경으로 한 영화에서 우주복을 입은 사람이 어떤 상황에 처했었나요?

학생 사고로 우주복이 찢어져서 우주복 안의 공기가 빠져나갔습니다. / 숨쉬기가 어려워졌습니다.

교사 네, 그렇죠. 우주에는 공기가 없기 때문에 찢어진 곳을 통해서 밖으로 공기가 빠져나가게 되는 것이죠. 그렇다면 지구도 우주에 있는데, 왜 지구의 공기는 우주로 빠져나가지 않는 것일까요?

학생 글쎄요. / 왜 그렇지?

교사 모두 같이 한번 생각해 봅시다. 우리가 점프를 하면 어떻게 되죠?

학생 땅에서 올라갔다 다시 내려옵니다.

교사 왜 우리는 점프를 해서 위로 뛰어올라도, 아래로 떨어지는 것일까요?

학생 무엇인가가 잡아당기는 것 같습니다.

교사 [설명] 맞습니다. 우리를 잡아당기고 있는 것은 바로 지구입니다. 사람이 계속 점프를 해도 다시 떨어지는 것은 지구가 강하게 끌어당기는 힘이 있기 때문입니다. 그렇기 때문에, 우리 사람을 비롯하여 모든 물체들은 지구에서 떨어지지 않고 있는 것입니다.

교사 여기서 문제! 공기는 물질일까요?

학생 네, 맞습니다.

교사 [설명] 그렇죠, 공기도 물질이기 때문에 지구가 끌어당기는 힘에 의하여 지구에 계속 머무르고 있는 것입니다.

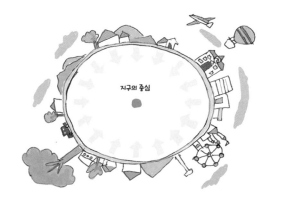 

지구에 존재하는 끌어당기는 힘

- 인력에 대한 이야기는 자칫하면 학생들이 받아들이기 어려운 내용일 수 있기 때문에 간단하게 이야기하도록 한다. 인력의 용어 설명을 하기보다는 물체와 물체 사이의 끌어당기는 힘으로 이야기하면 좋겠다.
- 물론 우주복과 공기 사이에 서로 끌어당기는 힘이 작용하기는 하지만, 이는 미약하기 때문에 공기가 우주복 밖으로 빠져나감을 추가로 설명할 수 있겠다.
- 우주복 안의 공기가 밖으로 빠져나가는 것은 풍선안의 공기가 주입구를 열면 빠져나가는 것과 같은 원리(기압)로 예를 들어 설명한다.

교수 처방 2　오개념 **달은 밤에만 볼 수 있다.**

'지구와 달' 단원에서 달에 대하여 관찰해 보는 시간이었다. 달 관찰 프로젝트 학습으로 학생들에게 달을 관찰하여 그림을 그리거나 사진을 찍도록 했다.

그 다음 과학시간, 학생들은 저마다 가져온 것을 자랑하고 있었다. 결과물을 다 같이 보기 위하여 칠판에 붙여 보았는데, 어떤 학생이 낮에 찍은 달 사진을 가지고 왔다. 그러자 다른 학생들은 그 사진이 합성이라고 하면서 낮에 찍은 달 사진을 가지고 온 학생을 거짓말쟁이로 놀리기까지 했다.

달은 밤에만 보이는 것이 아니라 낮에도 볼 수 있는데, 당연하게 밤에만 볼 수 있다고 생각하는 학생들에게 이런 현상을 어떻게 설명해야 할지 고민스러웠다.

생각해 보기

눈으로 보아 알고 있는 사실만 생각하고 학생들은 전혀 의심하지 않고 편향적인 답을 내리는 경우가 많다. 이러한 때에는 직접 실험 또는 관찰을 통해 학습을 해야 오개념을 바로잡기 쉽다.

따라서 직접 낮과 밤에 뜬 달의 사진을 관찰한 후에, 직간접적인 활동을 통해 낮과 밤 같은 상황을 재현해 보면서 학생들이 능동적으로 오개념을 깨우칠 수 있도록 전략을 세웠다.

아래 수업 대화는 달의 모습을 관찰해 보고 추가 자료 제시 및 활동을 통하여 오개념을 처방하는 상황이다.

교사　[발문] 여러분, 달은 언제 볼 수 있나요?

학생　당연히 밤에 볼 수 있지요.

교사　[과제] (낮에 뜬 달의 사진을 제시하며) 그럼 이건 달이 아닌가요?

학생　어라? 달인 것 같긴 한데…….

낮에 뜬 달 사진

밤에 뜬 달 사진

교사 그렇죠? 그런데 왜 우리는 낮에 달이 보이지 않는다고 당연하게 생각했을까?

학생 달이 숨어 있어서요. / 너무 밝아서요.

교사 [과제] 쉽게 생각해 봅시다. 여기에 흰 종이와 어두운 종이를 준비했어요. 흰 종이는 낮이고 어두운 종이는 밤이라고 생각합시다.(종이를 준비한다)

교사 종이에 달이라고 생각하고 밝은 색으로 달을 그려 봅시다. 달이 어떻게 보이나요?

학생 [관찰] 흰 종이에서는 잘 보이지 않아요. / 어두운 종이에서는 잘 보입니다.

교사 [설명] 이처럼, 낮에도 달은 떠 있을 때가 있지만 잘 보이지 않습니다. 우리는 실제로 밖에 나가서 달을 찾아볼 수도 있습니다.

흰 종이에 밝은 점(달) 그리기

어두운 종이에 밝은 점(달) 그리기

- 실제로 낮에 뜬 달의 사진을 제시하거나, 만약 기회가 된다면 학생들과 함께 운동장에 나가 직접 달을 찾아보는 방법도 좋을 것이다. 낮과 밤을 가정으로 한 종이에 밝은 점을 찍어 보는 활동은 우리가 달의 존재를 잘 볼 수 없다는 것을 보여 주는 모형이라고 생각해도 좋겠다.

교사 [설명] 실험으로 낮과 밤 같은 상황을 교실에서 재현해 보기로 합시다. 전등을 태양으로 설정하고, 알루미늄 호일을 달이라고 하고, 실험을 해 보도록 합시다.

교사 [설명] 낮은 밝게 켜진 교실에서 태양인 전등을 알루미늄 호일 접시인 달에 비추어도 주변이 밝아서 잘 보이지 않습니다. 밤에는 어두운 교실에서 태양인 전등을 알루미늄 호일 접시인 달에 비추면 밝게 보입니다. 이러한 것처럼, 밤에 달이 밝게 보이는 것이랍니다. 또한 상황에 따라서 환한 낮에도 달이 보일 수도 있습니다.

낮

밤

- 천문우주지식 정보사이트(월별 해, 달 출몰시각)
  http://astro.kasi.re.kr/Life/SunMoonMapForm.aspx?MenuID=112
- 달의 모습을 관찰할 수 있는 프로그램 또는 애플리케이션
  mitaka, 구글어스, 스텔라리움, 셀레스티아, 오르트구름, 카이퍼벨트, solar walk, starry night

수업 개요

교과	과학		학습 주제	지구와 달을 비교해 보기
학습 목표	지구와 달을 비교하여 지구에 생명체가 존재할 수 있는 이유를 알 수 있다.			

단계	학습 내용 (학습 집단)	교수·학습 활동	PCK 전략			자료(★) 및 유의점(※)
			배움 주춤	배움 전략	배움 원리	
배움 열기	전시 학습 상기(전체) 동기 유발 학습 목표 확인	• 전시 학습 상기하기 −지구와 달의 겉모습 관찰하기 • 학습 동기 유발하기 −영화를 보고 의문점 찾아보기 • 공부할 문제 확인하기 −지구와 달을 비교하여 지구에 생명체가 살 수 있는 이유를 알아봅시다.	선개념 난개념	발표 설명	연결 관찰	★영화 ※영화에 집중하기보다 의문점을 찾도록 유도한다.
배움 활동	지구에서 공기가 빠져나가지 않는 이유 알기 (모둠)	• 지구에 존재하는 힘 알기 −지구에서 공기가 우주로 빠져나가지 않는 이유 생각해 보기 • SF영화의 예시와 그림을 통해서 지구에서 공기가 우주로 빠져나가지 않는 이유 알기	난개념	발표 단서	참여 격려	★ppt, 자석
	달은 밤에만 볼 수 있을까?	• 달 사진 관찰해 보기 −낮에 뜬 달과 밤에 뜬 달 사진 제시하기 • 그림으로 달 표현해 보기 −흰 종이와 검은 종이에 달(밝은 점) 그려 보기 −물음에 답해 보기 • 낮과 밤 상황을 실제로 재현해 보기 −전등을 태양으로, 알루미늄 호일을 달로 설정하여 교실에서 실험해 보기	오개념	예상 비교 실험	칭찬 연결	★전등, 알루미늄 호일 ※교실을 어둡게 하여 실제 상황과 유사하게 만든다.
배움 정리	정리하기 (전체)	• 오늘 학습하면서 알게 된 것 이야기하기 −지구에 존재하는 힘 때문에 공기가 지구에서 빠져나가지 않음을 알게 됨 −낮에도 달을 볼 수 있음을 알게 됨 • 학습하면서 느낀 점 이야기하기		요약 토의	수용 연결	자기 평가

◉ 성취 기준을 바탕으로 다양하게 수업 설계를 해 보세요.

4
학년

2
학기

냉기가 전해져서 차가워지나요?

◎ 학습 주제

온도가 다른 두 물질이 접촉했을 때 열의 이동 알아보기

◎ 성취 기준

온도가 다른 물체가 접촉할 때 온도가 높은 곳에서 낮은 곳으로 이동하며 시간이 지나면 두 물체의 온도가 같아짐을 설명할 수 있다.

◎ 오개념 1

차가운 물체를 만지면 시원해지는 것은 냉기가 전해지기 때문이다.

◎ 오개념 2

금속이 플라스틱보다 더 차갑다.

지도 요소

상황 진단

냉기가 전해져서
차가워지나요?

교수 처방 1

교수 처방 2

◎ 오개념 1 처방

- 얼음이 담긴 컵을 보며 손의 온도가 어떻게 변할지 생각하기

- 실험을 통해 열은 온도가 높은 곳에서 낮은 곳으로 이동한다는 것을 알게 한 후 얼음이 담긴 컵에서의 열의 이동을 설명하기

◎ 오개념 2 처방

- 금속판과 플라스틱판을 따뜻한 물에 넣었을 때 열이 이동하는 모습을 예상해 보기

- 열의 이동 속도가 다른 것을 실험을 통해 알아보고 그 이유를 생각해 보기

◆ **관련 단원**　5학년 1학기　1. 온도와 열 ┃ (2) 과학탐구(5/11차시)

◆ **학습 주제**　온도가 다른 두 물질이 접촉했을 때의 열의 이동 알아보기

◆ **성취 기준**　핵　과6013. 온도가 다른 물체가 접촉했을 때 온도가 높은 곳에서 낮은 곳으로 이동하면서 시간이 지나면 두 물체의 온도가 같아짐을 설명할 수 있다.

◆ **학습 목표**　온도가 다른 두 물질이 접촉하면 온도가 높은 물질에서 온도가 낮은 물질로 열이 이동함을 추리할 수 있다.

상황 진단

오개념 1	차가운 물체를 만지면 시원해지는 것은 냉기가 전해지기 때문이다.
문제 상황 진단	여름에 얼음이 들어간 음료가 있는 컵을 만지면 시원해지는 경험을 한다. 이 때 시원해지는 것을 흔히 컵의 냉기가 전해지기 때문이라고 생각한다. 그러나 차가운 물질을 손으로 잡고 있을 때에 차갑게 느껴지는 것은 냉기가 손으로 이동하는 것이 아니라 손의 열이 차가운 물질로 이동하여 열을 빼앗기기 때문이다. 이러한 상황에서 학생들의 오개념을 없애기 위해 실험을 통해 열의 이동을 직접 관찰하고 이를 다양한 상황에서 적용하여 열의 이동에 대해 설명하도록 해야 한다.
오개념 2	금속이 플라스틱보다 더 차갑다.
문제 상황 진단	추운 겨울, 밖에 세워 둔 자전거를 만지면 금속부분이 플라스틱으로 된 부분보다 더 차갑게 느껴진다. 그래서 학생들은 똑같은 기온에 있었음에도 불구하고 '금속'이 '플라스틱'보다 더 차갑다고 생각한다. 그러나 이것은 금속이 플라스틱보다 열전도율이 높기 때문에 발생하는 현상일 뿐이다. 이러한 상황에서 고체도 그 재질에 따라 열을 전달하는 빠르기가 다름을 알게 하는 것이 필요하다. 이를 위해 금속판과 유리판의 열을 전달하는 빠르기를 관찰하는 실험을 하여 고체도 재질에 따라 열을 전달하는 빠르기가 다름을 알게 함으로써 학생들의 오개념을 수정한다.

관련 개념

온도란?

물체의 차고 뜨거운 정도를 숫자로 나타낸 것으로 그 단위는 ℃(섭씨도), °F(화씨도)를 사용하여 나타낸다. 차가운 물질은 온도가 낮고, 따뜻한 물질은 온도가 높다. 최저 온도는 섭씨도로 나타냈을 때 영하 273.15℃이지만, 최고 온도는 정해져 있지 않다.

온도계

온도계를 처음 만든 사람은 갈릴레이로 1592년에 온도가 높아지면 공기가 팽창하는 성질을 이용하여 공기 온도계를 만들었다. 그러나 공기 온도계는 온도 변화에 빨리 반응하지 못한다는 단점이 있었다. 그래서 공기 온도계의 단점을 개량한 알코올 온도계가 만들어졌는데, 알코올 온도계는 피렌체의 학자들이 만든 것이다. 이 온도계는 온도 변화에 빨리 반응하는 장점을 가지고 있으나, 사람의 체온을 측정하는 경우 온도가 너무 빨리 변하는 것이 오히려 단점으로 나타났다. 이러한 문제를 해결하기 위해 1714년에 파렌하이트가 알코올이 아닌 수은을 사용한 온도계를 만들었다. 수은은 금속이지만 상온에서 액체 상태로 있기 때문에 350℃의 높은 온도까지 측정이 가능하다.

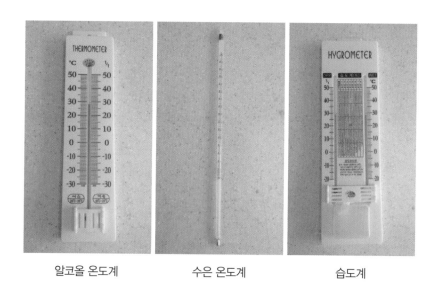

알코올 온도계   수은 온도계   습도계

열이란?

열은 에너지의 일종으로 '물질 속 알갱이가 움직이는 에너지'라고 할 수 있다. 열은 온도가 높은 곳에서 낮은 곳으로 이동하는데 이를 '열의 이동'이라고 말한다. 일상생활에서는 열을 '열기'라고도 말하는데 열기라는 말과 대응되는 말로 '냉기' 또는 '한기'라는 말을 사용한다. 하지만 열은 높은 곳에서 낮은 곳으로 이동하는 에너지일 뿐 냉기라는 말은 과학적으로 존재하지 않는 개념이다.

교수 처방

교수 처방 1 · 오개념 차가운 물체를 만지면 시원해지는 것은 냉기가 전해지기 때문이다.

일상생활에서 학생들은 얼음이 든 음료수를 많이 마신다. 이 때 차가운 음료수가 담긴 컵을 만지면 시원해지는 이유는 얼음의 냉기가 손으로 전해져서 시원해진다고 생각하기 쉽다. 이러한 오개념이 형성되는 이유는 우리가 일상생활에서 흔히 사용하는 '냉기'라는 단어 때문이다. 냉기란 '차가운 공기'로 흔히 열기라는 말과 반대되는 개념으로 생각하기 쉽다.

그러나 과학에서는 열의 일상생활 용어인 열기라는 개념은 존재하지만 냉기라는 개념은 존재하지 않는다. 열은 온도가 높은 곳에서 낮은 곳으로 이동하는 것일 뿐 냉기가 전해져서 시원함을 느끼는 것이 아니기 때문이다. 그러므로 일상생활 속에서 쉽게 형성되는 냉기라는 개념에 대한 지도 방법을 고민해 보고 오개념을 수정해 주는 노력이 필요하다.

생각해 보기

열의 이동은 눈에 보이지 않기 때문에 다양한 오개념을 가질 수 있다. 이러한 문제를 해결하기 위해 실험을 통해 두 물질이 접촉하였을 때의 현상을 자세히 관찰하면서 열이 이동하는 원리를 깨닫게 하는 것이 가장 중요하다.

그 후 우리 주위에서 두 물질이 접촉하였을 때에 물질의 온도가 변하는 경우의 예를 보여 주고 열이 어떻게 이동하는지 설명하도록 한다. 이 때 실험을 통해 알 수 있었던 열의 이동 원리를 적용하여 설명하도록 해야 할 것이다.

이와 더불어 생활 속에서 열이 이동하는 경우를 학생들이 직접 찾아보는 것도 좋은 방법이 될 수 있을 것이다. 이 때 열이 이동하는 장면만을 이야기하는 것이 아니라 온도가 높은 곳에서 낮은 곳으로 이동한다는 원리를 적용하여 설명하도록 한다.

아래 수업 대화는 따뜻한 물과 차가운 물의 온도 측정을 통해 열이 이동하는 원리를 알고 열이 이동하는 모습을 설명하게 함으로써 오개념을 처방하는 상황이다.

교사 사진 속에서 얼음물이 담긴 컵을 손으로 잡고 있네요. 손의 온도는 어떻게 변할까요?

그림을 살펴보면서 손의 온도가 어떻게 변할지 생각해 보게 한다. 이 때 학생들이 자유롭게 생각하여 이야기할 수 있도록 한다. [매체]

학생 차가워집니다.

교사 이유를 설명해 볼까요?

학생 얼음물의 차가운 기운이 손에 전달되기 때문입니다.

교사 [과제] 그렇다면 정말 얼음의 차가운 기운이 손에 전달되어 차가워지는 것인지 실험을 통해 알아봅니다.

학생 [실험]

실험 과정

1. 차가운 물이 담긴 음료수 캔을 따뜻한 물이 담긴 비커에 담는다.

2. 알코올 온도계 두 개를 스탠드에 매달아 각각 음료수 캔과 비커에 넣는다.

3. 음료수 캔 속과 비커 속 물의 처음 온도를 측정한 다음에 1분마다 온도를 측정해 본다.

교사 실험 결과를 이야기해 봅시다.

학생 [발표] 차가운 물의 온도는 올라가고 따뜻한 물의 온도는 내려갑니다. 그래서 시간이 지나면 두 물의 온도가 같아집니다.

교사 이유를 설명해 볼까요?

학생 [발표] 따뜻한 물에 있는 열이 차가운 물로 이동하기 때문입니다.

교사 [과제] 그럼, 온도가 다른 두 물질이 접촉하였을 때의 온도 변화를 통해 열이 어떻게 이동하는지 설명해 봅시다.

학생 [발표] 온도가 낮은 물질은 온도가 높아지고 온도가 높은 물질은 온도가 낮아진 것으로 보아 열은 온도가 높은 물질에서 온도가 낮은 물질로 이동합니다.

교사 그러한 원리로 처음 보았던 사진에서의 열의 이동을 설명해 봅시다.

학생 [발표] 손의 열이 컵으로 이동한 것입니다.

교사 [설명] 맞습니다. 컵의 냉기가 이동하여 손이 차가워지는 것이 아니라 얼음이 담긴 컵보다 손의 온도가 높기 때문에 손의 열이 얼음으로 이동하여 차갑다고 느끼는 것입니다.

교수 처방 2 **오개념** 금속이 플라스틱보다 더 차갑다.

고체 물질은 물질의 종류에 따라 열전도율이 달라 같은 장소에 있었음에도 불구하고 다른 고체 물질보다 금속이 더 차갑게 느껴진다. 그래서 학생들은 이를 보고 금속의 온도가 다른 고체 물질보다 더 낮다고 생각한다. 이러한 오개념은 생활 속에서 형성된 것으로 추운 겨울 밖에 세워 둔 자전거 또는 자동차를 만졌을 때, 금속으로 된 부분이 플라스틱으로 된 부분보다 더 차갑게 느껴지는 경험 등을 했었기 때문이다. 이런 경험에 의해 형성된 오개념은 특히 수정하는 데 어려움이 생긴다.

생각해 보기

고체는 물질의 종류에 따라 열전도율이 다르기 때문에 만졌을 때 차가움 또는 뜨거움이 느껴지는 정도가 매우 다르다. 이와 같은 현상으로 인해 '물질 자체의 온도가 다르다'라고 생각하는 오개념이 형성될 수 있다.

이러한 오개념을 바로잡아 주기 위해서 고체 물질별로 열을 어느 정도 빠르게 전달하는지 속도를 비교할 수 있는 실험을 하는 것이 필요하다. 그러나 이 때 중요한 것은 고체 물질별로 열을 가했을 때 위험한 일이 발생할 수 있으므로, 직접 열을 가할 것인가 아니면 간접적으로 열을 가할 것인가에 대한 고민을 해 보는 것이 필요하다. 안전사고에 대한 문제로 인해 간접적으로 열을 가하는 것이 더 나을 수 있으나, 한편으로는 열을 직접 가하지 않으면 열을 전달하는 빠르기를 확실히 관찰하기 어려운 점도 있으므로 이에 대한 사전실험이 반드시 필요하다.

아래 수업 대화는 실험을 통해 열이 전달되는 빠르기가 다름을 설명하는 상황이다.

교사 고체에서 열이 어떻게 이동하는지 발표해 봅시다.

학생 고체는 열을 가하는 부분부터 뜨거워집니다.

학생 고체는 가까운 곳부터 먼 곳으로 열이 이동합니다.

학생 고체에서 열은 고체를 이루고 있는 물질을 따라 이동합니다.

학생 온도가 높은 부분에서 온도가 낮은 부분으로 열이 이동합니다.

교사 [과제] 아주 잘 설명했어요. 구리판과 유리판에 똑같은 열을 가했을 때 어떻게 될까요?

학생 열이 가해지는 부분부터 시작해서 열이 전달되어 전체가 골고루 따뜻해집니다.

교사 그렇다면 똑같은 열을 가했을 때 어느 것이 더 빨리 열을 전달할까요?

학생 구리판이 더 빨리 열을 전달할 것 같습니다.

학생 구리판이나 유리판 모두 같은 속도로 열을 전달할 것 같습니다.

교사 실험을 통해 알아봅시다.

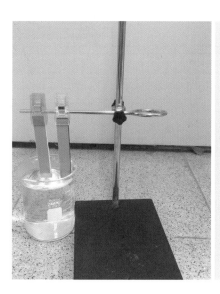

실험 과정

1. 똑같은 크기의 구리판과 유리판을 준비하고 열변색 붙임 딱지를 붙인다.

2. 열변색 붙임 딱지를 붙인 구리판과 유리판을 스탠드에 연결한다.

3. 뜨거운 물을 담은 비커에 구리판과 유리판의 끝부분이 닿도록 높이를 조절한다.

4. 구리판과 유리판에 붙인 열변색 붙임 딱지의 색이 어떻게 변하는지 관찰한다.

교사 어느 쪽이 더 빨리 열을 전달하나요?

학생 구리판입니다.

교사 유리판도 열을 전하긴 하는데 왜 이런 차이가 날까요?

학생 [발표] 금속이 유리보다 열을 더 빠르게 전달하기 때문입니다.

교사 이것으로 알 수 있는 사실은 무엇인가요?

학생 [발표] 같은 고체도 물질에 따라 열을 전달하는 빠르기가 다름을 알 수 있습니다.

교사 [과제] 한겨울에 밖에 세워 둔 자전거가 있습니다. 이 자전거의 손잡이는 플라스틱이고, 몸체는 금속이에요. 금속을 만졌더니 플라스틱을 만졌을 때보다 더 차갑게 느껴집니다. 그 이유는 무엇일까요?

학생 [발표] 금속이 열을 전달하는 속도가 빠르기 때문에 우리 손에 있는 열을 더 빨리 빼앗아 가서 더 차갑게 느껴집니다.

교사 [설명] 그렇습니다. 이렇게 고체의 종류에 따라 서로 다른 특징을 보입니다. 우리가 느끼는 차가움이 다를 뿐 물질 자체의 온도가 다르기 때문이 아닙니다.

 수업 개요

교과	과학	학습 주제	열의 이동 알아보기

학습 목표	온도가 다른 두 물질이 접촉하면 온도가 높은 물질에서 온도가 낮은 물질로 열이 이동함을 추리할 수 있다.

단계	학습 내용 (학습 집단)	교수·학습 활동	PCK 전략			자료(★) 및 유의점(※)
			배움 주춤	배움 전략	배움 원리	
배움 열기	전시 학습 상기(전체) 동기 유발 학습 목표 확인	• 전시 학습 상기하기 – 물질의 온도가 시간이 지남에 따라 어떻게 되는지 이야기하기 • 학습 동기 유발하기 – 얼음이 든 물이 담긴 컵을 들고 있는 사진을 보면서 손의 온도가 어떻게 변할지 생각해 보기 • 공부할 문제 확인하기 – 온도가 다른 두 물질이 접촉하면 어떻게 되 는지 알아봅시다.	선개념	설명	연결 관찰	★ 얼음물이 담긴 컵을 들고 있는 사진
배움 활동	온도가 다른 두 물질이 접촉하였을 때의 온도 측정하기 (모둠)	• 온도가 다른 두 물질이 접촉하였을 때의 온 도 측정하기 – 실험장치를 살펴보며 실험 결과 예상하기 – 음료수 캔 속과 비커 속의 물의 처음 온도를 측정한 다음에 1분마다 온도 측정하기 – 차가운 물과 따뜻한 물의 온도가 어떻게 변 하는지 결과 기록하기	신개념	예상 측정	참여 표현	★ 알코올 온도계 2개, 실, 스탠 드, 링, 집게잡 이, 차가운 물, 따뜻한 물, 빈 음료수 캔, 비커, 면장갑, 초시계
	차가운 물과 따뜻한 물의 온도 변화 이야기하기 (전체)	• 차가운 물과 따뜻한 물의 온도 변화 이야기 하기 – 온도가 다른 두 물질이 접촉하였을 때 각 물 질의 온도 변화 측정 결과 발표하기 – 온도의 변화를 통해 열이 어떻게 이동하는 지 추리하기 • 동기 유발에서 살펴본 그림에서의 열의 이 동 설명하기	오개념	설명 추리 설명	연결 도전	★ 냉기라는 용어 를 설명할 때 과학적으로는 없는 개념이라 는 것을 설명
배움 정리	정리하기 (전체) 차시예고	• 오늘 학습하면서 알게 된 것 이야기하기 – 온도가 다른 두 물질이 접촉하였을 때 각 물 질의 온도 변화 이야기하기 – 열이 이동하는 원리에 대해 설명하기 • 학습하면서 느낀 점 이야기하기 – 실험을 통해 알아낸 열의 이동 모습에 대해 이야기하기 • 차시 예고하기 – 고체에서 열이 이동하는 모습		발표		자기 평가

여기서 잠깐

◉ 성취 기준을 바탕으로 다양하게 수업 설계를 해 보세요.

달도 별인가요?

학습 주제

태양계의 구성원을 알아보고 설명하기

성취 기준

태양계를 구성하는 행성의 특징을 조사할 수 있으며, 지구 에너지의 근원이 태양임을 설명할 수 있다.

오개념 1

달도 별이다.

오개념 2

밤하늘에서 행성과 위성은 볼 수 없다.

5
학년

1
학기

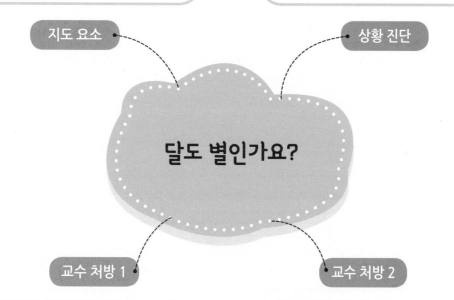

지도 요소

상황 진단

달도 별인가요?

교수 처방 1

교수 처방 2

오개념 1 처방

• 달이 태양의 빛을 반사하여 밝게 보인다는 것을 모형을 통해 탐구하기

• 시각적 자료를 활용한 정보 인식을 통해 오개념 수정하기

오개념 2 처방

• 천문 관측 프로그램을 활용하여 직·간접적인 탐구활동 안내하기

• 인터넷 기반의 사이버 매체를 통해 자료를 찾고 이해하기

- **관련 단원** `5학년 1학기` 2. 태양계와 별 | 태양계에는 어떤 구성원이 있을까요?(2/11차시)
- **학습 주제** 태양계의 구성원을 알아보고 설명하기
- **성취 기준** `핵` 과6071. 태양계를 구성하는 행성의 특징을 조사할 수 있으며, 지구 에너지의 근원이 태양임을 설명할 수 있다.
- **학습 목표** 태양계의 구성원과 태양의 소중함을 설명할 수 있다.

상황 진단

오개념 1	달도 별(항성)이다.
문제 상황 진단	생활에서 밤하늘의 별을 경험해 온 학생들은 항성의 개념을 학습하면서 기존에 인식하던 '밤하늘의 별'과 '과학적 개념의 별' 사이에서 혼란을 겪기도 한다. 이는 밤하늘에서 볼 수 있는 빛을 내는 모든 천체를 항성이라고 이해하여 달을 비롯한 몇몇 행성을 별(항성)이라고 이해하는 오개념을 생성하기도 한다. 그러므로 '별(항성)'의 개념을 명확하게 이해하고 달을 비롯한 밤하늘에서 관찰할 수 있는 행성 및 위성에 대해서 탐구할 수 있는 안내된 학습과정이 필요하다.
오개념 2	밤하늘에서 행성과 위성은 볼 수 없다.
문제 상황 진단	기존에 가지고 있던 오개념을 수정하는 것은 새로운 개념을 학습하는 것보다 어렵다. '별=항성'이라는 개념을 학습하는 과정에서 학생들은 '오개념 1'과 같은 오류를 갖기도 하지만 반대적으로 밤하늘에서 볼 수 있는 것은 오직 항성이라는 또 다른 오개념을 갖기도 한다. 천체 관측 컴퓨터 프로그램 또는 애플리케이션 등을 활용하여 학생 주도적으로 탐구해 보고, 천체를 관찰해 보는 활동을 통해 오개념을 수정하는 과정이 필요하다.

관련 개념

태양계의 구성원

- 항성: 복사를 통하여 스스로 빛을 내는 천체
- 행성: 스스로 빛을 내지 못하고 일정량 이상의 질량과 부피를 가지며 항성 주변을 운행하는 천체

- 위성: 행성의 주변을 운행하는 천체
- 혜성: 긴 타원궤도로 운행하는 천체

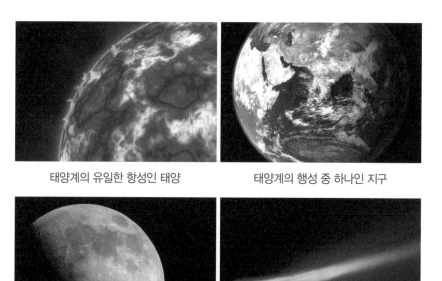

태양계의 유일한 항성인 태양

태양계의 행성 중 하나인 지구

지구의 위성인 달

혜성은 태양 반대편으로 꼬리모양을 보임

태양계의 항성과 행성

 **교수 처방**

교수 처방 1 **오개념** 달도 별(항성)이다.

학생들은 생활 속에서 별과 달을 쉽게 접한다. 밤하늘의 천체에 대한 관심도 높다. 인터넷이 보편화되고, 다양한 책이 출판되어 학생들은 스스로 태양계와 우주에 관련된 정보를 찾아보고 이해한다. 하지만 항성과 행성, 위성이라는 용어는 학생들에게 여전히 낯

설게 느껴진다. 오히려 기존에 알고 있던 '별'이라는 배경지식이 '항성'이라는 새로운 개념과 혼동되어 밤하늘의 반짝이는 것이 모두 '별(항성)'이라는 오개념을 갖기도 한다.

어떻게 학생들이 가지고 있던 배경지식을 수정하고, 수업시간에 관찰할 수 없는 천체의 개념을 효과적으로 학습할 수 있을까?

생각해 보기

'태양계와 별' 단원에서는 태양계를 구성하고 있는 구성원에 대해 알아보고 우주 탐사 계획을 세워 본다. 이 단원을 학습하는 5학년은 Piaget가 이야기한 형식적 조작기에 접어든 학생들로 구체적 조작과 체험을 통해 추상적 사고를 할 수 있도록 하는 학습방법이 효과적이라고 할 수 있다. 하지만 본 단원의 학습내용은 직접 관찰하고 체험하는 데 많은 제약이 따른다.

행성과 위성도 별이라고 생각하는 학생들에게는 직접적인 관찰과 조작을 통해 이해를 도울 수 있는 자료의 구성과 활동에 대한 고민이 필요하다. 직접 관찰활동에서부터 모형과 책, 인터넷 등의 다양한 자료를 활용하여 학생들이 공감각적으로 학습내용을 이해할 수 있도록 한다.

아래 수업 대화는 항성과 행성, 위성의 개념을 이해하는 과정이다.

교사 목성에 있는 우주인에게 편지를 쓰려고 합니다. 편지봉투에 주소는 예를 들어 어떻게 써야할까요?

학생 태양계 – 목성으로 씁니다.

교사 맞습니다. 지구를 비롯하여 태양의 영향력이 미치는 공간과 그 공간에 있는 구성원을 통틀어 '태양계'라고 합니다. 태양계의 구성원에는 무엇이 있을까요?

학생 태양과 지구, 달 등이 있습니다.

교사 [과제] 태양계를 구성하는 천체들을 기준을 정해 나누어 봅시다. 어떻게 나눌 수 있을까요?

학생 [탐구] 지구보다 큰 천체와 작은 천체로 나눌 수 있습니다. / 구성성분에 따라 나눌 수 있습니다. / 고리가 있는 것과 없는 것으로 나눌 수 있습니다. 등

교사 [칭찬] 잘 나누었습니다. 이번엔 스스로 빛을 내는 천체와 그렇지 않은 천체로 분류해 보겠습니다.

학생 태양과 나머지 천체로 나눌 수 있습니다.

교사 맞습니다. 태양과 같이 스스로 빛을 내는 천체를 항성이라고 합니다. 스스로 빛을 내지 못하는 천체 중 항성 주위를 도는 천체를 행성이라고 하고, 행성 주변을 도는 천체를 위성이라고 합니다.

다른 행성에 편지를 써 보며 태양계의 구성원에 대해 생각해 본다.

천체모형에 전구를 비추어 본다.

학생 [과제] 달은 어떤 천체에 해당될까요?

[발표] 위성입니다.

교사 그 까닭은 무엇입니까?

학생 스스로 빛을 내지 못하고, 행성인 지구 주변을 돌고 있기 때문입니다.

교사 그러면 밤하늘에서 달이 밝게 보이는 까닭은 무엇일까요?

학생 태양으로부터 빛을 받기 때문입니다.

교사 그렇습니다. [단서] 모형을 통해 자세히 살펴보겠습니다. 어두운 공간에 모형을 놓았습니다. 모형이 잘 보입니까?

학생 잘 보이지 않습니다.

교사 이제 전구에 불을 켜 보겠습니다. 모형이 잘 보이나요?

학생 잘 보입니다.

교사 이번 학습을 통해서 무엇을 알 수 있었습니까?

학생 [발표] 달은 항성이 아니고 태양빛을 반사하여 밤하늘에서 밝게 관찰할 수 있다는 것을 알았습니다.

교사 그렇습니다. [설명] 달뿐만 아니라 금성, 목성 등의 행성도 태양빛을 반사하여 밤하늘의 별처럼 관찰할 수 있습니다.

교수 처방 2 **오개념** 밤하늘에서 행성과 위성은 볼 수 없다.

태양계의 구성원에 대해 학습하면서 학생들은 천체에 대해 새로운 관점을 가진다. 하지만 일부 학생들은 밤하늘에서 볼 수 있는 천체를 별이라 하기 때문에 밤하늘에서 볼 수 있는 천체는 모두 항성이라는 오개념을 갖기도 한다. 실질적으로 행성과 위성을 관찰하여 개념을 이해하는 것이 가장 분명한 학습이지만 여러 제약이 따른다. 어떻게 밤하늘에서 행성과 위성을 관찰할 수 있다는 것을 이해시킬 수 있을까?

생각해 보기

학생들은 스스로 빛을 내는 천체를 '항성' 또는 '별'이라고 부른다는 것을 학습한다. 그런데 몇몇 학생들은 별은 항성이므로 밤하늘에 보이는 천체를 모두 항성이라고 생각하기도 한다. 밤하늘에서 볼 수 있는 행성, 위성을 직접 관찰하여 학습하는 것이 가장 효과적이겠으나 제약이 따른다. 그러므로 교사는 학습내용과 관련된 모형과 학습자료를 제시하여 개념을 이해시킬 수 있어야 하겠다. 천체 관측 프로그램과 인터넷뿐만 아니라 스마트 교육환경의 다양한 애플리케이션을 활용하는 것도 좋은 학습방법이다.

아래 수업 대화는 밤하늘에서 관찰할 수 있는 행성과 위성에 대해 탐구하는 학습과정이다.

교사 천체 관측 프로그램을 활용하여 밤하늘의 천체를 관찰해 봅시다.

학생 [탐구] 여러 가지 천체들이 있습니다.

모형을 통해 태양계의 모습을 관찰해 본다.

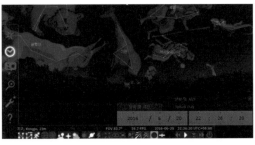

사이버 천문대를 방문하여 여러 천체를 확인해 본다.

교사 먼저 북극성을 찾아보겠습니다. 어떻게 찾을 수 있습니까?

학생 북두칠성이나 카시오페이아자리를 활용해 찾을 수 있습니다.

교사 북두칠성을 찾아 북극성을 찾고 확대해 보겠습니다. 북극성은 어떤 천체인가요?

학생 [탐구] 스스로 빛을 내는 항성입니다.

교사 다른 천체들을 관찰해 봅시다. 밤하늘에서 볼 수 있는 천체는 어떤 것들입니까?

학생 항성이나 은하입니다.

교사 [과제] 그럼 밤하늘에서 항성이나 은하만 볼 수 있을까요? 그렇다면 그 까닭은 무엇입니까?

학생 [발표] 밤하늘은 어둡기 때문에 스스로 빛을 내는 천체만 볼 수 있는 것 같습니다.

교사 여러분은 샛별을 알고 있습니까? 검색을 통해 샛별을 찾아봅시다.

학생 새벽하늘에 밝게 보이는 별입니다.

교사 샛별은 어떤 천체를 부르는 말입니까?

학생 금성입니다.

교사 금성은 어떤 천체입니까?

학생 행성입니다.

교사 그렇습니다. 금성은 항성인 태양 주변을 도는 행성입니다.

교사 그럼 밤하늘에서 항성과 은하만 볼 수 있는 것입니까?

학생 행성도 관찰할 수 있습니다.

교사 행성 및 위성을 관찰할 수 있는 까닭은 무엇일까요?

학생 [탐구] 태양빛을 반사하여 밝게 보이기 때문입니다.

교사 [과제] 그렇습니다. 밤하늘에서 볼 수 있는 행성이나 위성을 천체 관측 프로그램으로 찾아봅시다.

학생 금성, 목성, 토성, 달이 있습니다.

교사 [설명] 밤하늘에서 항성과 은하뿐만 아니라 금성, 목성, 토성과 같은 행성과 지구의 위성인 달을 관찰할 수 있습니다. 뿐만 아니라, 사람이 우주에 띄운 인공위성도 관찰할 수 있답니다.

만화를 통해 항성과 행성에 대해 학습한다.

교과	과학		학습 주제	태양계의 구성원을 알아보고 설명하기
학습 목표	태양계의 구성원을 알아보고 항성과 행성의 차이점을 알 수 있다.			

단계	학습 내용 (학습 집단)	교수·학습 활동	PCK 전략			자료(★) 및 유의점(※)
			배움 주춤	배움 전략	배움 원리	
배움 열기	전시 학습 상기(전체) 동기 유발 학습 목표 확인	• 전시 학습 상기하기 –태양계의 다양한 행성에 대해 이야기하기 –행성 이름 퀴즈하기 • 학습 동기 유발하기 –태양이 없다면 어떤 일이 생길지 생각해 보기 • 공부할 문제 확인하기 –태양계의 구성원에 대해 알아봅시다.	선개념	그림 설명	연결	★그림자료 (행성)
준비 단계	태양계의 구성원 탐구하기 (모둠)	• 태양계의 구성원 탐구하기 –항성의 특징 살펴보기 –행성의 특징 살펴보기 –위성의 특징 살펴보기 –별의 여러 의미에 대해 생각해 보기	신개념	탐구 발표 설명 탐구	관찰 연결	★그림자료 (항성, 행성, 위성)
이해 단계	항성과 행성의 차이점 탐구하기 (모둠)	• 항성과 행성 구분하기 –다른 행성에서 본 지구의 모습 생각해 보기 –별과 행성의 차이점 탐구하기 –지구가 빛이 나는 까닭 생각해 보기 –항성과 행성의 차이 정리하기	오개념 신개념	탐구 대조	관찰	★웹자료(달) 교사 평가
적용 단계	밤하늘에 보이는 천체 탐구하기 (모둠)	• 밤하늘에 보이는 천체 탐구하기 –밤하늘에 볼 수 있는 천체 중 위성이 아닌 천체 탐구하기 –밤하늘에 행성과 위성이 보이는 이유 정리하기	오개념 신개념	탐구 발표	연결	★APP자료 (행성과 별관찰) 동료 평가
배움 정리	정리하기 (전체) 차시예고	• 오늘 학습한 내용에 대해 알아보기 –항성, 행성, 위성의 특징 정리하기 –밤하늘에 보이는 천체 정리하기 • 학습을 하면서 느낀 점 발표하기 • 차시 예고하기 –행성 간의 거리 비교하기		메모		자기 평가

◉ 성취 기준을 바탕으로 다양하게 수업 설계를 해 보세요.

감자와 고구마는 모두 뿌리채소인가요?

문제 상황 제시

한눈에 알아보기

◎ **학습 주제**

식물의 구조와 기능 알기

◎ **성취 기준**

식물의 전체적인 구조를 관찰하여 뿌리, 줄기, 잎, 꽃, 열매를 구별할 수 있다.

◎ **오개념**

감자와 고구마는 모두 뿌리채소이다.

지도 요소

상황 진단

감자와 고구마는 모두 뿌리채소인가요?

교수 처방

◎ **오개념 처방**

• 감자, 고구마와 비슷한 모양의 여러 가지 채소를 준비하여 각 구조를 관찰하기
• 뿌리, 줄기, 잎을 비교하여 부분별 기능을 확인하기

지도 요소

- ○ 관련 단원   `5학년 1학기`   3. 식물의 구조와 기능(2/12차시)
- ○ 학습 주제   식물의 구조와 기능 알기
- ○ 성취 기준   `핵` 과6041. 식물의 전체적인 구조를 관찰하여 뿌리, 줄기, 잎, 꽃, 열매를 구별할 수 있다.
- ○ 학습 목표   식물의 구조와 기능을 알 수 있다.

상황 진단

오개념	감자와 고구마는 모두 뿌리채소이다.
문제 상황 진단	뿌리가 공기 중에 나와 있는 공기뿌리, 다른 식물의 줄기에 달라붙어 지탱하고 있는 붙임뿌리 등 다양한 종류의 뿌리채소가 있다. 모양이 다양하여 언뜻 보기에는 뿌리 같지만 줄기가 뿌리처럼 큰 덩어리 모양을 하고 있는 것들도 있다. 그러므로 학생들이 겉모습만 보고 줄기채소인지, 뿌리채소인지 구분하기가 쉽지 않다.
대표적인 것이 감자와 고구마이다. 둘 다 생긴 모양도 많이 닮았고 집에서 사시사철 쪄서 먹거나 반찬을 만들어 먹는 식품이다. 그러다 보니 둘 다 양분을 저장하고 있는 덩이뿌리로 생각하는 학생들이 많이 있다. 이렇게 감자와 고구마를 비슷한 종류로 인식하고 있어서 모두 뿌리채소일 것이라는 오개념을 갖고 있다.
그러므로 여러 종류의 채소를 눈으로 직접 관찰하면서 뿌리, 줄기, 잎 부분을 확인하는 활동을 통해 뿌리채소인지, 줄기채소인지를 구분해 보는 학습활동이 필요하다.

관련 개념

뿌리들은 다양한 모습을 하고 있어요.

식물이 잘 자랄 수 있는 것은 모두 땅속에 있는 뿌리 덕분이다. 식물은 동물처럼 먹을 것을 찾아 돌아다닐 수 없기 때문에 한 번 싹을 틔우고 뿌리내린 자리에서 평생 살면서 흙 속에서 필요한 물과 무기 양분을 모두 얻어야 한다.

땅속을 흐르는 물이나 하늘에서 내리는 빗물은 식물이 자라는 데 꼭 필요한 존재이다. 무기 양분은 에너지를 낼 수는 없지만 식물이 자랄 때 꼭 필요한 양분이다. 나뭇잎이 떨어지거나 동물이나 식물이 죽어서 썩으면 식물에게 아주 유용한 무기 양분이 된다. 이

물과 무기 양분을 빨아들여 줄기와 잎으로 보내는 일을 하는 것이 바로 뿌리이다.

당근, 고구마, 무 등은 열매가 아니라 뿌리이다. 이런 뿌리를 저장뿌리라고 하는데, 뿌리에 영양분을 저장해 두기 때문에 다른 식물에 비해 훨씬 굵어진 것이다. 뿌리의 종류에는 저장뿌리 말고도 기생뿌리, 물뿌리, 부착뿌리, 버팀뿌리, 호흡뿌리 등 여러 종류가 있다.

감자는 뿌리일까? 줄기일까?

우리가 자주 먹는 감자는 고구마처럼 뿌리라고 생각하기 쉽다. 하지만 놀랍게도 감자는 뿌리가 아니라 줄기이다. 땅속 줄기가 자라서 굵어져 감자가 된 것이다. 이런 줄기를 덩이줄기라고 한다. 감자를 햇볕에 오래 두면 초록색으로 변한다. 이것은 감자가 햇볕을 받아 광합성 작용을 하여 색이 변한 것이기 때문에 감자가 줄기라는 증거이다.

 교수 처방

교수 처방　오개념　**감자와 고구마는 모두 뿌리채소이다.**

식물의 구조를 배우는 과정에서 일반적으로 땅속에 있는 부분은 뿌리이고 땅 위에서 잎과 연결되는 중간부분은 줄기, 그리고 가장 끝부분에 얇고 넓적한 부분은 잎이라고 인식하고 있기 때문에, 둥근 덩어리 모양이 땅속에 있으면 뿌리라는 오개념을 많은 학생들이 가지고 있다. 하지만 예외가 있다는 것을 알기 위하여 가장 친근한 감자와 고구마를 중심으로 서로 비슷한 모양을 한 채소들을 함께 비교 관찰하면서 오개념을 해결하는 것이 필요하다.

학생들이 읽는 책이나 인터넷에서도 땅속의 덩어리 부분이 있는 채소를 뿌리채소로 분류한 것을 가끔 볼 수 있다. 또한 참외나 토마토도 열매채소로 분류하면서 또 과일로 분류하기도 한다. 이렇게 분류가 명확하지 않은 정보 때문에 학생들은 더욱 오개념을 갖게 된다.

그러므로 땅속에서 식물체를 지탱하고 무기물이나 물을 흡수하여 필요한 곳으로 이동시키고 양분을 저장하는 역할을 하는 뿌리, 주로 땅 위에 있으며 잎과 꽃을 받치는 역할을 하는 줄기, 햇빛과 물, 이산화탄소를 이용하여 광합성 작용을 하는 잎 등 실제로 식물을 눈앞에 놓고 그 역할을 하는 부분이 어디인지 확인하는 것이 필요하다. 또한 비슷한 종류의 식물이나 채소를 함께 놓아 보고, 만지면서 서로 비교 관찰하는 경험을 통해 올바른 개념을 가질 수 있도록 한다.

아래 수업 대화는 감자와 고구마가 모두 뿌리채소라는 오개념을 해결하기 위해 식물을 관찰하며 학습하는 상황이다.

교사 여러분 앞에 어떤 채소들이 있나요?

학생 고구마, 무, 감자, 양파, 마늘이 있습니다.

교사 이 채소들의 공통점은 무엇인가요?

학생 땅속에서 자란 뿌리를 먹습니다. / 둥근 모양을 하고 있습니다.

교사 여러분은 다 뿌리라고 생각하는군요. [과제] 그럼, 뿌리, 줄기, 잎이 어느 부분인지 확인하면서 구분해 볼까요? 고구마부터 알아봅시다. 고구마는 뿌리채소일까요? 줄기채소일까요?

학생 뿌리채소입니다. / 줄기채소입니다.

교사 [설명] 혼동되지요? 고구마는 땅에 심으면 고구마 몸에서 싹이 나는 것이 아니라 땅을 기어다니는 줄기가 먼저 나오고, 그 줄기에서 잎이 나옵니다. 즉, 우리가 먹는 고구마 덩어리는 뿌리지요. 고구마를 잘 관찰해 보세요. 뭐가 붙어 있지요?

학생 작은(가는) 뿌리가 많이 붙어 있어요.

교사 [설명] 고구마의 몸에는 가는 뿌리가 많이 붙어 있지요? 고구마는 뿌리채소이고, 뿌리채소의 특징은 땅에 심으면 줄기가 돋는다는 것, 가는 뿌리들이 몸에 많다는 것입니다. 이와는 다르게 줄기채소의 몸에는 가는 뿌리들이 나 있지 않은 것이 특징입니다. 이렇게 고구마는 뿌리채 먹고, 줄기는 껍질을 벗겨 양념하여 반찬으로 먹기도 합니다. 고구마와 같은 뿌리채소에는 무엇이 있는지 조사해 봅시다.

학생 무가 있습니다.

교사 맞아요. 무도 뿌리채소로 분류합니다. 무도 우리가 흔히 먹는 부분 위로 줄기가 돋지요? 줄기도 갖은 양념을 해서 김치로 담가 먹습니다.

뿌리에 양분을 저장하는 고구마

뿌리에 양분을 저장하는 무

5
학년

1
학기

교사 다음은 양파를 살펴봅시다. 양파는 뿌리채소일까요? 줄기채소일까요?

학생 뿌리채소입니다. / 줄기채소입니다.

교사 [실마리] 여러분, 지난주에 양파 실험을 했지요? 물이 담긴 비커에 뿌리가 있는 양파와 뿌리를 잘라 버린 양파를 담가 창가에 놓았을 때, 어떻게 되었던가요?

학생 뿌리가 없는 양파는 시들고, 뿌리가 있는 것은 싱싱했습니다.

교사 그 때 물을 흡수했던 뿌리를 기억하겠네요. 지금 이 둥근 양파는 어느 부분일까요?

학생 줄기 부분입니다. / 그러니까 줄기채소입니다.

교사 그러면, 마늘은 무슨 채소라고 할 수 있나요?

학생 뿌리채소입니다. / 줄기채소입니다.

교사 [설명] 여기 있는 채소 중에 마늘과 가장 닮은 것이 무엇인가요?

학생 양파와 닮았습니다.

교사 맞아요. 마늘은 양파처럼 밑에 뿌리가 나 있지요? 마늘, 양파 둘 다 뿌리 부분을 자르면 시드는 줄기채소입니다.

줄기에 양분을 저장하는 양파

줄기에 양분을 저장하는 마늘

교사 이번에는 감자를 살펴봅시다. 감자는 무슨 채소라고 할 수 있나요?

학생 뿌리채소입니다. / 줄기채소입니다.

교사 [질문] 감자에서 눈을 한 번 찾아보세요. 눈이 있나요?

학생 있습니다.

교사 [설명] 혹시 감자를 오래 두었을 때 싹이 난 것을 본 적이 있나요? 감자는 뿌리가 아니고 줄기이기 때문에 줄기가 나왔던 고구마와는 다르게 바로 싹이 나오는 것입니다. 또한 감자는 햇빛을 받으면 광합성 작용이 일어나 녹색으로 바뀌는 현상을 관찰할 수 있습니다. 광합성을 할 수 없는 뿌리가 아니고 줄기라는 것입니다. 이렇듯 감자는 땅속에 있는 줄기에 양분을 저장하고 있는 것이고, 다른 줄기(감자)들과 줄줄이 엮여 있답니다. 그래서 감자 몸에는 뿌리가 같이 나 있지 않고, 줄기 끝부분에 뿌리가 있답니다. 감자는 뿌리채소? 줄기채소?

학생 감자는 줄기채소입니다.

교사 [설명] 맞아요. 감자는 뿌리가 아니라 줄기채소입니다.

줄기에 양분을 저장하는 감자

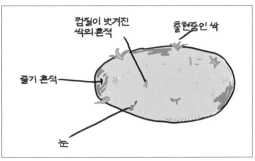

덩이줄기의 내부 구조

교사 지금까지 살펴본 것처럼 어떤 것이 뿌리인지 줄기인지 구별이 어려운 것처럼 특별한 모양을 가진 식물들이 있습니다.

수업 개요

교과	과학		학습 주제	식물의 구조와 기능 알기			
학습 목표	식물의 구조와 기능을 설명할 수 있다.						

단계	학습 내용 (학습 집단)	교수・학습 활동	PCK 전략			자료(★) 및 유의점(※)
			배움 주춤	배움 전략	배움 원리	
배움 열기	동기 유발 학습 목표 확인	• 학습 동기 유발하기 −땅속에서 캐내어 먹는 식물들을 떠올려 보기 • 공부할 문제 확인하기 −식물의 구조와 기능을 설명해 봅시다.		발표 설명		★사진자료
배움 활동	식물의 구조 관찰 하기 (모둠)	• 식물의 구조 관찰 및 그리기 −식물의 생김새를 관찰하여 그림으로 나타 내기 −식물의 구조를 분석하여 명칭 적기 −식물의 뿌리와 줄기 구분하기			관찰 연결	★다양한 식물, 돋보기
	식물의 구조 구분하기 (모둠)	• 식물의 구조 구분하기 −무, 양파, 마늘, 감자, 고구마를 관찰하여 구 조와 기능 구분하기 −관찰한 내용 발표하기	오개념 신개념	관찰 연결	격려 수용	★고구마, 무, 양파, 마늘, 감자
	식물의 구조 파악하기 (전체)	• 관찰한 채소의 구조 파악하기 −사진자료를 보며 식물의 구조와 기능 구체 화하기 −뿌리채소와 줄기채소 구분하기		격려 수용		★사진자료
배움 정리	정리하기 (전체) 차시예고	• 오늘 학습하면서 알게 된 것 이야기하기 −식물의 구조와 기능에 대해 알게 된 것 발표 하기 • 학습하면서 느낀 점 이야기하기 −식물의 구조와 기능에 대해 발표하기 • 차시 예고하기 −꽃의 생김새와 하는 일에 대하여 알아보기	발표 설명			자기 평가

5 학년 1 학기

5 설탕물 층 쌓기 실험, 어떻게 해야 하나요?

◎ 학습 주제

- 재미있는 설탕물 층 만들기
- 여러 가지 물질을 물에 넣어 보기

◎ 성취 기준

용질의 종류와 양에 따라 녹는 양이 다르며, 일정한 양의 물에 녹는 용질의 양에는 한계가 있음을 설명할 수 있다.

◎ 난기능

설탕물 층 쌓기 실험이 잘 되지 않는다.

◎ 오개념

물에 녹는 물질은 다른 액체에도 녹는다.

5
학년

1
학기

지도 요소 - - - - - - - - 상황 진단

설탕물 층 쌓기 실험,
어떻게 해야 하나요?

교수 처방 1 - - - - - - - - 교수 처방 2

◎ 난기능 처방

- 넣는 설탕량의 차이를 크게 하며, 백설탕이 아닌, 색이 있는 설탕을 활용하기
- 밑판에 비커 자리가 적힌 종이를 출력하여 섞이는 것을 방지하기
- 시험관을 기울이고, 스포이트로 천천히 흐르도록 넣기

◎ 오개념 처방

- 소금, 분말주스, 나프탈렌을 물에 녹이는 실험을 진행하고 결과를 기록하기
- 소금, 분말주스, 나프탈렌을 아세톤에 녹이는 실험을 진행하고 결과를 비교하기

- ⚙ 관련 단원　5학년 1학기　4. 용해와 용액 ㅣ (1) 재미있는 설탕물 층 만들기(1/11차시)
- ⚙ 학습 주제　재미있는 설탕물 층 만들기로, 용액과 용액에 관련된 현상에 관심 갖기
- ⚙ 성취 기준　핵 과6022. 용질의 종류와 양에 따라 녹는 양이 다르며, 일정한 양의 물에 녹는 용질의 양에는 한계가 있음을 설명할 수 있다.
- ⚙ 학습 목표　설탕물 층 쌓기를 통하여 용해와 용액에 관련된 현상에 관심을 가진다.

 상황 진단

단기능	설탕물 층 쌓기 실험이 잘 되지 않는다.
문제 상황 진단	설탕물 층 쌓기 실험은 5학년 1학기 4단원 용해와 용액 단원의 1차시 활동으로 이 단원에서 학습하게 될 현상과 개념, 실험도구에 친숙해지게 하기 위하여 편성되어 있는 실험이다. 실험이 성공적으로 되었을 경우 학생들은 무지갯빛 설탕물 층을 만듦으로써 흥미를 가지고 이어지는 탐구활동에 참여할 수 있을 것이다. 하지만, 설탕물 층 쌓기 실험은 실험과정에 주의해야 할 요소가 많으며, 이를 충분히 고려하지 않으면 실패율이 높다. 이런 경우 용해와 용액 단원에 대한 학생의 흥미와 동기 유발은 어렵게 될 것이다. 따라서 학생들이 성공경험을 통해 본 단원의 학습 활동에 내실 있게 참여하도록 사전에 실험 내용을 면밀히 분석 · 적용하여야 한다.
오개념	물에 녹는 물질은 다른 액체에도 녹는다.
문제 상황 진단	용해와 용액은 초등학교 5학년에서 처음 나오는 단원이지만, 학생들은 관련된 현상을 생활 속에서 관찰하고, 활용한 경험이 많다. 이러한 경험들로 인해 학생들은 학습내용을 이미 알고 있다고 생각하지만, 실제로 물 이외의 다른 액체에 다른 물질을 녹여 본 경험은 많지 않다. 따라서 물에 여러 가지 물질을 녹이는 실험에, 아세톤에 같은 물질들을 녹여 보는 실험을 추가하여 그 결과를 비교해 보도록 할 필요가 있다.

⚙ 관련 개념

용해와 용액 관련 이론

용어의 정의
- 용해: 소금이나 설탕이 물에 녹는 것처럼 어떤 물질이 다른 물질에 녹아 골고루 섞이는 현상

- 용질: 소금이나 설탕처럼 다른 물질에 녹는 물질
- 용매: 물처럼 다른 물질을 녹이는 물질
- 용액: 소금이나 설탕물처럼 두 가지 이상의 물질이 골고루 섞여 있는 물질. 용질을 용매에 녹였을 때, 떠 있는 것이 없어야 하고, 가라앉아 있는 것도 없어야 한다.

용액의 여러 가지 상태

- 용액의 정의에서 서로 섞이는 물질의 상태와 개수는 상관이 없다. 즉, 서로 섞이는 물질은 각각 고체, 액체, 기체일 수도 있으며, 서로 섞이고 난 후의 상태도 고체, 액체, 기체일 수 있다.
- 고체 + 고체: 강철(철 + 탄소)
- 액체 + 기체: 탄산음료(물 + 이산화탄소)
- 액체 + 액체: 식초(물 + 아세트산)
- 기체 + 기체: 공기(질소 + 산소 + 이산화탄소 등)

용액인 것, 용액이 아닌 것

용액인 것	락스	식초	구강청결제	꿀물
용액이 아닌 것	율무차	된장국	코코아	미숫가루

 **교수 처방**

교수 처방 1 난기능 설탕물 층 쌓기 실험이 잘 되지 않는다.

　실험활동이 많이 편성되어 있는 '용해와 용액' 단원. 학생들의 흥미를 유발하기 위해 무지개 설탕물 층 쌓기 실험을 준비하였다. 교과서에 제시된 대로 설탕을 1순가락, 20순가락, 40순가락을 넣고 모둠별로 3명의 학생이 각각 젓고 나서 빨간색, 노란색, 파란색 색소를 넣게 하였다. "자, 이제 진한 용액부터 시험관에 옮겨 봅시다."라고 이야기하자 "선생님, 어떤 용액이 진한 용액이었는지 잊어 버렸어요."라는 대답이 들려왔다. 과학실에 오래 있었던 설탕과 색소를 섞은 용액을 위험하게 맛으로 구별할 수 없어, 결국은 실험을 다시 진행하는 수밖에 없었다.

생각해 보기

　고학년이 될수록 실험활동이 많아지며, 실험의 난이도 또한 증가한다. 교사가 사전에 실험 내용에 대하여 명확히 숙지하고, 잘 준비하지 않으면 실험이 제대로 이루어지지 않음은 물론, 안전사고의 위험까지 발생할 수 있다. 반대로 교사가 실험 준비를 잘 하고, 유의해야 할 요소를 잘 안내한다면 학생들이 어렵지 않게 실험을 진행할 수 있을 것이다.

　설탕물 층 쌓기 실험의 경우 실패할 수 있는 요소가 많이 존재한다. 설탕의 양을 못 맞춰서 층이 안 만들어지거나, 색소를 넣다가 섞여 버리는 수가 있다. 또 설탕을 넣는 양의 차이가 크지 않거나, 층을 쌓을 때 조금만 충격이 가해져도 금방 층이 사라지고 섞인다.

　따라서 실험에 실패할 수 있는 요소를 미연에 방지할 수 있는 도구를 준비하거나, 각 과정별 구체적인 유의점을 안내하여 실험 성공률을 높이는 것이 필요하다.

교사 설탕물 층 쌓기 실험을 해 봅시다. 이 실험은 3개의 비커에 각각 다른 농도의 설탕물을 만들고, 섞이지 않도록 시험관에 잘 넣어 층을 만드는 실험입니다. 실험이 잘 되려면 3개의 비커에 넣는 설탕의 양을 어떻게 하면 좋을까요?

학생 서로 차이가 커야 합니다.

학생 [추론] 한 개의 비커는 아주 조금 넣어야 하고, 한 개의 비커는 매우 많이 넣어야 하고, 다른 한 개는 중간 정도 넣으면 좋을 것 같습니다.

교사 잘 이야기했습니다. 실험 중에 유의할 점에 대하여 알아봅시다. 설탕이 물에 녹으면 설탕물의 색깔은 어떨까요?

학생 투명합니다.

교사 여러분이 각자 설탕을 넣고 저은 후 아무렇게나 책상에 놓을 경우 어떤 문제가 생길까요?

학생 어떤 비커가 더 많은 설탕을 넣은 것인지 알아보기 어렵습니다.

교사 그렇다면 이 문제를 어떻게 해결할 수 있을까요?

학생 [발표] 비커에 미리 표시를 해 두면 좋을 것 같습니다.

교사 비커에 표시를 하거나, 선생님이 준비한 받침대를 활용하여 구분할 수 있도록 주의하기 바랍니다.

교사 설탕물 층을 쌓을 때, 용액이 흔들리거나 충격이 가해지면 층이 만들어지지 않고 섞일 수 있습니다. 용액을 최대한 흔들리지 않게 넣으려면 어떻게 해야 할까요?

학생 시험관을 고정시켜 놓고 넣습니다.

교사 또, 다른 방법은 없을까요? 준비되어 있는 물건들을 보고 생각해 봅시다.

학생 [추론] 스포이트를 활용하면 흔들리지 않게 넣을 수 있을 것 같습니다.

교사 좋습니다. 스포이트를 활용해서 넣는 방법을 조금만 더 보충해 볼 수 있을까요?

학생 [발표] 스포이트로 시험관의 벽면에 용액을 넣어 조금씩 흘러내려 가도록 하면 됩니다.

교사 [과제] 네, 맞습니다. 지금까지 이야기한 내용을 잘 생각하여 재미있게 실험을 시작해 봅시다.

아래 표는 교과서에 제시되어 있는 실험 순서와 각 실험 단계에서 필요한 실험 전략 및 유의점을 나타낸 것이다.

실험 순서	실험 전략 & 유의점
 1. 비커 세 개에 물을 각각 100㎖씩 담고 설탕을 1, 20, 40숟가락씩 넣는다.	• 설탕을 넣을 때, 세 개의 비커에 차이가 많이 나도록 넣는다. 첫 번째는 한 숟가락, 세 번째 비커는 포화상태가 될 정도로 넣고, 두 번째 비커에 중간 정도의 양을 넣어 주면 좋다. • 약숟가락으로 설탕을 넣을 때, 숟가락의 높이에 맞게 설탕을 깎지 않아도 된다.

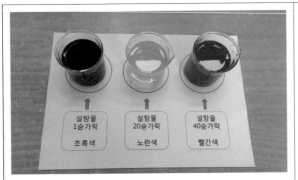

2. 각 설탕물에 색깔이 다른 식용 색소를 넣고 유리 막대로 잘 젓는다.

- 백설탕을 넣을 경우, 농도에 따라 색깔차이가 크지 않으므로, 젓는 과정에서 비커가 섞일 수 있다. 비커에 라벨을 붙이거나, 그림과 같이 미리 A4지로 밑판을 출력해 주고 그 위에 놓게 하면 섞일 확률이 줄어든다.
- 백설탕이 아닌 황설탕이나 흑설탕을 사용해도 좋다.
※ 황설탕이나 흑설탕을 사용해도 색소의 색을 충분히 구별할 수 있다.

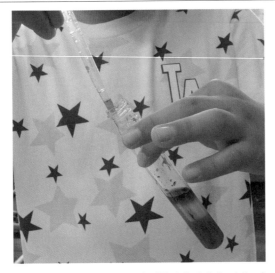

3. 설탕을 많이 넣은 설탕물부터 시험관에 차례대로 넣는다.

- 설탕을 가장 많이 넣은 설탕물부터 차례대로 시험관에 넣는다.
- 시험관을 45도 정도로 기울이고, 스포이트로 시험관 벽을 따라 천천히 흐르도록 넣는다.
- 용액 순서를 잘못 넣거나 섞인 모둠은 당황하지 말고, 시험관의 용액을 버린 후 비커에 남아 있는 용액으로 다시 넣을 수 있도록 한다.

4. 층층이 쌓인 설탕물을 관찰하고, 시험관을 흔들어 본다.

- 설탕물 층이 잘 쌓인 상태에서 용액을 관찰하는 동안 흔들려서 섞이는 일이 없도록 주의한다.
- 시험관을 흔들어서 변화를 관찰할 때에는, 위아래로 흔드는 것이 효과가 좋으며, 유리 막대로 저어 주어도 좋다.

전략 요약

1. 설탕물을 만들 때 세 설탕물의 차이를 가장 크게 한다.(한 숟가락, 중간, 포화용액)
2. 비커가 섞이지 않도록 미리 라벨을 붙이거나 A4용지에 준비된 밑판을 출력하여 활용한다.
3. 층을 쌓을 때는 시험관을 기울이고 스포이트로 벽면을 따라 흘러내리도록 넣는다.

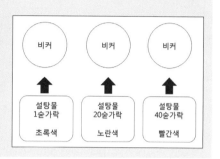

교수 처방 2 오개념 물에 녹는 물질은 다른 액체에도 녹는다.

2007 개정 교육과정의 '용해와 용액' 단원에서는 물과 아세톤에 '설탕', '시트르산', '탄산칼슘', '나프탈렌'의 4가지 용질을 녹여 보고 각각의 변화를 관찰하는 내용이 있었다. 무려 8가지 종류의 변화를 관찰하고 암기해야 하는 부담이 있었던 해당 실험은 2009 개정 교육과정이 적용되면서 사라졌고, 단원 전체에서 '물' 이외의 용매는 다루지 않게 되었다. 하지만 오개념 형성을 방지하기 위해서 용매에 따라 각각의 용질이 녹거나 녹지 않을 수 있다는 내용을 간단하게 다루어 줄 필요가 있다.

생각해 보기

5학년 학생들은 용매와 용질이라는 단어는 몰라도 어떤 물질이 물에 녹고, 녹지 않는다는 것은 잘 이해하고 있다. 물에 녹거나 녹지 않는 물질들을 접할 기회는 많이 있었지만, 물 이외의 다른 용매에 물질이 녹거나 녹지 않는 것을 본 경험은 거의 없다는 문제점이 있다.

2009 개정 교육과정에서는 교과서의 실험에서 물 이외의 용매를 사용하는 실험은 제외되어 있다. 이전 교육과정과 같이 여러 용매에 많은 종류의 용질을 모두 넣어 보면서 그 변화를 정리하고 익히는 것은 현 교육과정에서 지향하는 바가 아닐 것이다.

따라서 교사의 수업 준비 부담과 학생들의 과한 학습 부담을 경감하면서 용매에 따라 녹는 용질이 다를 수도 있다는 것을 이해하도록 교과서에 있는 실험에서 한 가지의 용매(아세톤)만 추가하여 실험하는 방법을 제시한다.

아래 내용과 같이 교과서에 제시되어 있는 실험을 진행한다.

> **준비물**
> 비커 세 개, 페트리 접시 세 개, 약숟가락 세 개, 유리막대 세 개, 물, 소금, 분말주스, 나프탈렌
>
> **실험 절차**
> 1. 비커 세 개에 물을 20ml씩 담는다.
> 2. 각 비커에 세 가지 가루 물질을 각각 한 숟가락씩 넣고 유리막대로 저으며 어떻게 되는지 관찰한다.
> 3. 각 비커에 같은 가루 물질을 세 숟가락씩 더 넣고 유리막대로 저으며 어떻게 되는지 관찰한다.
>
> **실험 결과**
> 소금은 처음에 녹다가 가라앉는 것이 생긴다. 분말주스는 잘 녹으며, 나프탈렌은 전혀 녹지 않는다.

교사 지금까지 소금, 분말주스, 나프탈렌을 각각 물에 녹여 보는 실험을 하였습니다. 이제 다시 한 번 실험을 해 보겠습니다.

(아세톤이 들어 있는 비커를 보여 준다.)

[발문] (아세톤이 들어 있는) 이 비커에 소금을 넣으면 어떻게 될까요?

학생 [추론] 소금이 물에 녹아서 소금물이 됩니다.

교사 [딴청] 한번 확인해 보겠습니다.

(소금을 아세톤에 넣었지만 전혀 녹지 않는다.)

학생 이상해요. 소금이 녹지 않아요.

교사 [토의] 소금이 왜 녹지 않을까요? 친구들과 함께 의논해 보세요.

(토의 진행)

교사 자, 한번 생각해 보았나요? 왜 소금이 녹지 않았을까요?

학생 [추론] 비커에 들어 있는 것이 물이 아닌 것 같습니다.

교사 네, 맞습니다. 선생님이 들고 있는 비커 안의 액체는 물처럼 보이지만 물이 아닙니다. 여러분이나 어머니께서 손톱에 바른 매니큐어를 지울 때 쓰는 아세톤이라는 액체가 담겨 있습니다. 이제, 아세톤이 들어 있는 비커에 분말가루와 나프탈렌도 넣어 보고 관찰해 봅시다.

학생 [조작] (실험 활동 수행)

교사 실험 결과가 어떻게 나오나요?

학생 [발표] 분말가루는 조금 녹고, 나프탈렌은 다 녹았습니다.

교사 [설명] 네, 그렇습니다. 아세톤이라는 액체는 물과 달리 소금은 녹이지 않고, 나프탈렌은 녹이는 성질을 가지고 있습니다. 용해와 용액을 공부할 때, 물만 용매라고 생각하기 쉬운데, 물 이외에 아세톤 등 다양한 용매가 있으며, 용매에 따라서 녹는 용질이 다르다는 것도 꼭 기억해 두세요.

과정 요약

1. 교과서에 있는 실험(소금, 분말주스, 나프탈렌을 물에 넣고 변화를 관찰하기)을 진행한다.
2. 물처럼 보이는 아세톤에 소금이 녹지 않는 현상을 보여 주며, 호기심을 유발한다.
3. 아세톤에 소금이 녹지 않는 원인을 생각하게 한다.
4. 비커에 들어 있던 용매가 물이 아닌 아세톤이라는 것을 밝힌 후, 분말가루와 나프탈렌을 넣고 녹는지 결과를 관찰한다.
5. 용매에 따라서 녹는 용질이 다르다는 것을 정리한다.

수업 개요

교과	과학		학습 주제	재미있는 설탕물 층 만들기
학습 목표	설탕물 층 쌓기를 통하여 용해와 용액에 관련된 현상에 관심을 가진다.			

단계	학습 내용 (학습 집단)	교수·학습 활동	PCK 전략			자료(★) 및 유의점(※)
			배움 주춤	배움 전략	배움 원리	
배움 열기	동기 유발	• 학습 동기 유발하기 –음료수를 먹어 본 경험 이야기하기 –설탕이 들어 있는 정도가 다른 두 음료수를 하나의 컵에 넣으면 어떻게 될지 이야기하기	선개념	발표	연결 격려 수용	★여러 가지 음료수 사진 ※다양한 대답을 모두 수용하고 아직 결론을 내리지 않는다.
	학습 목표 확인	• 공부할 문제 확인하기 –설탕물 층 쌓기를 해 봅시다.				
배움 활동	실험 설계하기 (전체)	• 설탕물 층 쌓기 실험 절차 생각하기 –필요한 준비물 생각하기 –설탕물 층을 만드는 방법 생각하기 • 설탕물 층 쌓기 실험 유의점 알아보기 –적정한 설탕의 양 알아보기 –비커가 섞이지 않게 하는 방법 고민하기 –설탕물 층을 섞이지 않게 쌓는 법 생각하기	난기능	토의	추론	★다양한 사진, 영상자료 ※지난 시간 학습한 내용을 상기하여 모습의 차이가 생기는 원인을 생각하게 한다.
	설탕물 층 만들기 (모둠)	• 설탕물 층 만들기 –비커에 물을 담고 진하기가 다른 세 종류의 설탕물 만들기 –각 설탕물을 잘 분류한 후 색깔이 다른 식용 색소를 넣고 유리막대로 젓기 –스포이트를 사용하여 가장 진한 설탕물부터 시험관에 넣기	난기능	조작 탐구		★비커, 페트리접시, 약숟가락, 유리막대, 스포이트, 시험관, 고무마개, 물, 설탕, 식용 색소 세 가지
	설탕물 층 관찰하기 (전체)	• 실험 결과 발표하기 –만들어진 설탕물 층이 들어 있는 시험관 보여 주기 –설탕물 층 만들기 노하우 발표하기 • 설탕물 층 흔들기 –설탕물 층을 흔들면 어떻게 될지 예상하기 –설탕물 층을 흔들며 변화를 관찰하기		발표 조작 추론		★완성된 설탕물 층 시험관 ※설탕물 층을 흔들 때 입구를 꼭 막고 천천히 흔들며 변화를 관찰한다.

단계	학습 내용 (학습 집단)	교수·학습 활동	PCK 전략			자료(★) 및 유의점(※)
			배움 주춤	배움 전략	배움 원리	

배움
정리
	정리하기
	(전체)
		• 오늘 학습하면서 알게 된 것 이야기하기
		−설탕물의 농도를 다르게 하면 층을 만들 수
		  있다는 것을 알게 됨
		
		• 학습하면서 느낀 점 이야기하기
		−실험을 할 때, 미리 유의할 점을 생각해 보
		  는 것이 중요하다는 것을 느낌
				메모		자기 평가

	차시예고	• 차시 예고하기 −여러 가지 물질을 물에 넣으면 어떻게 되는 지 알아보기				

5학년 1학기

육풍은 바다에서 육지로 불어오는 바람이죠?

◉ 학습 주제

• 습도의 의미를 알고 습도계로 습도 측정하기
  (오개념 1)
• 바닷가에서 낮과 밤의 공기의 이동 알기(오개념 2)

◉ 성취 기준

• 건습구 습도계로 습도를 측정하기 활동을 수행하고, 습도가 우리 생활에 많은 영향을 주고 있음을 설명할 수 있다(오개념 1).
• 바람이 부는 원인을 알고, 바닷가에서 낮과 밤에 부는 바람의 방향 변화를 이해할 수 있다(오개념 2).

5
학년
2
학기

◉ 오개념 1

건구와 습구의 온도 차가 크면 습도도 높다.

◉ 오개념 2

육풍은 바다에서 육지로 불어오는 바람이다.

지도 요소 ●┄┄┄

┄┄┄● 상황 진단

**육풍은
바다에서 육지로
불어오는 바람이죠?**

교수 처방 1

교수 처방 2

◉ 오개념 1 처방

• 맑은 날과 흐린 날에 각각 건구와 습구
  온도를 측정하기
• 날씨에 따라 건구와 습구 온도가 어떻게
  변하는지를 살펴보고 건구와 습구의 온
  도 차와 습도와의 관계를 생각해 보기

◉ 오개념 2 처방

• 바람의 방향을 말하는 방법 알기
• 바람의 방향을 말하듯 육지에서 바다로
  부는 바람을 육풍이라고 하고 바다에서
  육지로 부는 바람을 해풍이라고 함을 설
  명하기

- **관련 단원** `5학년 2학기` 1. 날씨와 우리 생활 | (2) 과학탐구(2/12차시)
- **학습 주제** 습도의 의미를 알고 측정하기
- **성취 기준** `핵` 과6031. 건습구 습도계로 습도 측정하기 활동을 수행하고, 습도가 우리 생활에 많은 영향을 주고 있음을 설명할 수 있다.
- **학습 목표**
  - 습도의 의미를 이해하고, 건습구 습도계로 습도를 측정할 수 있다.
  - 습도가 우리 생활에 미치는 영향을 설명할 수 있다.

 상황 진단

오개념 1	건구와 습구의 온도 차가 크면 습도도 높다.
문제 상황 진단	공기 중에 포함된 수증기량인 습도는 우리 생활과 매우 밀접하게 연관되어 있음에도 불구하고 학생들은 그 개념에 대한 이해부터 측정까지 많은 어려움을 느낀다. 특히 건구와 습구의 온도 차가 왜 생기는지 이해하지 못하여 '건구와 습구의 온도 차가 크면 습도도 높다'고 생각하는 오개념을 갖기 쉽다. 즉, 온도 차이가 많이 나면 습도도 같이 높다고 생각하는 것이다. 이러한 상황에서 학생들의 오개념을 없애기 위해 날씨가 맑은 날과 비 오는 날(흐린 날)에 한 번씩, 총 두 번의 실험을 하여 건구와 습구의 온도 차와 습도의 관계를 보다 분명히 이해할 수 있도록 하는 것이 필요하다.
오개념 2	육풍은 바다에서 육지로 불어오는 바람이다.
문제 상황 진단	바람이 부는 방향으로 이름을 붙일지, 불어오는 쪽으로 이름을 붙일지 혼란스러워서 바람의 명칭을 말할 때 오류를 많이 범한다. 예를 들어, 바람이 동쪽에서 서쪽으로 분다면, 동쪽에서 바람이 불어와서 동풍인지, 서쪽으로 바람이 가기 때문에 서풍인지 혼란에 빠진다는 말이다. 이러한 혼란스러움은 육풍과 해풍의 용어 사용에서도 나타난다. 문제를 해결하기 위해 바람의 방향을 말하는 방법과 연관 지어 육풍과 해풍의 개념을 이해하도록 하는 것이 필요하다.

관련 개념

습도란?

빨래를 한 후 옷을 널면 축축하게 젖어 있던 옷이 마르면 보송보송해진다. 이 때 옷에 있던 물은 어디로 갔을까? 아예 사라진 걸까, 아니면 우리가 볼 수 없는 모습으로 바뀐

걸까?

　물은 모습을 바꿀 수 있다. 다만 우리 눈에 보이던 물(액체 상태)이 눈에 보이지 않는 수증기(기체 상태)로 변했을 뿐이다. 이렇게 액체 상태인 물이 끓지 않고 기체인 수증기로 천천히 변하는 현상을 '증발'이라고 한다.

　이렇게 증발된 수증기는 공기 중에 퍼져 있다. '공기 중에 있는 수증기의 양'을 '습도'라고 한다. 이 때, 공기 중에 수증기의 양이 많으면 '습도가 높다', 수증기의 양이 적으면 '습도가 낮다'고 표현한다.

　수증기가 많은 장마철이 되면 습도가 높다는 표현을 자주 들을 수 있는데, 습도가 높으면 빨래가 잘 마르지 않을뿐더러, 옷장에 넣어 둔 옷에 곰팡이가 생길 수 있다. 그러나 습도가 낮으면 공기가 너무 건조해져서 산불이 나기 쉽고 피부가 건조해진다. 이렇게 습도는 우리 생활과 밀접하게 관련되어 있다.

습도가 높을 때: 난방을 하거나 습기 제거제를 사용한다.

습도가 낮을 때: 가습기나 어항을 이용하여 적당한 습도를 유지한다.

교수 처방

교수 처방 1 **오개념** 건구와 습구의 온도 차가 크면 습도도 높다.

　'습도'라는 표현은 일상생활에서 자주 사용된다. 그 이유는 습도가 우리 생활과 밀접한 관련이 있기 때문이다. 그러나 빈번하게 사용되는 것과는 달리 학생들은 습도에 대한 개념을 제대로 이해하지 못하는 경우가 많다. 습도가 '공기 안에 있는 수증기의 양을 나타내는 것'으로 우리 눈에 보이지 않기 때문이다.

더 나아가, 건구와 습구의 온도 차와 습도의 관계를 파악하지 못하고, 단순히 '온도 차가 크면 습도도 높다'라고 생각하기 쉽다. 즉, '크다'와 '높다'를 연관 지어 생각하는 것이다. 이렇듯, 눈에 보이지 않기 때문에 학생들이 이해하는 데 어려움이 있는 습도의 개념과 건구와 습구의 온도 차의 의미를 어떻게 지도해야 할 것인가에 대한 고민이 필요하다.

생각해 보기

습도에 대한 개념을 학생들이 추상적으로 이해하기보다는 '맑은 날'과 '비 오는 날'에 걸쳐 두 번의 실험을 함으로써 공기 중의 수증기를 나타내는 습도라는 개념을 이해하도록 하는 것이 필요하다고 생각한다.

또한 습도의 개념을 이해했어도 실험을 통해 건구와 습구의 온도 차를 측정하여 습도표를 이용해 습도를 읽어 내는 것 역시 학생들이 매우 어려워한다. 단순 계산이 어려운 것이 아니라 습도표를 통해 얻을 수 있는 자료를 해석하는 과정들이 복잡하기 때문이다. 그러므로 맑은 날과 비 오는 날, 두 번씩 습도를 측정할 기회를 제공함으로써 방법을 능숙하게 이해하도록 하는 것이 필요하다.

아래 수업 대화는 습도를 측정하면서 오개념을 수정하는 상황이다.

교사 습도란 무엇인지 배웠어요. 습도는 무엇인가요?

학생 공기 중의 수증기의 양입니다.

교사 그럼, 오늘 날씨가 어떤가요?

학생 매우 맑습니다.

교사 오늘같이 맑은 날 공기 중의 수증기 양인 습도를 측정한다면 어떨까요?

학생 습도가 낮을 것 같습니다.

교사 [과제] 실제로 습도가 어떠한지, 다음과 같은 실험 장치를 만들어 습도를 측정해 봅시다.

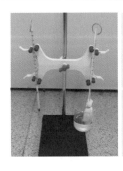

실험 과정
1. 스탠드와 뷰렛 집게를 사용하여 알코올 온도계 두 개를 설치한다.
2. 알코올 온도계 한 개는 그대로 두고, 다른 한 개는 알코올 온도계의 액체샘을 헝겊으로 감싼 뒤에 고무줄로 고정한다.
3. 비커에 물을 담은 뒤에 헝겊으로 감싼 알코올 온도계의 헝겊 아랫부분이 물에 잠기도록 한다.
4. 10분이 지난 뒤에 알코올 온도계 두 개의 온도를 각각 측정한다.

건구온도(℃)	습도표(단위%)										
	건구 온도와 습구 온도의 차(℃)										
	0	1	2	3	4	5	6	7	8	9	10
26	100	92	84	76	69	62	55	48	42	36	30
25	100	92	84	76	68	61	54	47	41	34	28
24	100	91	83	75	68	60	53	46	39	33	26
23	100	91	83	75	67	59	52	45	38	31	24
22	100	91	82	74	66	58	50	43	36	29	22
21	100	91	82	73	65	57	49	42	34	27	20

교사 10분이 지났군요. 그대로 둔 온도계는 '건구'라고 하고 헝겊으로 싸서 물에 잠기도록 한 온도계는 '습구'라고 합니다. 두 온도계로 측정한 온도는 각각 몇 도인가요?

학생 건구는 24℃, 습구는 20℃입니다.

교사 4℃ 차이가 나는군요. 이 결과로 습도표를 보고 습도를 계산해 봅시다.
습도는 얼마인가요?

학생 68%입니다.

교사 맞습니다. 그런데 건구와 습구의 온도가 4℃ 차이가 나는군요. 왜 차이가 날까요?

학생 잘 모르겠습니다.

교사 [힌트] 힌트를 줘 볼까요? 운동 후 땀이 나고 식을 때 어떤 느낌이 나죠?

학생 시원한 느낌이 납니다.

교사 [힌트] 맞아요. 땀이 식을 때 시원한 느낌이 나는 것으로 보아 우리 몸의 온도는 땀이 식으면서 내려가는 걸까요? 아니면 올라가는 걸까요?

학생 온도가 내려갑니다.

교사 [힌트] 내려가는 이유는 무엇일까요?

학생 땀이 식으면서 우리 몸의 열을 빼앗아 가는 것 같습니다

교사 [설명] 맞았어요. 땀처럼 이번 실험에서도 습구 온도의 물이 증발되면서 헝겊 주변의 열을 빼앗기 때문에 주변의 온도가 낮아져요. 그래서 건구보다 습구의 온도가 더 낮은 거예요. 그럼 이 결과를 잘 기록해 두고 날씨가 흐린 날에 다시 한 번 더 습도를 측정해 봅시다.

날씨가 흐린 날 같은 방법으로 실험을 한다.

| 교사 | 오늘 날씨는 어떤가요? |

| 학생 | 비가 옵니다. / 흐립니다. |

| 교사 | 이런 날 습기가 가득 찼다고들 말하지요? 지난번과 같은 실험장치를 꾸며 온도를 측정한다면 어떻게 될 것 같은가요? |

| 학생 | 지난번과 별다른 차이가 없을 것 같습니다. |

| 학생 | 지난번보다 온도 차이가 더 날 것 같습니다. |

| 교사 | [과제] 실험장치를 꾸미고 측정해 봅시다.
측정 결과는 어떻게 나왔나요? |

| 학생 | [발표] 그대로 둔 온도계는 24℃이고 물에 잠긴 온도계는 23℃입니다. 1℃ 차이가 납니다. |

| 교사 | 1℃ 차이가 나는군요. 이 결과로 습도표를 보고 습도를 계산해 봅시다. |

건구 온도 (℃)	습도표(단위%)										
	건구 온도와 습구 온도의 차(℃)										
	0	1	2	3	4	5	6	7	8	9	10
26	100	92	84	76	69	62	55	48	42	36	30
25	100	92	84	76	68	61	54	47	41	34	28
24	100	91	83	75	68	60	53	46	39	33	26
23	100	91	83	75	67	59	52	45	38	31	24
22	100	91	82	74	66	58	50	43	36	29	22
21	100	91	82	73	65	57	49	42	34	27	20

| 교사 | 습도는 얼마인가요? |

| 학생 | 91%입니다. |

| 교사 | 그럼, 지난번과 어떻게 다른지 말해 봅시다. |

| 학생 | [발표] 맑은 날에는 건구와 습구의 온도 차가 4℃이고 그 때의 습도는 68%입니다. 그리고 흐린 날에는 온도 차이가 1℃이고 습도는 98%입니다. |

| 교사 | 왜 이런 차이가 날까요? |

| 학생 | [추리] 날씨 때문인 것 같습니다. |

| 학생 | 맑은 날에는 건구 온도와 습구 온도 차이가 많이 나고 흐린 날에는 차이가 적게 나는 것 같습니다. 습도는 이와 반대입니다. |

[설명] 그렇죠. 즉 공기 중의 수증기 양을 나타내는 습도는 날씨의 영향을 많이 받는데요. 두 온도계의 온도 차이를 통해 습도를 측정하는 것입니다. 이 때 두 온도계의 온도 차이가 많이 나면 날수록 습도는 낮아지고, 온도 차이가 적게 날수록 습도는 높아집니다.

교수 처방 2 **오개념** 육풍은 바다에서 육지로 불어오는 바람이다.

학생들은 바람이 부는 이유가 지면과 수면의 온도 차이 때문이라는 것을 실험을 통해 비교적 쉽게 이해한다. 그러나 이러한 원리를 바탕으로 '육풍'과 '해풍'이라는 용어를 도입하면 그 용어를 구분지어 사용하지 못하고 혼란스러워한다. 그 이유는 바람에 이름을 붙이는 방법을 이해하지 못한 채, 육지로 불어오는 바람이므로 육풍, 바다로 불어오는 바람이므로 해풍이라고 생각하기 쉽기 때문이다. 즉, 바람이 불어가는 곳을 기준으로 이름을 생각하는 것에서 오류가 발생하는 것이다. 이러한 용어에 대한 혼란스러움은 교사들에게도 보이는 모습으로, 이러한 오개념이 한 번 고착화되면 수정하기 어렵기 때문에 처방에 대한 고민이 더욱 필요하다.

생각해 보기

바람의 방향을 말할 때에는 바람이 불어오는 곳을 기준으로 이름을 말한다. 즉, 바람이 동쪽에서 서쪽으로 불면 동풍, 그리고 서쪽에서 동쪽으로 불면 서풍이라고 하는 것이다. 그러나 이를 잘못 이해하면 동풍일 때에는 서쪽으로 불기 때문에 서풍이라고 말하기 쉽다. 이러한 오류를 육풍과 해풍에서 범하지 않기 위해 육풍과 해풍의 개념을 도입하기 전에 바람의 방향을 말하는 방법을 다시 한 번 더 상기하여 바람이 불어가는 곳이 아니라 불어오는 곳을 기준으로 바람의 이름이 정해진다는 것을 알게 한다.

이를 바탕으로 육풍과 해풍이 어떻게 부는 바람인지 개념을 도입하고, 그림 또는 말로 설명하여 확실히 인지할 수 있도록 한다.

아래 수업 대화는 바람이 부는 방향을 알아보는 실험 후, 바람의 방향을 말하는 방법을 상기하고 바닷가에서 부는 바람의 이름을 도입하여 오개념을 처방하는 상황이다.

교사 실험을 통해서 알아본 결과 바닷가에서 낮에 바람은 어떻게 불까요?

학생 낮에는 바다 쪽에서 육지 쪽으로 붑니다.

교사 그럼, 밤에는 바람이 어떻게 불까요?

학생 밤에는 육지 쪽에서 바다 쪽으로 붑니다.

교사 낮과 밤에 부는 바람의 방향이 서로 반대네요. 그럼 이제 낮에 부는 바람과 밤에 부는 바람에 이름을 붙여 줍시다. 바람에 이름을 붙이는 방법을 배웠는데 기억하나요?

학생 모르겠습니다.

교사 [힌트] 그래요? 그럼 오른쪽에서 부는 바람은 오른쪽 바람이라고 말하면 어떨까요?

학생 좋은 생각이에요.

학생 [발표] 선생님, 그럼 사람이 서 있는 방향에 따라 서로 다르게 말할 것 같아요.

교사 그렇겠군요. 그럼 어떻게 말하죠?

학생 방위로 말하면 어떨까요?

교사 좋은 생각이에요. 그럼 바람이 동쪽에서 서쪽으로 분다고 했을 때 어떻게 말하면 될까요?

학생 동쪽에서 불어오는 것이니 동풍이라고 부르면 될 것 같아요.

학생 서쪽으로 부니까 서풍이라고 부르면 될 것 같아요.

교사 [설명] 그래요. 둘 다 좋은 생각인데 같은 방향으로 부는 바람인데 서로 다르게 말하면 혼란스럽겠죠? 바람의 방향을 말할 때에는 바람이 불어오는 곳의 방위로 말하기로 약속했어요. 동쪽에서 서쪽으로 부는 바람은 어떻게 말할까요?

학생 동풍이라고 부르면 됩니다.

실험 과정

1. 사각 접시 두 개에 모래와 물을 각각 담은 다음에 열 전구를 사용하여 10분 동안 가열한다.

2. 가열한 모래와 물이 담긴 접시를 투명 상자로 덮는다.

3. 향에 불을 붙이고 투명 상자에 옆면의 구멍으로 향 연기를 10초 동안 넣는다.

4. 향불을 꺼낸 다음에 투명 상자 안에서 나타나는 향 연기의 움직임을 관찰해 본다.

교사 맞아요. 그럼, 지금의 약속을 적용해서 방금 한 실험에서 부는 바람에도 이름을 붙여 줍니다. 낮에는 바람이 어떻게 불었죠?

학생 물 쪽에서 모래 쪽으로 이동합니다.

교사 그럼, 어느 쪽에서 불어오는 것일까요?

학생 물 쪽에서 불어옵니다.

교사 그림에서와 같이 바람이 불죠?

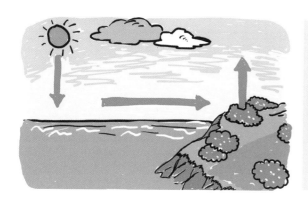

그림을 살펴보면서 바닷가에서 낮에 바람이 부는 원리를 생각하고, 이름을 붙인다.

학생 네, 맞습니다.

교사 그럼, 이렇게 바다에서 육지로 부는 바람을 어떻게 말하는 것이 좋을까요?

학생 [발표] 바다에서 바람이 불어오니까 바다풍이라고 하면 좋을 것 같습니다.

교사 좋은 생각이에요. 그런데 바다를 한자로 '바다 해'라고 하니까 해풍이라고 하면 어떨까요?

학생 좋습니다.

교사 그럼, 밤에는 아래 그림과 같이 바람이 부는데 어떻게 부르는 것이 좋을까요?

그림을 살펴보면서 바닷가에서 밤에 바람이 부는 원리를 생각하고, 이름을 붙인다.

학생 [발표] 육지에서 바다로 부니까 육풍이라고 부르면 좋을 것 같습니다.

교사 좋은 생각이에요. 이렇게 바닷가에서는 낮과 밤에 육지와 바다의 온도의 차이 때문에, 바다 위의 공간과 육지 위의 공간 사이에 공기가 이동하면서 바람이 분답니다. 바람이 불어오는 쪽 방향으로 바닷가에서 부는 바람의 명칭을 정하게 되지요.

교과	과학		학습 주제	바닷가에서 낮과 밤의 공기의 이동 알기
학습 목표	바닷가에서 낮과 밤에 부는 바람의 방향 변화를 설명할 수 있다.			

단계	학습 내용 (학습 집단)	교수·학습 활동	PCK 전략			자료(★) 및 유의점(※)
			배움 주춤	배움 전략	배움 원리	
배움 열기	전시 학습 상기(전체)	• 전시 학습 상기하기 －하루 동안의 지면과 수면의 온도 변화 설명하기	선개념	설명	수용	
	동기 유발	• 학습 동기 유발하기 －여름철 바닷가에서 낮에 부는 바람의 방향과 밤에 부는 바람의 방향이 다른 이유에 대해 생각해 보기				
	학습 목표 확인	• 공부할 문제 확인하기 －바닷가에서 낮과 밤에 부는 바람의 방향의 변화를 설명해 봅시다.				
배움 활동	바람이 부는 모습 관찰하기 (모둠)	• 바람이 부는 모형실험 장치로 바람이 부는 모습 관찰하기 －실험장치를 살펴보며 실험 결과 예상하기 －실험장치를 꾸미고, 실험하기 －실험 전 예상과 비교하기 －향 연기가 어떻게 움직이는지 발표하고 그 이유를 설명해 보기	신개념	예상 관찰	도전	★사각 접시 두 개, 모래, 물, 전기스탠드, 열 전구, 투명 상자, 향, 점화기, 면장갑
	해풍과 육풍 알기 (전체)	• 바닷가에서 낮과 밤에 부는 바람의 이름 붙이기 －바닷가에서 낮과 밤에 바람이 부는 방향과 그 이유를 설명하기 －낮과 밤에 부는 바람에 어떤 이름을 붙이는 것이 좋을지 발표하기 －바람이 부는 방향에 이름을 붙이는 방법 상기하기 －바람이 부는 방향과 연결하여 해풍과 육풍 이름 알기	오개념	설명 추리	연결	※3학년에서 학습한 내용을 상기시키는 것도 좋은 방법임
배움 정리	정리하기 (전체)	• 오늘 학습하면서 알게 된 것 이야기하기 －바닷가에서 낮과 밤에 부는 바람의 방향이 다른 이유 설명하기 －육풍과 해풍의 이름이 어떻게 정해졌는지 설명하기		발표		자기 평가
	차시예고	• 차시 예고하기 －고기압과 저기압에서의 날씨 알아보기				

⊙ 성취 기준을 바탕으로 다양하게 수업 설계를 해 보세요.

묽은 염산에 물을 넣으면 중성이 되나요?

한눈에 알아보기

◎ 학습 주제

산성 용액과 염기성 용액을 섞었을 때의 성질의
변화 확인하기

◎ 성취 기준

산성 용액과 염기성 용액을 섞은 후 변하는 지
시약의 색을 통해 각각의 성질이 약해지는 것을
알 수 있다.

◎ 오개념

묽은 염산에 물을 넣으면 중성이 된다.

지도 요소

상황 진단

묽은 염산에 물을 넣으면 중성이 되나요?

교수 처방

◎ 오개념 처방

• 묽은 염산의 성질 알아보기
• 묽은 염산에 물을 넣으면 어떻게 되는지 알아보기
• 묽은 염산 중화시키는 법 알기

- **관련 단원** 　5학년 2학기　 2. 산과 염기(6/11차시)
- **학습 주제** 　산성 용액과 염기성 용액을 섞었을 때의 성질의 변화 확인하기
- **성취 기준** 　**핵** 과6053. 산성 용액과 염기성 용액을 섞은 후 변하는 지시약의 색을 통해 각각의 성질이 약해지는 것을 안다.
- **학습 목표** 　산성 용액과 염기성 용액을 섞었을 때의 성질의 변화를 알 수 있다.

상황 진단

오개념	산성 용액(묽은 염산)에 물을 넣으면 중성이 된다.
문제 상황 진단	5학년 과학 시간에 산성 용액과 염기성 용액을 배우면서 주로 지시약을 통해 색깔이 변하는 것을 확인하며 용액의 성질을 알아보는 실험을 한다. 그러나 여러 종류의 지시약으로 실험하면서 나타나는 색이 일정하지 않다 보니, 개념을 정확하게 알기보다는, 색깔 변화에 학습내용이 묻혀 혼란스러워한다. 산성과 염기성은 성질이 반대라는 정도로 인식할 뿐이다. 이런 어려운 학습내용을 다루는 중에, '중화'라는 개념까지 완벽하게 이해하기 힘든 학생들이 생기는 것은 어찌 보면 당연한 일이다. '산성이나 염기성 용액에 물을 넣으면 용액이 희석되어 중성으로 변한다.'라는 오개념은 신규 교사나 어른들도 혼동스러워할 정도이니, 화학반응을 모르는 초등학생에게는 당연히 생길 수 있을 것이다. 그러므로 여기에서는 산성 용액인 묽은 염산을 중화시키는 방법을 확인하는 과정을 통해 오개념을 해결해 보고자 한다.

관련 개념

신맛이 나는 음식은 산성 식품일까?

　일반적으로 신맛이 나면 산성 식품이라고 아는 사람들이 많이 있는데, 산성과 알칼리성은 맛으로 결정하는 것이 아니다. 식품을 태웠을 때 남게 되는 재를 물에 녹였을 때의 액성이 무엇인가에 따라 판단한다. 재료 속에 칼륨이나 칼슘을 많이 포함하고 있으면 알칼리성, 인이나 유황을 많이 포함하고 있으면 산성이라고 한다.

묽은 염산이란?

묽은 염산은 진한 염산에 증류수를 넣어 희석하여 만든 것이다. 묽은 염산은 푸른색 리트머스 종이를 붉은색으로 변화시키는 대표적인 산성 용액으로, 대리석과 달걀 껍데기와 묽은 염산이 만나면 기포가 발생하며 녹는 현상을 관찰할 수 있다. 이것은 대리석, 달걀 껍데기와 같은 탄산칼슘이 들어 있는 물질을 녹이는 성질을 가지고 있기 때문이다.

중화 반응이란?

묽은 염산 HCl과 수산화나트륨 NaOH가 반응하면 묽은 염산의 수소이온 H와 수산화나트륨의 이온 OH가 반응하여 H_2O(물)을 형성하는 반응을 말한다. 여기서 주인공으로 반응하는 H와 OH를 알짜이온, 반응을 하지 않는 Na와 Cl을 구경꾼이온이라고 한다.

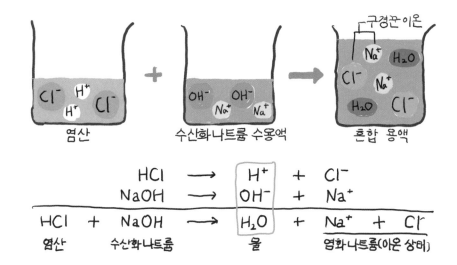

교수 처방

교수 처방 **오개념** 묽은 염산에 물을 넣으면 중성이 된다.

산성과 염기성 용액을 구분하기 위해 여러 가지 지시약을 떨어뜨려 색의 변화를 관찰하는 시간이었다. 붉은색 양배추 지시약에 묽은 염산은 붉은색으로 변하고, 수산화나트륨은 노란색으로, 비눗물은 푸른색으로 변화된 것을 보면서 한 학생이 "색이 변하지 않게 하려면 어떻게 해야 돼요?"라고 질문하였다. 그래서 산성도 아니고 염기성도 아닌 상태가 중성상태라는 것을 설명하고 어떻게 하면 중성상태를 만들 수 있을까를 되물었다.

그러자 "묽은 염산에 물을 타면 중성이 되겠네요." 하고 자신 있게 대답하는 것이었다. 그래서 물을 타면 염산 성분이 약해지기는 하지만 여전히 산성이라는 것을 학생들이 이해할 수 있게 실험할 필요가 있다.

생각해 보기

　여러 가지 지시약으로 산성과 염기성 용액을 구분하다 보면, 산성과 염기성이 서로 상반되는 성질이라는 것을 알게 된다. 하지만, 중화라는 개념이 어렵기 때문에 생기는 오개념은 묽은 염산을 물에 넣어 보고 결과를 확인해 보면서 해결하는 것이 좋다. 이런 실험을 통해 산성과 염기성의 중화 반응에 대하여 정확한 개념을 심어 줄 수 있다.

　아래 수업 대화는 산성 용액인 묽은 염산이 어떤 성질인지 알게 하고, 그 산성 용액에 물을 넣어 희석시키면 용액의 성질이 어떻게 변하는지 확인하는 과정이다.

교사　여러분 산성 용액에는 어떤 것들이 있나요?

학생　묽은 염산, 식초, 오렌지 주스 등이 있습니다.

교사　그럼, 여러분 중에 묽은 염산은 어떤 성질을 가지고 있는지 알고 있는 것들을 이야기해 보세요.

학생　푸른 리트머스 용지에 묽은 염산을 떨어뜨리면 붉은색으로 변해요. / 대리석에 떨어뜨리면 기포가 생기며 녹아요. / 계란 겉껍질을 녹게 만들어요. / 신맛이 나요.

교사　[설명] 아주 잘 알고 있군요. 묽은 염산은 강한 염산에 물을 넣어 만들어요. 예를 들어 1000ml 눈금실린더가 있다면 여기에 먼저 물을 900ml 눈금까지 넣고 나머지 100ml에는 염산을 넣어 만든 것을 묽은 염산이라고 해요. 염산은 위험하기 때문에 먼저 염산을 넣고 물을 넣으면 폭발 위험이 있으니 물을 먼저 넣은 후, 염산을 조심해서 넣어 만들어야 합니다.

교사　묽은 염산은 산성이지요? 어떻게 하면 중성이 될까요?

학생　물을 넣어요.

교사　산성인 묽은 염산에 물을 넣으면 과연 중성이 될까요?

교사　[실험] 아래 실험 과정처럼 묽은 염산에 물을 넣고 푸른 리트머스 용지에 떨어뜨려 보겠습니다.

실험 과정
1. 묽은 염산 25mⅠ가 들어 있는 비커 3개를 준비한다.
2. 두 번째 비커에 12.5mL, 세 번째 비커에 25mL의 물을 넣는다.
3. 잘 섞이도록 유리막대로 저어 준다.
4. 각각의 묽은 염산을 푸른 리트머스 용지에 떨어뜨린다.
5. 색의 변화를 관찰한다.

묽은 염산에 물을 넣은 비커

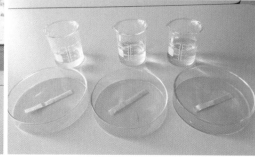

푸른 리트머스 용지 변화

교사 　어떻게 변하였나요?

학생 　이상해요, 모두 붉은 색이에요.

교사 　왜 그럴까요?

학생 　염산의 성질이 모두 있기 때문입니다.

교사 　[설명] 소금물에 물을 자꾸 넣으면 소금의 짠맛이 점점 싱거워지지요? 묽은 염산도 물을 넣는다고 염산의 성질이 없어지는 것은 아닙니다.

교사 　[실험] 이번에는 물 대신 염기성 용액인 묽은 수산화나트륨을 넣어 같은 방법으로 실험을 해 보겠습니다.

실험 과정
1. 묽은 염산 25mⅠ가 들어 있는 비커 3개를 준비한다.
2. 두 번째 비커에 12.5mL, 세 번째 비커에 25mL의 묽은 수산화나트륨을 넣는다.
3. 잘 섞이도록 유리막대로 저어 준다.
4. 비커에 있는 각각의 용액을 푸른 리트머스 용지에 떨어뜨린다.
5. 색의 변화를 관찰한다.

푸른 리트머스 용지 변화

교사 어떻게 변하였나요?

학생 붉은 색이 점점 없어져요.

교사 [설명] 실험 결과처럼 묽은 염산 또는 염기성 용액에 물을 넣는다고 성질까지 바뀌는 것은 아닙니다. 산성 용액이 중성이 되게 하려면 염기성 용액을 넣어 주고, 염기성 용액이 중성이 되려면 산성 용액을 넣어 주어야 합니다.

수업 개요

| 교과 | 과학 | | | 학습 주제 | 산성 용액과 염기성 용액을 섞었을 때의 변화 알기 |
| 학습 목표 | 산성 용액과 염기성 용액을 섞었을 때의 변화를 알 수 있다. | | | | |

5학년 2학기

단계	학습 내용 (학습 집단)	교수·학습 활동	PCK 전략			자료(★) 및 유의점(※)
			배움 주춤	배움 전략	배움 원리	
배움 열기	동기 유발	• 학습 동기 유발하기 –묽은 염산을 중성화할 수 있는 방법이 무엇인지 이야기해 보기		설명	연결 관찰	
	학습 목표 확인	• 공부할 문제 확인하기 –산성 용액과 염기성 용액을 섞었을 때의 변화를 알아봅시다.		설명	연결 추론	
배움 활동	산성 용액 중성화 하기 (모둠)	• 산성 용액 중성화하기 –산성 용액의 특징 이야기하기 –묽은 염산에 물을 넣은 후 성질의 변화 관찰하기 –묽은 염산에 수산화나트륨을 넣은 후 성질의 변화 관찰하기 • 산성 용액을 중성화하는 방법 이야기하기	오개념 신개념	관찰 설명 예시	격려 수용 도전	★묽은 염산, 비커, 푸른 리트머스 용지, 유리막대, 묽은 수산화나트륨
	생활속에서 알아보기 (전체)	• 생활 속에서 중성화하는 사례 알아보기 –염산 사고현장에서 소석회를 뿌리는 경우를 살펴보고 결과 살펴보기 –농약을 뿌린 논에 산성비가 내리면 나타나는 결과를 살펴보기		설명 유추 발표		
배움 정리	정리하기 (전체)	• 오늘 학습하면서 알게 된 것 이야기하기 –산성 용액과 염기성 용액이 섞이면 중성화 된다는 것을 알게 되었습니다. • 학습하면서 느낀 점 이야기하기 –실험이 재밌고 이해가 잘 되었습니다.		메모		자기 평가
	차시예고	• 차시 예고하기 –우리 생활에서 산과 염기를 어떻게 사용하는지 알아보기				

한눈에 알아보기

5
학년

2
학기

◎ 학습 주제

뼈와 근육의 관계와 기능 알기

◎ 성취 기준

뼈와 근육 모형 만들기를 통하여 뼈와 근육의 관계를 설명할 수 있다.

◎ 오개념

몸이 유연한 것은 뼈가 유연한 것이다.

지도 요소

상황 진단

뼈가 유연해야 몸이 유연한 것 아닌가요?

교수 처방

◎ 오개념 처방

• 뼈와 근육 관계 모형을 만들어 봄으로써 뼈와 근육의 역할에 대하여 알아보기
• 뼈는 혼자서 움직일 수 없음을 확인하기

- ✪ 관련 단원 5학년 2학기 4. 우리 몸의 구조와 기능(2/11차시)
- ✪ 학습 주제 뼈와 근육의 관계와 기능 알기
- ✪ 성취 기준 핵 과6082-2. 뼈와 근육 모형 만들기를 통하여 뼈와 근육의 관계를 설명할 수 있다.
- ✪ 학습 목표 • 뼈와 근육 모형을 만들어 관찰할 수 있다.
  • 뼈와 근육의 관계와 기능을 설명할 수 있다.

상황 진단

오개념	몸이 유연한 것은 뼈가 유연한 것이다.
문제 상황 진단	'몸의 구조와 기능' 단원을 학습하면서 학생들이 가끔 질문을 한다. "선생님, 식초를 마시면 정말 몸이 유연해지나요? 뼈가 유연해지면 몸이 유연해지는 것이 맞나요?" 뼈는 유연해질 수 있는 것일까? 뼈는 몸을 지탱하고 몸속 내부기관을 보호하는 단단한 물질이다. 우리의 몸은 뼈에 근육이 연결되어 있어 근육의 수축 작용과 이완 작용으로 뼈가 움직이면서 몸이 움직인다. 뼈와 근육 모형을 만들어 관찰함으로써 우리 몸의 뼈와 근육이 하는 일을 정리하여 생각할 수 있도록 지도한다.

관련 개념

뼈와 근육은 몸에서 어떤 역할을 하나요?

뼈는 우리 몸의 허우대를 형성하고 중요한 기관들을 보호하는 역할을 담당하고 있다. 두개골은 우리 몸의 중추신경의 하나인 뇌를 보호하고, 등뼈는 우리 몸의 기둥을 형성할 뿐 아니라 뇌와 더불어 뇌에 이어져 있는 중추신경인 척수가 꼬리뼈까지 내려오도록 만들어 주고 보호하는 기능을 한다.

근육은 우리 몸의 운동을 담당하는 조직으로서 근육세포들을 근막이 소시지처럼 싸고 있는 상태를 말한다. 이들 근육이 관절을 중심으로 아래위의 뼈에 힘줄로 붙어 있어 수축을 하면 관절이 움직이게 되면서 운동을 하는 것이다. 팔을 예로 들면 윗팔의 앞쪽 이두박근이 수축하면 팔을 굽히게 되고 반대로 뒷쪽의 삼두박근이 수축하면 굽혔던 팔을 펴게 되는 것이다.

교수 처방 **오개념** 몸이 유연한 것은 뼈가 유연한 것이다.

수업 중에 다른 친구에 비해 유연한 친구들을 종종 만날 수 있다. '식초가 사람의 **뼈**를 유연하게 해 주어 부드럽게 움직일 수 있는 몸을 가꿀 수 있다'는 텔레비전의 홍보 영상 때문인지 유연한 학생에게 식초로 **뼈**를 부드럽게 만들었느냐고 물어보는 친구들이 있었 다. 과연 **뼈**가 유연해지면 몸이 부드럽게 움직일 수 있는 것인지 생각하게 해 볼 필요가 있었다.

생각해 보기

팔 안쪽, 바깥쪽 근육의 작용을 모두 나타내는 모형을 통하여 팔뼈의 움직임을 설명하였으 나, 뼈가 스스로 움직인다는 오개념이 생길 수 있다.

사람의 몸은 뼈와 근육에 의해 움직임이 이루어지는데 뼈는 몸을 지탱해 주는 역할을 하는 것이지 근육 없이는 움직일 수 없다. 따라서 빨대와 비닐봉지를 사용한 뼈와 근육 모형을 통해 설명하고 이해시키고자 한다.

교사 달리기를 해 본 경험을 발표해 볼까요?

학생 [발표] 공을 드리블할 때 달립니다. / 운동회 때 달리기를 합니다.

교사 달리기를 할 때 팔, 몸통, 다리는 어떤 모양으로 움직이나요? 달리기를 할 때의 모습을 이 야기해 봅시다.

학생 [발표] 몸통은 앞쪽으로 기울여 몸의 중심이 앞에 있게 합니다. / 팔을 직각으로 접어 몸통 에 붙이고 앞뒤로 힘차게 흔듭니다. / 허벅지를 들어 올린 뒤에 발을 세게 내딛습니다.

교사 손연재 같은 체조 선수나 요가 선수들이 유연한 이유는 무엇일까요?

학생 [발표] 뼈가 유연하기 때문입니다. / 근육이 유연하기 때문입니다.

교사 팔을 흔들고, 발을 구를 수 있는 것은 우리 몸의 어떤 부분 때문일까요?

학생 [발표] 몸에 있는 **뼈**가 움직이기 때문입니다. / 몸의 **뼈**와 근육이 함께 움직이기 때문입 니다.

교사 그렇다면 몸이 유연한 사람은 우리 몸의 어느 부분이 유연한 것일까요?

학생 [발표] 몸의 **뼈**가 유연하기 때문입니다. / 근육이 유연하기 때문입니다.

교사 다음의 팔뼈 모형을 만들어 보겠습니다.

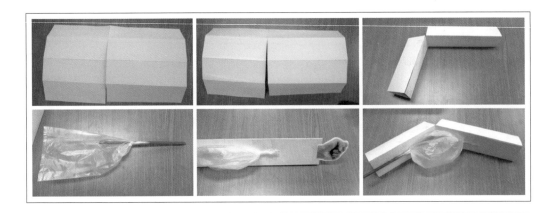

실험 과정

1. 8절지를 위의 사진과 같이 4등분(대문접기)으로 접는다.
2. 1줄만 남기고 위의 사진과 같이 자른다.
3. 팔 모양을 만든다. 연결된 부분이 팔꿈치 관절이다.
4. 비닐팩에 빨대를 넣고 테이프로 봉한다.
5. 반대쪽도 테이프로 모양을 만들고 붙인다.
6. 뼈와 근육 모형에 바람을 불어넣으며 어떤 변화가 나타나는지 이야기한다.
7. 뼈와 근육 모형에 바람을 불어넣기 전과 바람을 불어넣은 후의 부푼 비닐봉지의 길이를 측정한다.

교사 선생님은 굵은 빨대에 종이 상자를 붙여서 만들었습니다. 그 이유는 무엇일까요?

학생 [발표] 빨대로만 만들었을 때 휘는 것을 방지하기 위해서인 것 같습니다.

교사 그렇습니다. 뼈와 근육 모형에서 종이 상자에 붙어 있는 굵은 빨대와 비닐봉지가 각각 어떤 역할을 합니까?

학생 [발표] 종이 상자에 붙어 있는 굵은 빨대는 뼈, 비닐봉지는 근육 역할을 합니다.

교사 팔은 어떻게 구부러질까요?

학생 [발표] 뼈와 근육이 연결되어 있기 때문에 안쪽과 바깥쪽 근육이 작용하며 움직입니다.

교사 뼈는 스스로 움직일 수 있나요?

학생 [발표] 근육에 의해 움직입니다.

교사 그렇다면 몸이 유연하다는 것은 뼈가 유연한 것일까요?

학생 [발표] 뼈는 근육에 의해 움직이기 때문에 뼈가 유연하다는 것은 잘못된 것입니다.

뼈가 부드럽다는 것은 관절의 운동 범위가 넓어진 상태를 의미하는 말이다. 관절은 뼈와 뼈가 연결되는 부위이지만, 정상적인 상태에서의 관절의 운동 범위는 뼈보다는 관절을 둘러싸고 있는 연부조직에 의해 결정된다. 뼈가 유연하다기보다는 관절, 혹은 관절을 둘러싼 조직이 유연한 것이라고 할 수 있다. 관절낭은 여러 가지 결합조직의 섬유로 되어 있는데, 콜라겐, 탄력섬유와 같은 것들이다. 관절의 유연성은 주로 탄력섬유가 관여한다. 콜라겐이 조직의 강도와 관련이 깊은 반면, 탄력섬유는 늘어나는 성질과 관련이 깊어 탄력섬유가 많을수록 유연성이 높다.

수업 개요

교과	과학		학습 주제	뼈와 근육의 관계와 기능 알기
학습 목표	뼈와 근육 모형을 만들어 보고, 뼈와 근육의 관계와 기능을 알 수 있다.			

단계	학습 내용 (학습 집단)	교수 · 학습 활동	PCK 전략			자료(★) 및 유의점(※)
			배움 주춤	배움 전략	배움 원리	
배움 열기	동기 유발	• 학습 동기 유발하기 −달리기를 해 본 경험 이야기하기 −달리기할 때 팔, 몸통, 다리는 어떤 모양으로 움직이는지 생각해 보기 −몸이 움직일 수 있는 이유 생각해 보기	오개념	발표		
	학습 목표 확인	• 공부할 문제 확인하기 −뼈와 근육 모형을 만들어 보고, 뼈와 근육의 관계와 기능을 알아봅시다.		설명		
배움 활동	우리 몸의 뼈 관찰하고 이야기하기 (전체)	• 인체 골격 모형 관찰하기 −우리 몸의 뼈 종류 알아보기 −우리 몸과 골격 모형 비교해 보기		관찰		★인체 골격 모형
		• 뼈의 생김새 이야기하기 −동그란 뼈: 머리뼈 −울퉁불퉁한 뼈: 척추뼈 −휘어진 뼈: 갈비뼈		발표	격려	
		• 뼈가 하는 일 이야기하기 −몸을 지탱하는 역할 −몸을 보호하는 역할				
	뼈와 근육 모형 만들기 (전체)	• 뼈와 근육 모형 만들어 확인하기 −실험 설계하기 −모형 만들기 −바람을 불어넣은 후 비닐봉지의 길이 측정하기 −뼈와 근육의 역할 비교하기 −몸이 움직이는 원리 설명하기		실험	수용	★빨대, 비닐봉지, 셀로판테이프, 주름빨대
배움 정리	정리하기 (전체)	• 오늘 학습하면서 알게 된 것 이야기하기 −뼈와 근육의 역할 −뼈의 역할 동영상으로 확인하기 • 학습하면서 느낀 점 이야기하기		메모		자기 평가
	차시예고	• 차시 예고하기 −우리가 먹는 음식의 소화과정을 알아보기				

여름철 별자리는 여름에만 보이나요?

학습 주제

계절에 따라 보이는 별자리가 다른 이유 설명하기

성취 기준

계절별 대표적인 별자리 찾아보기를 수행하고, 계절에 따라 별자리가 달라지는 것을 지구의 공전으로 설명할 수 있다.

오개념 1

계절별 별자리는 그 계절에만 보인다.

오개념 2

여름에 겨울철 별자리를 볼 수 없는 이유는 겨울철 별자리가 사라졌기 때문이다.

6 학년

1 학기

지도 요소

상황 진단

여름철 별자리는 여름에만 보이나요?

교수 처방 1

교수 처방 2

오개념 1 처방

• 학생들에게 역할놀이를 통해 다른 계절 별자리도 볼 수 있게 하기

• 스텔라리움을 통해 별자리를 간접 체험하기

오개념 2 처방

• 스텔라리움을 통해 별들은 위치가 고정되어 있지만 태양빛 때문에 보이지 않는다는 것을 살펴보기

• 스마트폰을 활용하여 실험하기

- **관련 단원** `6학년 1학기` 1. 지구와 달의 운동(6/11차시)
- **학습 주제** 계절에 따라 보이는 별자리가 다른 까닭 알아보기
- **성취 기준** `핵` 과4114. 계절별 대표적인 별자리 찾아보기를 수행하고, 계절에 따라 별자리가 달라지는 것을 지구의 공전으로 설명할 수 있다.
- **학습 목표** • 계절별로 보이는 별자리가 다른 까닭을 알 수 있다.
  • 계절마다 다른 계절의 별자리가 보이는 이유를 알 수 있다.

상황 진단

오개념 1	계절별 별자리는 그 계절에만 보인다.
문제 상황 진단	학생들에게 지구가 태양 주위를 공전하면서 지구의 위치가 이동한다는 것을 가르친다. 또 계절별로 다른 별자리를 볼 수 있으며 그 계절에 볼 수 있는 대표적인 별자리가 있다는 것을 지도한다. 그로 인해 계절별 별자리는 항상 해당 계절에만 볼 수 있다는 오개념을 형성할 수 있다. 여름에 볼 수 있는 별자리는 가을과 봄에도 볼 수 있지만, 계절별 대표 별자리만 암기식으로 수업을 진행하면서, 학생들은 실제 현상과 다른 오개념을 갖게 되는 것이다. 역할놀이를 통한 간접 체험으로 오개념을 바로잡을 수 있도록 수업을 전개한다.
오개념 2	여름에 겨울철 별자리를 볼 수 없는 이유는 겨울철 별자리가 사라졌기 때문이다.
문제 상황 진단	계절에 따라 보이는 별자리가 달라지는 까닭은 지구가 태양 주위를 공전하기 때문이다. 그러므로 각 계절마다 대표적으로 보이는 별자리가 달라진다. 또한 각 계절마다 볼 수 없는 별자리가 생기는 이유는 태양의 빛으로 인해 관찰이 어렵기 때문이다. 하지만 대부분의 학생들은 별자리가 보이지 않기 때문에 별자리가 사라졌다고 생각한다. 우선 학생들에게 구글 어스와 스텔라리움을 통해 별들은 위치가 고정되어 있지만 태양빛 때문에 특정 별자리가 보이지 않는다는 사실을 간접 체험을 하게 한 뒤, 스마트폰을 활용한 실험을 통해 직접 녹화하여 그 원리를 알도록 수업을 전개한다.

관련 개념

스텔라리움은 실시간으로 사실적인 하늘을 볼 수 있는 무료 소프트웨어이다. 스텔라리움으로 눈으로 보기 힘든 우주의 모습을 관찰할 수 있으며 다양한 설정을 통해 다양한

우주의 모습을 나타낼 수 있다. 주요 기능으로는 하늘의 시간을 설정하여 일출과 일몰을 설정하며 태양과 월식의 시뮬레이션을 할 수 있다. 또한, 별자리와 행성을 확대해서 볼 수 있으며 별자리에 대한 예술적인 그림을 덧씌워 볼 수 있다.

참고자료: 규토쌤의 에듀 씽크탱크 블로그, 초등과학_5학년1학기_70쪽_밤하늘에서 밝은 행성 찾아보기_스텔라리움 PC버전 설치 및 활용 방법(http://blog.naver.com/kyutto/220839026066)

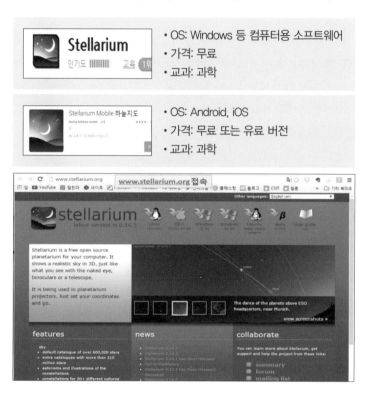

 교수 처방

교수 처방 1 **오개념** 계절별 별자리는 그 계절에만 보인다.

학생들에게 별자리 수업을 하면서 계절별로 볼 수 있는 별자리에 대해 지도하였다. 봄에는 사자자리, 여름에는 독수리자리 등 학생들에게 계절별 별자리 영상을 보여 주며 설명하였다. 그리고 그날 저녁 우리 반 학생이 대전 천문대를 견학하고 나에게 전화를 하였다. "선생님, 여름인데 처녀자리가 보여요. 어떻게 된 건가요? 처녀자리는 봄철 별자리 아닌가요?" 혼란스러운 상황을 피하기 위해 다시 관찰하라고 말하면서 전화를 끊었다. 다음 날 학생들 대상으로 설문 조사를 한 결과 많은 학생들이 계절별 별자리는 그 계절에만 보인다는 생각을 갖고 있었다.

6학년 학생들은 우주와 관련된 내용에 관심이 많다. 특히 별자리와 관련된 주제는 호기심이 많아 수업에 대한 기대감이 높다. 하지만 현실적인 여건으로 학생들의 기대감을 충족시켜 주지 못하고 설명식 수업과 동영상 시청으로 수업을 진행하는 경우가 많다. 특히 계절별 별자리 수업은 학생들에게 암기식 형태의 수업으로 진행하는 경우가 많은데 이러한 수업은 학생들을 오개념에 빠지게 한다.

이러한 오개념을 처방하기 위해 실험을 통해 지도할 필요가 있다. 별자리와 지구, 태양의 역할을 정하고 지구의 역할을 하는 학생이 공전을 하면서 역할놀이를 진행한다. 지구 역할을 하는 학생은 공전을 하면서 계절별로 눈에 보이는 별자리를 적는다. 계절별로 가장 오랫동안 보이는 별자리가 그 계절의 대표적인 별자리라는 사실을 알게 한다. 또한, 공전을 통해 다른 계절의 별자리도 볼 수 있음을 확인한다.

아래 수업 대화는 학생들에게 계절별 별자리는 그 계절에만 보이는 것은 아니라는 사실을 알게 하는 실험 과정이다.

교사 지난 시간에 계절별 별자리에 대해 배웠습니다. 또한 계절에 따라 볼 수 있는 별자리가 다른 까닭에 대해 배웠습니다.

학생 선생님, 사자자리는 봄철 대표적인 별자리라고 배웠는데 저는 여름에 사자자리를 본 적이 있습니다.

학생 여름에 왜 봄철 별자리가 보이지?

교사 좋은 질문입니다. 역할놀이를 하면서 같이 확인하도록 하겠습니다.

지구 역할을 하는 학생은 태양을 등지고 계절의 대표적인 별자리를 관찰한다.

지구 역할을 하는 학생은 눈에 보이는 계절별 별자리를 이야기하고 별자리를 든 학생들은 체크를 한다.

지구 역할을 하는 학생이 자전과 공전을 한다.

태양 역할을 하는 학생은 빛을 비춘다.

다른 계절의 별자리를 관찰할 수 있는지 확인한다.

예를 들어 여름에는 여름철 별자리가 밤하늘에 보이지만 지구가 자전하면서 다른 계절의 별자리도 조금씩 볼 수 있다는 사실을 확인한다.

> 교실 가운데에는 태양 역할을 맡은 학생 1명, 그 주위를 도는 지구 역할을 맡은 학생 1명, 계절별 별자리를 들고 있는 학생 4명이 실험을 한다. 또한 별자리 밑에는 해당 계절을 적도록 한다. 그런 다음 지구 역할을 맡은 학생이 태양 주위를 한 바퀴 돈다. 이 때 공전뿐 아니라 자전도 같이 하여 초저녁과 새벽에는 다른 계절별 별자리도 볼 수 있음을 알려 준다. 이를 통해 여름철에는 여름뿐 아니라 봄, 가을 별자리도 볼 수 있다는 것을 알아낼 수 있도록 한다.

교사 [설명] 지구의 공전 때문에 여름에는 여름철 별자리뿐만 아니라 가을과 봄철 별자리도 볼 수 있습니다.

교수 처방 2 오개념 **여름에 겨울철 별자리를 볼 수 없는 이유는 겨울철 별자리가 사라졌기 때문이다.**

별자리에 대해 수업하면서 학생들에게 볼 수 있는 가장 큰 오개념은 눈에 보이지 않으면 별자리가 사라졌다고 생각하는 점이다. 별자리는 항상 제자리에서 밝게 빛나고 있다. 그러므로 눈에 보이지 않는 별자리는 태양빛에 가려져 보이지 않는다는 사실을 알려 줄 필요가 있다.

별자리에 대해 수업하면서 학생들에게서 볼 수 있는 가장 큰 오개념은 눈에 보이지 않으면 별자리가 사라졌다고 생각하는 점이다. 별자리는 항상 제자리에서 밝게 빛나고 있다. 그러므로 눈에 보이지 않는 별자리는 태양빛에 가려져 보이지 않는다는 사실을 알려 줄 필요가 있다. 직접 스마트폰을 활용한 촬영을 통해 학생들에게 별자리가 사라진 것이 아니라 태양 때문에 눈에 보이지 않는 것뿐이라는 사실을 확인한 후 스텔라리움 관찰을 통해 학생들이 오개념에 빠지지 않도록 지도해야 한다.

아래 수업 대화는 학생들과 실험을 하면서 별자리는 사라진 것이 아니라 태양빛 때문에 보이지 않는 것이라 설명하는 자료이다.

교사 지난 시간에 계절별로 볼 수 있는 별자리에 대해 배웠습니다. 혹시 궁금한 점 있나요?

학생 선생님, 여름에 겨울철 별자리는 왜 보이지 않나요?

학생 당연히 별들이 다른 곳으로 움직였으니 안 보이지.

교사 별들이 어디로 움직였다고 생각하나요?

학생 우리 눈에 보이지 않는 우주 어딘가로 움직였다고 생각합니다.

교사 별들이 움직이면 계절별 별자리도 항상 변하지 않을까요?

학생 지난 시간에 별들은 항성이라고 배웠습니다.

교사 맞습니다. 별들은 항성이기 때문에 움직이지 않습니다. 그러면 왜 보이지 않는 별자리가 생길까요?

학생 태양 때문일 것 같습니다.

교사 그럼, 우리 눈에 계절별로 보이지 않는 별들이 생기는 이유를 실험을 통해 살펴보겠습니다.

지구 역할을 하는 학생들이 스마트폰으로 돌면서 영상을 촬영하는 실험이다. 또한 태양 역할을 하는 친구는
별자리 앞에 서서 빛을 비춘다.

1. 네 명의 학생은 계절별 별자리 역할을 한다.
2. 태양의 역할을 하는 학생은 빛을 지구 역할을 하는 학생에게 비춘다.
3. 빛이 있는 경우와 빛이 없는 경우 별자리를 볼 수 있는지 살펴본다.
4. 빛 뒤에 별자리를 놓아 별자리의 위치가 고정되어도 태양빛 때문에 볼 수 없다는 사실을 안다.

교사 [과제] 이처럼 태양빛 때문에 보이지 않는 별자리가 생깁니다. 스텔라리움을 통해 관찰해
봅시다.

지역창에서 서울을 확인한다.

태양빛을 비추어 별자리가 태양빛 때문에 보이지 않는
사실을 확인한다.

태양빛을 없애 어둡게 만든다.

별자리가 보이는 모습을 확인한다.

교과	과학			학습 주제	계절별 별자리 알아보기		
학습 목표	계절에 따라 보이는 별자리가 다른 까닭을 알 수 있다.						

단계	학습 내용 (학습 집단)	교수·학습 활동	PCK 전략			자료(★) 및 유의점(※)
			배움 주춤	배움 전략	배움 원리	
배움 열기	전시 학습 상기 동기 유발 학습 목표 확인	• 전시 학습 상기하기 –지구의 공전에 대해 이야기하기 • 학습 동기 유발하기 –별자리 이야기를 들으며 별자리에 대해 알아보기 • 공부할 문제 확인하기 –계절에 따라 보이는 별자리가 다른 까닭을 알아봅시다.	선개념	설명 매체	연결 비교 격려 수용	★동영상 자료(지구의 공전 모습이 나타난 동영상 자료) ★그림자료(별자리 이야기가 담겨 있는 그림자료) ※그림자료를 보면서 배울 내용을 생각해 본다.
배움 활동	계절별 별자리 관찰하기 (전체)	• 계절별 별자리 관찰하기 –계절별 별자리 알아보기 –저녁 하늘에 관찰한 별자리 발표하기 –알아본 내용 발표하기 • 봄철에 겨울철과 여름철 별자리가 보이는 까닭 생각하기 –봄철에 다른 계절 별자리가 보이는 이유를 모둠별로 토의해 보기 –토의한 내용 발표하기		설명 유추 발표	관찰 추론	★별자리는 미리 관찰해 보도록 안내한다.
	역할놀이 해 보기 (모둠)	• 역할놀이를 통해 다른 계절의 별자리가 보이는 까닭 알아보기 –필요한 준비물 살펴보기 –실험 방법 및 주의점 알아보기 –실험을 통해 다른 계절의 별자리가 보이는 까닭 정리하기	오개념	조사 탐구 발문 발표	관찰 연결	★휴대폰, 스마트패드 ※발문을 통해 학생들 스스로 실험 방법 및 주의점을 알아보도록 한다.
	스텔라리움으로 관찰하여 내용 정리하기 (개별)	• 스텔라리움을 통해 별자리들의 위치 알아보기 –스텔라리움으로 봄철 별자리의 위치 알아보기 –봄철 다른 별자리들 위치 알아보기 –봄철에 다른 계절의 별자리가 보이는 이유 정리하기	오개념	설명 유추 발표	연결 추론	★휴대폰, 스마트패드 ※스텔라리움 사용 방법에 대해 알려 준다.
배움 정리	정리하기 (전체) 차시예고	• 오늘 학습하면서 알게 된 것 이야기하기 –계절별 별자리에 대해 알게 됨 –다른 계절의 별자리가 보이는 이유를 알게 됨 –보이지 않는 별자리가 생기는 이유에 대해 알게 됨 • 다음 시간에 단원 정리해 보기		메모		자기 평가 실험관찰에 내용 정리하기

여기서 잠깐

6
학년

1
학기

6 1학기 2단원

햇빛, 공기 같은 자연 환경도 생태계에 포함되나요?

◎ 학습 주제

생태계의 구성 요소 알기

◎ 성취 기준

생태계가 생산자, 소비자, 분해자, 비생물적 환경 요인 등의 요소로 이루어져 있음을 설명할 수 있다.

◎ 오개념 1

버섯은 생산자이다.

◎ 오개념 2

비생물적 요소는 생태계와 관련이 없다.

지도 요소

상황 진단

햇빛, 공기 같은 자연 환경도 생태계에 포함되나요?

교수 처방 1

교수 처방 2

◎ 오개념 1 처방

• 버섯의 생산과정을 통해 버섯이 스스로 양분을 만들지 못하고 식물체 속의 당이나 녹말을 이용하여 양분을 얻는 분해자임을 알기

• 생산자, 소비자, 분해자의 역할에 대하여 알기

◎ 오개념 2 처방

• 비생물적 요소도 생태계의 중요한 요인임을 확인하기

• 콩나물 기르기 실험을 통해 비생물적 요소가 생태계와 밀접한 관계가 있음을 알기

6 학년
1 학기

- ● 관련 단원 　6학년 1학기　 2. 생물과 환경. 비생물적 환경 요인이 생물에게 미치는 영향(5/11차시)
- ● 학습 주제 　생태계의 구성 요소 알기
- ● 성취 기준 　핵 과6112-1. 생태계가 생산자, 소비자, 분해자, 비생물적 환경 요인 등의 요소로 이루어져 있음을 설명할 수 있다.
- ● 학습 목표 　• 생태계의 의미와 구성 요소를 알 수 있다.
　　　　　　　• 햇빛과 물이 콩나물의 자람에 미치는 영향을 알아보는 실험을 할 수 있다.
　　　　　　　• 비생물적 환경 요인이 생물에게 미치는 영향을 설명할 수 있다.

상황 진단

오개념 1	버섯은 생산자이다.
문제 상황 진단	버섯을 생산자로 잘못 알고 있는 학생들이 많다. 버섯은 양분을 흡수하여 성장해 나가기 때문에 생산자로 생각하기도 하고, 일부는 살아있는 나무나 낙엽의 양분을 흡수했기 때문에 소비자로 생각하기도 한다. 하지만 버섯은 엽록체가 없어 광합성을 하지 못하므로 스스로 양분을 만들지 못한다. 식물체 속의 당이나 녹말을 이용하여 양분을 얻기 때문에 분해자에 해당되는 것으로 지도해야 한다.
오개념 2	생산자, 소비자, 분해자가 아닌 비생물적 요소는 생태계와 관련이 없다.
문제 상황 진단	분해자는 생태계에 포함되지 않는다고 대답하는 학생이 많을 것으로 예상하였는데 오히려 비생물적 환경 요인이 생태계에 포함되지 않아 생물에게 영향을 끼치지 않는다고 많은 학생들이 생각하고 있다. 비생물적 요소와 생물의 영향과 관련된 콩나물 실험을 하게 되면 결과가 쉽게 얻어지지 않는다. 햇빛과 물을 모두 주지 않아도 주변의 습도 때문에 오히려 잘 자라는 경우가 있기 때문이다. 실험 시 오류를 줄이기 위한 실험 설계와 관련된 다양한 팁을 통하여 학생들에게 비생물적 요소와 생태계의 관계에 대하여 확인할 수 있도록 해야 한다.

관련 개념

생태계 구성

　생태계는 생물적 요소와 비생물적 요소로 구성된다. 생물적 요소는 크게 생산자, 소비자, 분해자로 나누어진다.

생산자

무기물을 재료로 하여 유기물을 합성할 수 있는 생물 또는 생물군을 말하며, 생태계에서 생물 생산의 출발점이다. 생산자는 광합성 색소인 엽록소(클로로필)를 가진 녹색식물(고등식물과 남조류를 포함한 조류)이 주가 되며, 이들은 태양에너지를 받아들여 이산화탄소와 물로부터 탄수화물을 합성한다. 또한 이 탄수화물에 무기염류를 가하여 단백질·핵산·지질 등 생물에 필요한 여러 가지 유기물을 만들어 낸다.

소비자

생산자가 만든 유기물을 직·간접으로 소비하는 생물 또는 생물군을 말하며, 동물이 여기에 해당한다. 생산자인 식물을 먹는 초식동물을 제1차 소비자, 초식동물을 먹는 육식동물을 제2차 소비자, 육식동물을 먹는 대형 육식동물을 제3차 소비자라 한다. 이와 같이 소비자란 보통 동물만을 가리키지만 이것은 편의적인 것이며, 기능적으로는 분해자와의 경계가 애매하다. 최근에는 종속영양생물 전체를 가리키기도 한다.

분해자

동식물의 사체나 배설물을 분해하는 생물 또는 생물군을 말하며, 세균·균류(菌類)가 여기에 속한다. 환원자(還元者)라고도 한다. 이들은 유기물을 분해할 때 생기는 에너지를 이용하여 생활하고, 유기물을 다시 생산자가 이용할 수 있는 간단한 무기물로 되돌려 물질순환을 완결시키는 역할을 하고 있다.

비생물적 요소

크게 매질(媒質), 기층(基層), 물질 및 에너지대사의 재료로 나누어진다. 매질은 생활환경을 구성하고, 생물체의 표면과 직접 접촉하는 물질로, 물·공기·토양이 여기에 속한다. 기층은 생물이 그 위에서 생활하고 있는 물체이다. 물질 및 에너지대사의 재료는 생물의 생활형에 따라 다르지만, 생산자에는 빛·이산화탄소·물·무기염류·산소 등이 중요하고, 소비자에게는 먹이로서의 유기물·산소·물 등이 중요하다.

 **교수 처방**

교수 처방 1 **오개념** 버섯은 생산자이다.

　생태계의 의미와 구성 요소를 학생들에게 설명하고 구분하게 해 보면 세균이나 곰팡이는 분해자로 잘 분류한다. 하지만 버섯을 생산자, 소비자, 분해자로 생각하여 분류하는 데 어려움을 겪는 학생들을 볼 수 있다.

　학생들은 눈에 잘 보이지 않는 세균이나 곰팡이 등을 분해자로 분류하는 데 어려워하지 않는 경향을 보이나 버섯은 눈에 잘 띄고 또 우리가 자주 먹는 생물이기 때문에 생산자 또는 소비자로 많이 생각한다. 관계짓기를 통해 분해자—버섯의 역할과 특징에 대한 정의를 내리도록 지도하고자 한다.

　　생각해 보기

　　버섯은 양분을 흡수하여 성장해 나가기 때문에 생산자로 생각하기도 하고, 나무나 낙엽의 양분을 흡수했기 때문에 소비자로 생각하는 학생을 볼 수 있다.
　　하지만 분해자는 생물의 사체나 떨어진 낙엽, 생물의 노폐물과 같은 유기물을 분해하여 무기물 형태로 전환하는 생물을 뜻하며 주로 세균이나 진균류 등이 속한다. 버섯은 엽록체가 없어 광합성을 하지 못하므로 스스로 양분을 만들 수 없고 식물체 속의 당이나 녹말을 이용하여 크기 때문에 분해자에 해당됨을 발문 전략을 통해 확인시켜 주도록 한다.

교사　생태계에 관련하여 정리하겠습니다. 생산자란 무엇을 말하나요?

학생　[발표] 풀, 나무 등과 같이 광합성을 통하여 살아가는 양분을 스스로 만드는 생물을 생산자라고 합니다.

교사　소비자는 무엇인가요?

학생　[발표] 생장하고 생활하는 데 필요한 에너지를 스스로 만들지 못하여 다른 식물이나 동물을 먹이로 하여 양분을 얻는 생물을 말합니다.

교사　분해자는 어떻게 설명할 수 있을까요?

학생　[발표] 곰팡이, 세균 등과 같이 생물의 사체나 배설물을 분해하여 살아가는 생물을 분해자라고 합니다.

교사　맞습니다. 그렇다면 버섯은 생태계 요소 중에 무엇에 해당됩니까?

학생　[발표] 스스로 성장하기 때문에 생산자입니다. / 낙엽의 양분을 흡수하기 때문에 소비자입니다.

교사 버섯은 광합성을 통해 스스로 성장하고 살아가나요?

학생 [발표] 광합성을 하지 못합니다. 광합성을 못하기 때문에 영양분을 다른 곳에서 흡수합니다.

교사 그렇다면 버섯은 소비자인가요?

학생 [발표] 버섯은 죽은 나무나 썩은 잎, 다른 생명체의 사체 등에서 양분을 흡수하고 무기질로 전환합니다.

교사 그렇다면 버섯은 생태계 요소 중에 무엇에 해당된다고 할 수 있을까요?

학생 [발표] 분해자입니다.

교사 그렇습니다. 버섯은 분해자에 속합니다.

숲속의 친구들(산림 생태계의 분해자) 동영상을 포털 사이트에서 검색하여 버섯의 성장 과정에 대하여 정리하는 방법도 좋다.

분해자(分解者)는 동식물의 사체나 배설물을 분해하여 무기물로 만드는 생물을 말한다.
유기물을 스스로 합성하는 녹색 식물이나 이 식물을 먹어 영양분을 얻는 동물도 어느 정도의 시간이 흐르면 마침내는 죽게 된다. 먹이로서 섭취된 동식물은 완전히 소화·흡수되는 것은 아니고 소화되지 않은 것은 배설되며, 또 식물도 잎을 떨어뜨리거나 한다. 그러나 이와 같은 동물의 사체나 배설물이 쌓여서 지면을 덮어 버리는 일은 없는데, 이것은 유기물을 분해하는 생물의 작용 때문이다. 이 분해 과정에 관여하는 것은 지렁이·노래기·톡토기·진드기 등의 분해 동물과 곰팡이나 세균 등이다. 나무에 붙은 버섯은 생태계의 분해자이다.

교수 처방 2 오개념 비생물적 요소는 생태계와 관련이 없다.

생태계의 구성에 대하여 학생들에게 물어보면 생산자, 소비자, 분해자로 구성되어 있다고 대답하는 학생들을 쉽게 볼 수 있다. 햇빛이나 물 등의 비생물적 환경 요인들은 우리 주변에 당연히 있기 때문에 생태계에 꼭 필요한 것으로 인지하지 못하는 경우가 있다.

햇빛과 물이 콩나물의 자람에 미치는 영향을 통해 비생물적 환경 요인이 생물에게 주는 영향에 대하여 설명할 때 어떤 실험을 통해 쉽게 설명할 수 있을까?

햇빛과 물이 콩나물의 자람에 미치는 영향을 알아보는 실험은 햇빛, 물, 온도 등의 비생물적 환경 요인이 생물에게 미치는 영향을 아는 것이다. 학생들과 함께 실험을 설계하여 결과를 관찰해야 하는데 콩나물이 잘 자라지 않기도 하고, 오히려 햇빛과 물을 모두 주지 않은 것에서 습도 때문에 잘 자라는 경우가 종종 있다.

실험 결과 오류를 줄이기 위한 철저한 실험을 설계하기 위한 팁을 활용하여 학생들에게 비생물적 환경 요인이 생물에게 미치는 영향을 알려주고자 한다.

교사 교과서의 화분 속 식물의 잎이 왜 시들어 있었나요?

학생 [발표] 햇빛이 들지 않는 곳에 두어서 시든 것 같습니다. / 물을 주지 않아서 시든 것 같습니다.

교사 다시 싱싱하게 자라도록 하려면 어떻게 해야 할까요?

학생 [발표] 햇빛이 잘 드는 곳으로 화분을 옮깁니다. / 물을 듬뿍 줍니다.

교사 햇빛과 물이 콩나물의 자람에 미치는 영향을 알아보는 실험입니다.

실험 과정
1. 페트병 네 개의 중간 부분을 자른다.
2. 비슷한 길이의 콩나물을 같은 양으로 담고 잘라 낸 페트병의 나머지 부분은 물 받침대로 사용한다.
3. 설계한 실험 조건에 따라 자라는 모습을 일주일 이상 관찰한다.

실험 조건 1	실험 조건 2	실험 조건 3	실험 조건 4
햇빛○, 물○	햇빛○, 물×	햇빛×, 물○	햇빛×, 물×

※ **선생님들을 위한 실험 설계 TIP!**
① 페트병의 크기, 콩나물의 양과 길이, 물의 양, 물을 주는 횟수를 같게 한다.
② 콩나물이 받는 햇빛과 물을 주는 조건만 다르게 한다.
③ 콩나물을 살 때 곱슬이 콩나물이 아니라 길쭉이 콩나물을 구입하여 실험한다.
④ 햇빛에 두는 콩나물은 직사광선에 노출되지 않도록 한다.(모두 말라 버릴 수 있음)
⑤ 어둠상자 대신에 교실의 사물함, 청소 도구함 등을 활용하여 실험할 수도 있다.
⑥ 물을 주는 페트병에는 탈지면이 젖을 정도로 하루 3∼5회 물을 주며, 탈지면이 물 받침대의 물에 닿을 수 있도록 한다.

교사 콩나물이 잘 자라게 하기 위해서 다르게 한 조건은 무엇인가요?

학생 [발표] 햇빛과 물을 다르게 하였습니다.

교사 무엇이 잘 자랐나요?

학생 [발표] 햇빛이 있고 물을 준 조건에서 잘 자랐습니다.

교사 이 실험을 통해 무엇을 알 수 있었나요?

학생 [발표] 햇빛과 물과 같은 비생물적 요소도 생물에게 큰 영향을 주는 것을 알 수 있었습니다.

※ 콩나물에 비생물적 환경 요인인 물과 햇빛을 모두 비추어 키운 것도 잘 자란다. 그런데 왜 콩나물을 재배할 때는 햇빛을 비추어 키우지 않을까?
• 사람들이 먹기 좋게 하기 위해 콩에 싹을 틔워서 먹는데 이것을 콩나물이라고 하는 것이다. 콩나물을 기를 때 햇빛이 있는 데서 아주 더 잘 자란다.
• 콩나물이 햇빛을 받으면 광합성을 하는데 그러면 콩나물이 질겨져 뻣뻣하여 맛이 없기 때문에 햇빛을 차단하는 것이다. 햇빛을 계속 비추면 나중에는 싹이 터서 먹을 수가 없게 된다.

6
학년

1
학기

교과	과학	학습 주제	생태계의 구성 요소 알기
학습 목표	생태계의 구성 요소를 알 수 있다.		

단계	학습 내용 (학습 집단)	교수·학습 활동	PCK 전략			자료(★) 및 유의점(※)
			배움 주춤	배움 전략	배움 원리	

배움
열기
	동기 유발
	
	학습 목표
	확인
		• 학습 동기 유발하기
		−동요 노랫말 상황을 떠올리며 '옹달샘' 듣기
		−동요 노랫말 중에서 숲속 환경을 구성하는
		  것을 찾아보기
		−숲속 환경 그림 관찰하기
		• 공부할 문제 확인하기
		−생태계의 의미와 구성 요소를 설명하고 분
		  류해 봅시다.
				발표
				
				설명
						★음악파일
						(옹달샘)

배움 활동	생태계의 구성 요소 알기 (전체) 	• 생태계 학습 −생태계에 대하여 알아보기 −생태계의 구성요소 알아보기 • 버섯과 생태계 −버섯과 생태계의 관계 알아보기 −버섯의 성장 과정 알아보기 • 양분을 얻는 방법에 따라 구분하기 −소비자, 생산자, 분해자 구분하여 연결하기	오개념 1	발표 발표	수용 격려	
	생물과 비생물적 환경 요인 실험 설계 하기 (모둠)	• 비생물적 요인과 생태계의 관계 −비생물적 요인 파악하기 −생태계와의 관계 이야기하기 • 콩나물 실험 설계하기 −실험 설계하기 −모형 만들기 −실험 설계 시 유의사항 안내하기	오개념 2	 설명	수용	★페트병, 탈지면, 콩나물, 비커 등
배움 정리	정리하기 (전체) 차시예고	• 오늘 학습하면서 알게 된 것 이야기하기 −생태계의 의미와 구성 요소 −실험 설계 후 역할 이야기하기 • 학습하면서 느낀 점 이야기하기 • 차시 예고하기 −생물이 환경에 적응하여 살아가는 방법 알 아보기		메모		자기 평가

⊙ 성취 기준을 바탕으로 다양하게 수업 설계를 해 보세요.

볼록렌즈로 빛을 모으면 렌즈도 뜨거워지나요?

한눈에 알아보기

학습 주제

볼록렌즈로 햇빛 모으기

성취 기준

일상생활에서 다양한 종류의 렌즈가 사용되는 예를 찾고 그 기능을 설명할 수 있다.

오개념

볼록렌즈로 빛을 모으면 렌즈도 뜨거워진다.

지도 요소

상황 진단

볼록렌즈로 빛을 모으면 렌즈도 뜨거워지나요?

교수 처방

오개념 처방

- 볼록렌즈와 오목렌즈를 이용하여 빛을 모으기
- 볼록렌즈와 오목렌즈로 빛을 모았을 때 차이점을 설명하고 빛의 굴절에 대해 알아보기
- 볼록렌즈는 빛의 굴절로 종이를 타게하지만 렌즈는 뜨거워지지 않는다는 것을 깨닫기

- **관련 단원** 6학년 1학기 3. 렌즈의 이용 | (2) 볼록렌즈로 햇빛을 모아볼까요?(6/11차시)
- **학습 주제** 볼록렌즈로 햇빛 모으기
- **성취 기준** 핵 과6143. 일상생활에서 다양한 종류의 렌즈가 사용되는 예를 찾고 그 기능을 설명할 수 있다.
- **학습 목표** 볼록렌즈로 햇빛을 모으면 밝기가 밝아지고 온도가 높아지는 것을 알 수 있다.

 상황 진단

오개념	볼록렌즈로 햇빛을 모을 때 볼록렌즈도 같이 뜨거워진다.
문제 상황 진단	볼록렌즈로 햇빛을 모으면 그 부분이 밝아지고 온도가 높아지는 것에 대해 알아보는 수업을 하였다. 그 수업 과정 중에, 학생 중 한 명이 "어, 왜 볼록렌즈를 만져도 뜨겁지 않지?"라는 의문을 제기하였다. 그런데 학생들 대부분이 "이상하다. 종이는 타고 있는데 뜨겁지 않네."라며 이해하기 힘들다는 반응을 보였다. 즉, 학생들은 '볼록렌즈도 당연히 뜨거울 것이다.'라는 오개념을 갖고 있었다. 볼록렌즈를 통해 모이는 빛은 종이를 태우므로 볼록렌즈도 뜨거울 것이라고 생각한 것이다. 이러한 오개념을 갖고 있는 학생들을 위해 쉽고 과학적으로 설명해 줄 수 있는 실험이 필요하다.

관련 개념

볼록렌즈란?

중앙 부분이 가장자리보다 두꺼워 볼록한 형태를 띠는 렌즈이다. 볼록렌즈는 작은 물체를 크게 확대하여 볼 수 있는 대신에 볼 수 있는 범위가 작으며 글씨를 크게 보이게 하는 돋보기의 소재로 널리 쓰인다.

볼록렌즈의 특성은 무엇일까?

렌즈의 양면은 보통 구면이 쓰이며, 오목렌즈와는 반대로 빛을 모이게 하는 집광성을 가지고 있어서 돋보기를 가지고 태양 빛의 초점을 모으면 검은색 종이를 태울 수도 있다. 또한 작은 물체를 크게 볼 수 있으므로, 현미경, 돋보기, 사진기 등에 널리 쓰인다. 의학용으로는 멀리 있는 것은 잘 볼 수 있지만, 가까이 있는 것은 잘 볼 수 없는 원시안(주로 노인)의 교정 등에 사용된다. 일반적으로 유리로 된 것이 쓰이나 특수한 목적으로 사용되는 것으로는 석영·형석·플루오린화 마그네슘 등으로 만든 것도 있다.

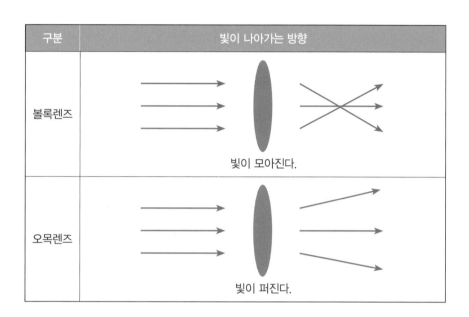

구분	빛이 나아가는 방향
볼록렌즈	빛이 모아진다.
오목렌즈	빛이 퍼진다.

 **교수 처방**

교수 처방 오개념 볼록렌즈로 햇빛을 모을 때 볼록렌즈도 같이 뜨거워진다.

볼록렌즈로 햇빛을 모으면 그 부분이 밝아지고 온도가 높아지는 것에 대해 알아보는 수업을 준비하고 있었다. 수업을 진행하고 있던 중 학생들에게 이번 차시 내용에 대한 오개념이 있다는 것을 발견하게 되었다.

볼록렌즈로 빛을 모으고 있던 중에 학생 한 명이 "왜 볼록렌즈를 만져도 안 뜨겁지?"라는 의문을 제기하였다. 즉, 학생들은 종이를 태울 만큼 강한 열이 발생되기 때문에 볼록렌즈도 당연히 뜨거울 것이라고 오개념을 갖고 있던 것이다.

이런 오개념을 갖는 학생들에게 어떻게 하면 쉽고 재밌게 오개념을 처방해 줄 수 있을까?

학생들이 갖고 있는 오개념을 자연스럽게 발견하고 느끼는 과정에서 오개념을 수정하고자 하였다. 학생들이 '아, 내가 잘못된 과학적 지식을 갖고 있었구나.'라는 것을 교사가 알려 주는 수업보다는 학생들이 스스로 깨우치고 수정하는 것이 더 기억에 오래 남고 효과적이라고 생각했기 때문이다.

볼록렌즈를 통해 빛을 모으는 과정에서 학생들이 갖고 있는 오개념을 바로잡고 학생들이 이미 학습한 빛의 굴절을 다시 한 번 떠올려 일상생활에 적용해 보는 수업을 해 보았다. 또한, 볼록렌즈와 오목렌즈를 비교해서 실험해 봄으로써 두 렌즈의 차이점을 알 수 있도록 한다.

아래 수업 대화는 볼록렌즈를 이용한 햇빛 모으기 실험 중 추가적인 자료 제시 및 활동을 통해 오개념을 처방하는 상황이다.

교사 볼록렌즈로 빛을 모아 보겠습니다. 볼록렌즈의 한쪽 면이 햇빛을 향하게 하고 다른 쪽 면에는 검은색 부분이 들어 있는 종이를 향하게 들고 있어 보세요. 빛이 모이는 초점을 잘 맞추면, 작은 원이 검은색 종이에 위에 만들어집니다.

학생 [관찰] 선생님, 종이가 타고 있어요.

교사 신기하죠? 왜 이런 현상이 일어나는 것일까요?

학생 [발표] 볼록렌즈가 햇빛을 한곳으로 모아 그 부분의 온도가 높아지기 때문에 종이가 타는 것 같아요.

교사 네. 학생이 말한 것처럼 볼록렌즈로 빛이 모이고 그 부분의 온도가 올라감에 따라 종이가 타게 되는 것입니다.

학생 선생님, 그런데 이상한 점이 있어요.

교사 어떤 점이 이상한가요?

학생 볼록렌즈가 뜨거울 줄 알고 만져 봤는데 하나도 뜨겁지 않아요.

학생 왜 볼록렌즈는 하나도 뜨겁지 않지? 이상하다. (학생들이 볼록렌즈는 뜨거워야 된다고 생각하는 것으로 보아 학생들은 햇빛이 볼록렌즈에 열을 전달하고 그것이 종이를 태우는 열이 된다고 생각하고 있다.)

볼록렌즈로 햇빛 모아 보기

볼록렌즈가 뜨겁지 않은 것을 발견하기

교사 여러분들은 볼록렌즈가 당연히 뜨거워야 될 것이라고 생각하는군요. 왜 그렇게 생각했나요?

학생 [발표] 볼록렌즈를 통해 종이로 열이 전달된 것이니까요.

교사 그렇구나. 그럼 오목렌즈와 볼록렌즈로 빛을 각각 모아 보고 왜 볼록렌즈로 빛을 모을 때 뜨겁지 않은지 생각해 봅시다.
오목렌즈도 빛이 모아지나요?

학생 [관찰] 아니요. 오목렌즈로는 빛이 모아지지 않아요. 종이도 타지 않고요.

교사 여러분이 생각한 것처럼 햇빛이 볼록렌즈를 통해 종이로 열이 전달된 것이라면 오목렌즈에도 햇빛의 열이 전달되어 종이가 뜨거워져야 되지 않을까요?

학생 볼록렌즈와 오목렌즈는 다르잖아요. 볼록렌즈는 가운데가 두껍고 오목렌즈는 가장자리가 두꺼워요.

교사 하지만 두 렌즈의 물질은 같지 않나요? 열이 전달되는 것이라면 두께는 큰 관계가 없을 것 같은데요.

교사 볼록렌즈와 오목렌즈로 햇빛을 비췄을 때 차이점을 다시 한 번 자세히 살펴보세요.

학생 볼록렌즈는 빛이 한곳으로 모아지고 오목렌즈는 빛이 모아지질 않아요.

볼록렌즈와 오목렌즈를 비교하여 빛을 모아 보기

교사 [설명] 그렇죠? 이렇게 햇빛을 받은 볼록렌즈가 종이를 태울 만큼 강한 열을 낼 수 있는 것은 빛이 한 군데로 모이는, 즉 빛의 굴절로 인해 생기는 현상입니다. 여러분이 생각한 것처럼 빛이 단순히 볼록렌즈를 통해 굴절되는 것뿐입니다. 빛이 렌즈를 통과할 때는 렌즈의 두꺼운 쪽으로 꺾여 빛이 한곳으로 모이기 때문에 강한 열을 낼 수 있는 것이지요.

학생 아! 그렇기 때문에 볼록렌즈가 뜨겁지 않았던 것이군요. 빛을 굴절시키는 역할만 하는 것이니까요.

교사 바로 그렇답니다. 이제 이해가 되죠? 그럼, 볼록렌즈를 통해 빛이 모아지는 것은 어떤 현상 때문인가요?

학생 빛의 굴절입니다.

교사 빛에는 우리가 느끼지 못할 작은 열이 있는데, 빛이 굴절하는 특성을 이용하여 볼록렌즈로 빛을 한 점으로 모으면 열들이 모여서 뜨겁게 되어 종이를 태우게 됩니다. 그래서 볼록렌즈는 만져도 우리는 열을 못 느끼는 것이지만, 빛이 모인 곳은 우리의 피부를 태울 만큼 뜨겁게 되는 것이지요.

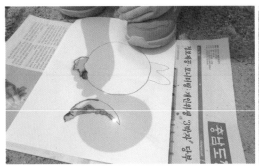

빛 모으기를 통한 그림 만들기 놀이

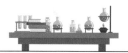

교과	과학		학습 주제	볼록렌즈로 햇빛 모으기
학습 목표	볼록렌즈로 햇빛을 모을 수 있다.			

단계	학습 내용 (학습 집단)	교수·학습 활동	PCK 전략			자료(★) 및 유의점(※)
			배움 주춤	배움 전략	배움 원리	
배움 열기	전시 학습 상기(전체)	•전시 학습 상기하기 −빛이 볼록렌즈와 오목렌즈를 어떻게 통과하여 스크린에 도달했는지 발표해 보기 −빛의 굴절에 대해 말해 보기	선개념 선기능	설명 설명	연결 관찰	★영상자료
	동기 유발	•학습 동기 유발하기 −생수병으로 인해 산불이 났던 뉴스 시청하기				
	학습 목표 확인	•공부할 문제 확인하기 −볼록렌즈로 햇빛을 모아 봅시다.				
배움 활동	볼록렌즈로 햇빛 모으기 (모둠)	•볼록렌즈를 이용하여 햇빛 모으기 −볼록렌즈로 햇빛 모아 보기 −볼록렌즈로 햇빛을 모으면 그 부분의 밝기가 어떻게 되는지 발표해 보기 −알코올 온도계 액체샘 부분에 햇빛을 모으면 알코올 온도계의 온도가 어떻게 되는지 관찰해 보기	신개념 신개념	관찰 관찰	격려 수용	
	볼록렌즈와 오목렌즈로 빛 모으기 (모둠)	•볼록렌즈와 오목렌즈로 빛 모았을 때 차이점 알기 −볼록렌즈와 오목렌즈로 빛 모으기 −빛을 모았을 때 그 부분의 밝기가 어떻게 되는지 차이점을 발표해 보기 •볼록렌즈가 뜨거워지지 않는 이유 알아보기 −열이 전달되는 것이 아닌 빛의 굴절로 인해 열이 발생하는 것을 설명해 보기	 오개념	설명 발표 설명	관찰 관찰	★볼록렌즈, 오목렌즈, 신문지, A4용지
	볼록렌즈로 작품 만들기 (전체)	•햇빛 모으기를 이용하여 볼록렌즈로 작품 만들기 −볼록렌즈를 이용하여 작품 만들기 •볼록렌즈로 햇빛을 모으면 발생하는 현상 이해하기 −볼록렌즈로 햇빛을 모으면 그 부분이 밝아지고 온도가 높아짐을 발표해 보기		설명	연결	
배움 정리	정리하기 (전체)	•오늘 학습하면서 알게 된 것 정리하기 −볼록렌즈로 햇빛을 모으면 그 부분이 밝아지고 온도가 높아지는 것을 알기 −빛의 굴절로 인해 햇빛이 모이는 것이기 때문에 볼록렌즈의 온도가 높아지지 않는다는 것을 알기 •학습하면서 느낀 점 이야기하기 −빛의 굴절에 대해 자세히 알게 되었음	 신개념	발표		자기 평가
	차시예고	•차시 예고하기 −우리 생활에서 렌즈를 이용한 기구에 대해 알아보기				

기체에 압력을 가하면 어떻게 될까?

◉ 학습 주제

기체의 성질에 대해 알기

◉ 성취 기준

기체가 입자로 이루어져 있음을 알고 이러한 관점에서 기체의 무게와 부피가 나타나는 이유를 설명할 수 있다.

◉ 오개념

기체에 압력을 가하면 입자의 크기가 줄어든다.

지도 요소

상황 진단

기체에
압력을 가하면
어떻게 될까?

교수 처방

◉ 오개념 처방

• 입자에 관한 설명을 통해 학생들의 이해를 돕기
• 직접 공기 입자의 변화 모습을 그림으로 그려 보아 오개념을 수정하기

● **관련 단원** 6학년 1학기 4. 여러 가지 기체 | (2) 과학 탐구(4/12차시)

● **학습 주제** 기체의 성질에 대해 알기

● **성취 기준** 핵 과6121. 기체가 입자로 이루어져 있음을 알고 이러한 관점에서 기체의 무게와 부피가 나타나는 이유를 설명할 수 있다.

● **학습 목표** 기체에 가한 압력과 기체의 부피 사이의 관계를 설명할 수 있다.

상황 진단

오개념	기체에 압력을 가하면 입자의 크기가 줄어든다.
문제 상황 진단	기체의 입자(분자)는 눈에 보이지 않는다. 그렇기 때문에 기체의 부피에 관련된 실험을 했을 때 부피가 줄어드는 것은 관찰이 가능하나, 그 외에는 보이는 것이 없다. 그래서 학생들은 부피가 줄어드는 것을 기체의 입자 간 공간이 좁아지는 것이 아니라 입자 크기가 줄어드는 것이라고 생각할 수가 있다.
	따라서, 직접 눈으로 관찰할 수 없기 때문에 그림을 그려 보는 간접 경험을 통해 기체에 대한 인식을 도와 오개념을 바로잡는 것이 필요하다.

관련 개념

보일의 법칙

일정 온도에서 기체의 압력과 그 부피는 서로 반비례한다는 법칙으로 1662년 아일랜드의 R.보일이 실험을 통하여 발견하였다. 또한, 1676년 E.마리오트도 독자적으로 발견하였기 때문에, 유럽에서는 보일−마리오트의 법칙이라고 한다.

용기 속에 넣어 둔 기체 분자는 모든 방향으로 활발한 운동을 하고 있기 때문에 용기 벽에 충돌하여 힘을 주는데, 이처럼 충돌에 의하여 용기벽의 단위 넓이에 작용하는 힘을 그 기체의 압력이라고 한다. 외부에서 힘을 가해 기체의 부피를 감소시키면, 기체의 밀도가 증가하여 충돌횟수도 증가하므로 기체의 압력은 증가한다. 반대로 부피가 늘어나면 압력은 감소한다. 보일은 실험에서 일정한 온도에서 일정량의 기체의 부피는 압력에 반비례한다는 사실을 발견했다

기체분자의 크기가 0이고 서로 영향을 미치지 않는 이상기체의 경우, 부피가 1/2배가

되면 압력은 정확히 2배가 된다. 보일의 실험에서는 적은 양의 기체를 사용하여 이상기체와 거의 비슷한 결과를 얻었다. 하지만 실제기체에 대한 엄밀한 실험과 검토를 통해 보일의 법칙은 실제기체에 그대로 적용할 수 없다는 것이 밝혀졌다.

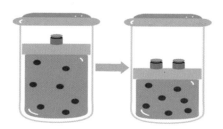

기체, 입자, 공기 용어 설명

기체에 대하여 공부하게 되는 단원으로, 학생들이 교과서에서 계속적으로 다루어지는 용어인 기체, 공기, 입자를 구분하여 사용하기 어려울 수 있다. 따라서 용어들을 확실히 설명하여 구분할 수 있도록 해야 한다.

기체	• 물질의 상태 중 하나(고체, 액체, 기체) • 일정한 형태가 없고, 어떤 용기(그릇)도 쉽게 채움
입자	• 물질의 성질을 가진 가장 작은 알갱이 (예−공기 입자, 물 입자)
공기	• 지구를 둘러싸고 있는 무색무취의 투명한 기체 • 질소가 약 78%, 산소가 약 21%, 그 밖에 아르곤, 이산화탄소 등이 포함

 교수 처방

교수 처방 **오개념** **기체에 압력을 가하면 입자의 크기가 줄어든다.**

이번 단원에 앞서 학생들은 고체, 액체와 기체의 부피를 알아보고 측정해 보았으며, 물체 및 물질의 세 가지 상태까지 공부를 하였다. 그러나 학생들은 고체가 압력을 받을 때 크기가 줄어드는 것을 보고, 기체도 마찬가지로 입자의 크기가 줄어든다고 생각하였다. 이런 오개념을 해결하기 위해 다음과 같은 처방 전략을 세워 보았다.

　기체는 실제로 눈에 보이지 않기 때문에, 학생들이 기체에 대한 학습을 이해하는 것은 쉽지 않다. 그래서 학생들이 생각하는 입자 크기의 변화와 입자에 대한 자세한 설명을 모형을 통해 이해를 도우면 의미 있는 과학 수업이 될 수 있을 것이다.

　아래 수업 대화는 학생들과 주사기를 활용한 간단한 활동을 통하여 기체의 입자 크기에 대해 이야기해 보는 상황이다.

교사 [확인] 주사기를 봅시다. 무엇이 들어 있을까요?

학생 글쎄요. / 공기가 있습니다.

교사 [발문] 그렇다면 지금처럼 손으로 주사기의 입구를 막아 압력을 가하면 어떨까요?

학생 기체의 부피가 줄어듭니다.

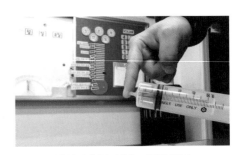

주사기에 공기 넣고 입구 막기

교사 [발문] 그렇죠? 그렇다면 기체의 입자는 어떻게 되었을까요?

학생 압력을 가하면 입자가 눌리고 크기도 작아집니다.

교사 [과제] 공기에 압력을 가하면 부피가 줄어드는 것을 우리 눈으로 확인했는데, 우리 눈에 보이지 않는 입자는 과연 어떨까요? 종이에 한번 예상되는 현상을 직접 그려 봅시다.

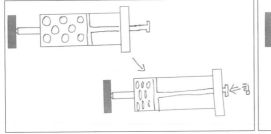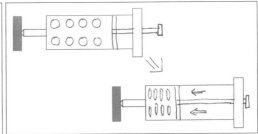

학생들이 직접 입자의 크기가 줄어든 모습을 표현한 그림

교사 우리가 입자에 대해 처음 이야기할 때 입자를 무엇이라고 설명했었죠?

학생 물질의 성질을 가진 가장 작은 알맹이라고 배웠습니다.

교사 [설명] 맞습니다. 그렇기 때문에 사실 입자는 우리가 압력을 가한다고 해서 크기가 작아지거나 모양이 변하지 않습니다. 물질의 성질을 가지고 있으면서도 가장 작은 형태를 지니기 때문에 압력이 가해진다고 해서 입자가 작아지는 것은 아닙니다.

> • 사실 교과서에 나오는 입자는 분자라고 할 수 있다. 하지만 초등학생에게는 어려운 개념이기 때문에 물질의 성질을 가진 가장 작은 알맹이가 입자라고 정의를 해놓고 따로 분자를 언급하지 않는다. 기본적인 성질을 설명해 줌으로써, 오개념을 갖지 않도록 도와줄 필요가 있다.

교사 그렇다면 그림을 어떻게 그려야 될까요?

학생 입자의 크기가 변하지 않도록 그려야 합니다.

교사 그럼, 다시 한 번 그려 봅시다. 스티커를 사용하여 표현해도 됩니다.

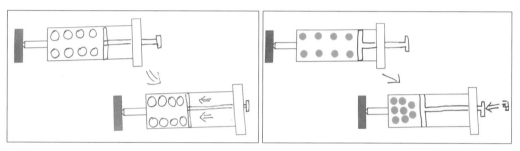

학생들이 직접 입자의 크기는 변하지 않았으나, 입자 사이의 간격이 줄어든 것을 표현한 그림
(왼쪽은 입자가 일렬로 줄서 있다고 그린 것, 오른쪽은 입자가 재배열된다고 그린 것)

교사 어떻게 그렸나요?(표현했나요?)

학생 입자의 크기는 줄지 않았으나, 간격이 줄었습니다.

교사 기체에 압력을 가하면 입자의 크기가 줄어드는 것이 아니라, 입자 사이의 거리가 가까워져 부피가 작아지는 것입니다. 반대로 압력을 없애면 입자 사이의 거리가 멀어져 부피가 커집니다.

교과	과학			학습 주제	기체의 성질에 대해 알기		
학습 목표	기체에 가한 압력과 기체의 부피 사이의 관계를 설명할 수 있다.						

단계	학습 내용 (학습 집단)	교수·학습 활동	PCK 전략			자료(★) 및 유의점(※)
			배움 주춤	배움 전략	배움 원리	
배움 열기	전시 학습 상기(전체) 동기 유발 학습 목표 확인	• 전시 학습 상기하기 –우리 주변에 있는 것들에 대해 이야기하기 • 학습 동기 유발하기 –공기대포 가지고 놀아 보기 • 공부할 문제 확인하기 –기체에 대해 알아봅시다.	선개념	발표 설명 단서	연결 관찰	★공기대포
배움 활동	기체와 압력의 관계 알아보기 (전체)	• 압력에 따른 기체의 변화 알아보기 –주사기에 공기를 넣고 입구를 막은 뒤 압력 을 가해 보기 –그림으로 나타내 보기 –결과를 예상한 것과 비교해 보기 • 입자의 성질 알기 –입자의 성질을 알고 다시 한 번 그림으로 나 타내 보기	오개념	관찰 예상 발표	칭찬 연결	★학습지
배움 정리	정리하기 (전체) 차시예고	• 오늘 학습하면서 알게 된 것 이야기하기 –기체의 입자들이 크기나 모양이 변하지 않 음을 알게 됨 • 학습하면서 느낀 점 이야기하기 • 차시 예고하기 –산소의 성질 알아보기		요약 토의	존중 연결	자기 평가

⊙ 성취 기준을 바탕으로 다양하게 수업 설계를 해 보세요.

6 2학기 1단원

세균은 해롭나요?

한눈에 알아보기

◎ 학습 주제

세균의 특징과 하는 일을 설명하기

◎ 성취 기준

세균, 바이러스 등이 우리 생활에 미치는 영향을 조사하여 설명할 수 있다.

◎ 난개념

우리 생활에 이로운 세균이 있다.

지도 요소

상황 진단

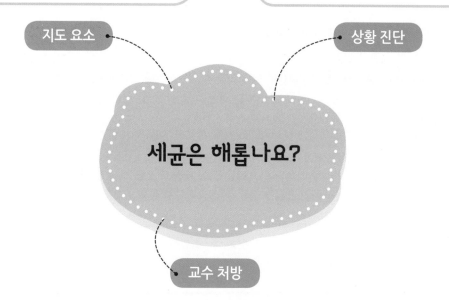

세균은 해롭나요?

교수 처방

◎ 난개념 처방

- 학생들에게 실생활을 통한 체험을 통해 세균의 이로운 점 알아보기
- 전문가 혹은 부모님과의 생생한 인터뷰를 통해 세균의 이로운 점 정리하기
- 만화 및 신문, 뉴스 형태의 산출물 혹은 일기 형태의 자료를 통해 학생들이 발표하기
- 평소 생활하면서 발견할 수 있는 세균의 이로운 점 이야기하기

- ⚙ **관련 단원** `6학년 2학기` 1. 생물과 우리 생활(5/11차시)

- ⚙ **학습 주제** 세균의 특징과 하는 일을 설명하기

- ⚙ **성취 기준** (핵) 과6132-2. 세균, 바이러스 등이 우리 생활에 미치는 영향을 조사하여 설명할 수 있다.

- ⚙ **학습 목표** • 세균의 특징에 대해 알 수 있다.
  - 세균이 하는 일을 알 수 있다.
  - 세균이 우리 생활에 미치는 영향을 조사할 수 있다.

상황 진단

난개념	우리 생활에 이로운 세균이 있다.
문제 상황 진단	학생들은 수업 시간에 세균의 개념과 기능, 역할 등 다양한 내용을 배우게 된다. 특히 세균에 대한 해로운 점, 이로운 점을 배우게 되는데 많은 학생들이 세균에 대해 해로운 점은 잘 기억하지만 이로운 점은 잊는 경향이 있다. 수업을 진행한 뒤 바로 물어보면, 세균의 이로운 점에 대해서는 발표를 곧잘 하지만, 시간이 지난 후에는 해로운 점만 기억하는 것이다. 아마 실제 생활에서 세균에 대한 해로운 점을 많이 들었기 때문이라 생각한다. 그러므로 학생들에게 세균의 이로운 점을 자연스럽게 알 수 있는 다양한 방안을 마련할 필요가 있다. 학생들이 세균의 이로운 점에 대한 자료를 직접 찾아보고, 만화 및 광고 등으로 소개하는 활동과 체험을 통해 세균의 이로운 점을 학습하면 기억효과를 좀 더 높일 수 있다.

관련 개념

세균이란?

라틴어로는 박테리아(Bacteria)라고 한다. 예전에는 고세균과 따로 부르기 위해 진정세균(Eubacteria)이라는 용어를 이용했으나, 실제로는 하등 관련이 없다는 것 때문인지 그냥 박테리아라고 부르는 듯하다. 고세균과 같이 묶어 원핵생물로 불리기도 하지만, 진화론 및 분류학상으로 고세균은 세균보다 진핵생물에 더 가까운, 세균과는 거리가 먼 생물이다. 사실 고세균과 세균의 차이는 인간과 이끼의 차이보다 더 크다.

일반적으로 세균을 가장 단순한 형태의 생물이라고 하지만, 세균보다 작고 간단한 형태의 바이러스를 생물로 정의하는 경우도 있다. 과거에는 바이러스는 스스로 복제할 수 있는 기능이 없었기 때문에 생물로 취급하지 않았지만, 요즘에는 생물도 결국 정보 전달자라는 개념이 확산되고 있어 바이러스도 생물의 범주에 넣는 경우도 있다.

세균과 바이러스는 다른가요?

보통 사람들은 세균과 바이러스는 같다고 혼동하는 경우가 있다. 하지만 세균과 바이러스는 아래 표와 같이 다른 점이 많이 있다.

세균	바이러스
0.5µm~0.5mm로 바이러스보다 크다.	세균의 50~100분의 1 크기이다.
세포 구조로 단단한 세포벽으로 이루어져 있다.	핵산과 단백질로 이루어져 있으며 비세포 구조로 핵이 없다.
숙주 없이도 스스로 증식할 수 있다.	숙주 없이는 증식할 수 없다.
항생제로 치료가 가능하다.	항바이러스제로 치료할 수 있으나 치료보다는 예방이 중요하다.
항생제 개발이 비교적 용이하다.	돌연변이 속도가 빨라 항바이러스제 개발이 어렵다.

세균성 질환을 치료하기 위해서는 반드시 항생제 처방이 필요하다. 페니실린으로 그 역사가 시작된 항생제는 특정 세균 감염에 의한 염증을 치료하는 물질이다. 병의 원인이 되는 세균을 죽이는 강력한 약효가 있는 동시에 잘못 복용하면 그 항생제가 듣지 않는 내성이 생긴다는 게 문제이다. 위와 장에 있는 몸에 이로운 세균인 정상상재균까지 죽여 사람에 따라 위장장애, 식욕부진 같은 부작용이 나타나기도 한다. 바이러스는 치료보다는 예방백신 접종이 보편화되어 있다. 독감을 예방하는 백신이나 장염을 예방하는 로타바이러스 백신 등이 있다. 물론 바이러스는 워낙 '변신의 귀재'라 변종 바이러스를 빠르게 만들어 내다 보니 백신을 맞았다고 100% 예방되는 것은 아니다. 하지만 예측된 바이러스에 대해서만큼은 확실한 효과를 기대할 수 있다. 이미 진행 중인 바이러스성 질환은 특별한 치료 없이 시간이 지나면 대부분 낫는다.

교수 처방 **난개념** 우리 생활에 이로운 세균이 있다.

'6학년 생물과 우리 생활' 단원을 지도하면서 대다수의 학생들이 세균에 대해 부정적인 생각을 갖고 있다는 사실을 알게 되었다. 물론 일상생활에서도 세균의 이로운 점보다는 해로운 점에 대해 이야기하기 때문에 대부분의 학생이 세균은 해롭다는 개념을 갖게된다. 학생들에게 세균에 대해 떠오르는 생각을 물어보면 대부분 '질병', '해로움', '아픔'과 같은 부정적인 단어를 이야기한다. 우리 생활에서 세균이 하는 일에 대해 이로운 점을 알 수 있도록 지도할 필요가 있다.

생각해 보기

수업 시간에 교사의 설명과 동영상 자료를 활용하면 세균이 이로운 생물인지 해로운 생물인지 알 수 있다. 하지만 세균의 해로운 점은 평소 생활 속에서 경험하지만 이로운 점은 직접적으로 경험하기 어렵거나 느끼지 못한다. 그러므로 세균의 이로운 점에 대해 학생들이 직접 체험하거나 간접적인 경험을 느끼게 할 필요가 있다.

이를 위해 학생들이 직접 경험한 일, 혹은 전문가와의 인터뷰 형식의 진행을 통해 가르칠 수 있다. 시간적·공간적 제약으로 체험이 불가능하다면 세균에 대한 조사 활동을 통해 스토리텔링 형태의 자료를 만들어 발표해 보는 방법으로 수업을 진행할 수 있다.

아래 수업 대화는 세균의 이로운 점을 스토리텔링 자료를 만들어 발표하는 장면이다.

교사 여러분 이번 시간에는 세균의 역할에 대해 알아보겠습니다. 여러분들은 세균이라는 이름을 들으면 어떤 생각이 드나요?

학생 세균은 우리 몸에 좋지 않다는 생각이 듭니다.

교사 왜 그런 생각이 들었나요?

학생 [발표] 병원에서 병에 걸리지 않으려면 손을 꼭 씻으라고 했습니다.

학생 [발표] 어제 병원에 갔는데 의사 선생님이 세균 때문에 감기에 걸렸다고 말해 주었습니다.

학생 [발표] 여드름 때문에 고민이 많은데 인터넷을 검색해 보니 여드름은 세균 때문에 생긴다는 것을 알았습니다.

교사 세균의 해로운 점을 알고 있는데 혹시 세균에 대해 이로운 점은 없나요?

학생 [발표] 발효 식품이 있습니다.

교사 [설명] 맞습니다. 우리 생활에 유익한 세균도 있고 해로운 세균도 있습니다. 이번 시간에는 우리 주변에 있는 이로운 세균을 찾아 친구들에게 설명하는 자료를 만들어 보고, 발표해 보도록 하겠습니다.

학생들에게 도서관과 컴퓨터실을 활용하여 세균의 이로운 점을 찾아보도록 한다. 그 후 만화나 신문 혹은 뉴스 형태로 산출물을 제작하도록 한다. 위의 그림은 우리 생활에 필요한 질소고정세균에 대해 조사하고 만화로 만든 자료이다.

교사 세균의 유익한 점에 대해 만든 자료를 친구들에게 발표해 보겠습니다.

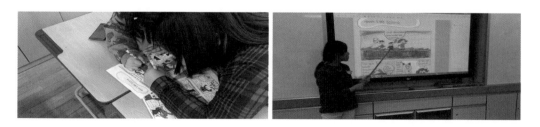

다양한 세균 중 질소고정세균을 찾아 세균의 이로운 점을 그림자료로 만들어 친구들에게 소개하고 책으로 만들어 보는 장면이다.

아래의 상황은 세균이 이로운 생물이라는 것을 체험 활동을 하며 알아 가는 장면이다.

교사 된장을 만들어 보면서 세균의 이로운 점에 대해 알아보겠습니다.

공주의 한 농촌체험마을을 방문하여 된장과 청국장을 만들 때 세균의 역할에 대해 전문가의 설명을 듣고 직접 체험 활동을 하면서 세균의 이로운 점을 학습하고 있다. 이것은 학습 사례의 예시로, 학교의 여건상 다양하게 접근할 수 있다.

교사 [설명] 여러분들이 세균에 대해 해로운 점만 기억하고 있었는데, 이로운 세균이 많다는 것을 확실히 알았지요?

학생 네, 된장에 있는 세균은 우리 몸에 이롭습니다.

교사 질병의 원인이 되기도 하지만 질병을 치료하거나, 우리에게 여러 도움을 주기도 합니다. 세균의 이로운 점에 대해서도 꼭 기억하기 바랍니다.

수업 개요

교과	과학		학습 주제	세균의 특징과 하는 일을 설명하기
학습 목표	세균의 특징과 하는 일을 설명할 수 있다.			

단계	학습 내용 (학습 집단)	교수·학습 활동	PCK 전략			자료(★) 및 유의점(※)
			배움 주춤	배움 전략	배움 원리	
배움 열기	동기 유발 학습 목표 확인	• 학습 동기 유발하기 −작은 생물인 세균을 확대한 사진 보여 주기 −현미경으로 세균을 관찰한 모습 살펴보기 • 공부할 문제 확인하기 −세균의 특징과 하는 일을 알아봅시다.	선개념	설명 매체	연결 비교 추론 관찰	★그림자료(세균 의 모습이 담긴 그림) ★동영상자료(현 미경으로 세균 을 관찰하고 있 는 동영상자료)
배움 활동	세균의 특징과 하는 일에 대해 조사하기 (전체)	• 세균의 특징 조사하기 −세균에 대해 떠오르는 생각을 자유롭게 발 표하기 −세균의 특징에 대해 조사하기 −조사한 내용 발표하기 • 세균이 하는 일에 대해 알아보기 −세균이 하는 일에 대해 토의하기 −토의한 내용 발표하기	난개념	조사 탐구	연결 비교 관찰	※인터넷을 활용 하여 조사한다. ※다양한 방법을 활용하여 조사 한 내용을 발표 하도록 한다.
	우리 몸과 생활 환경에서 살고 있는 세균 알아 보기 (전체)	• 우리 몸과 생활 환경에서 살고 있는 세균 알 아보기 −우리 주변에 세균이 있다는 것을 확인할 수 있는 방법 알아보기 −우리 주변에서 세균이 살고 있을 만한 곳을 이야기해 보기		그림 설명 예시	관찰	
	세균 이야기 만들기 (모둠)	• 세균에 대해 소개하는 이야기자료 만들어 보기 −관심 있는 세균에 대해 조사하기 −세균에 대해 이야기자료 만들기 −이야기자료 발표하기		설명 유추 발표	연결 추론	※세균의 긍정적 인 모습에 대해 이야기자료를 만들도록 한다.
	세균의 특징과 하는 일에 대해 정리 하기(개별)	• 세균의 특징과 하는 일에 대해 정리하기 −세균의 특징에 대해 이야기하기 −세균의 하는 일에 대해 이야기하기		조사 탐구 발문 발표	격려 수용 연결	

단계	학습 내용 (학습 집단)	교수·학습 활동	PCK 전략			자료(★) 및 유의점(※)
			배움 주춤	배움 전략	배움 원리	
배움 정리	정리하기 (전체) 차시예고	• 오늘 학습하면서 알게 된 것 이야기하기 −세균의 특징과 하는 일에 대해 알게 됨 −세균의 해로운 점과 이로운 점에 대해 알게 됨 • 다음 시간에 단원 정리해 보기		메모		자기 평가 ※실험 관찰에 내 용을 정리한다.

장식용 꼬마전구는 직렬연결일까?

문제 상황 제시

이 트리에 있는
장식용 꼬마전구는
일자로 쭉 연결되어 있기
때문에 직렬연결이야.

어?
꼬마전구가 직렬연결이면,
트리의 불이 한 번에 다 꺼지거나,
켜져야 하는데,
왜 불이 꺼진 전구와
켜진 전구가 있지?

◎ 학습 주제

전기회로와 전자석 알기

◎ 성취 기준

전구의 연결 방법에 따른 밝기를 비교하여
설명할 수 있다.

◎ 난개념

전자석은 볼트(못)가 아닌 다른 재료로도
만든다.

◎ 오개념

장식용 꼬마전구는 직렬로 연결되어 있다.

지도 요소

상황 진단

장식용 꼬마전구는
직렬연결일까?

교수 처방 1

교수 처방 2

◎ 난개념 처방

• 전자석의 원리에 대하여 이야기하고 볼
트(못)가 아닌 다른 재료들을 사용해서도
전자석을 만들 수 있음을 이해하기

• 직접 다양한 재료들을 통해 전자석을 만
들어 보기

◎ 오개념 처방

• 주변의 환경을 살펴보고 전구의 연결 방
법을 확인하기

• 장식용 꼬마전구의 연결을 그림으로 관
찰해 보고 직접 확인하고 표현해 보기

- ⊙ 관련 단원 `6학년 2학기` 2. 전기의 작용 | (2) 과학탐구(4, 7, 8/12차시)
- ⊙ 학습 주제 전기회로와 전자석 알기
- ⊙ 성취 기준 `핵` 과4015. 전구의 연결 방법에 따른 밝기를 비교하여 설명할 수 있다.
- ⊙ 학습 목표 • 전구를 직렬이나 병렬로 연결하여 전구에 불을 켤 수 있다.
  • 전자석을 만들고 전자석의 성질을 설명할 수 있다.

상황 진단

난개념	전자석은 볼트(못)가 아닌 다른 재료로도 만들 수 있다.
문제 상황 진단	학생들은 교육과정상 전기와 관련한 학습은 3학년 때 배우는 자석 외에는 6학년이 될 때까지 다루어지지 않는다. 그렇기 때문에, 전자석을 만드는 활동에 큰 흥미를 보이고 매우 즐겁게 참여한다. 그런데, 전자석을 만들 때 교과서에 제시된 것처럼 볼트(못)만을 사용하는 것에 대하여 학생들은 별다른 고민을 하지 않는다. 전자석을 반드시 볼트(못)만을 사용해서 만들어야 되는 것은 아니기 때문에 직접적인 관찰과 실험을 통해 학생들의 생각의 고착화를 예방할 필요가 있다.
오개념	장식용 꼬마전구는 직렬로 연결되어 있다.
문제 상황 진단	전구와 전지의 연결 방법에 따른 전구의 밝기 비교 방법에 대해 공부를 하면서 직렬연결과 병렬연결을 공부한다. 교과서에서는 연결 방법이 하나의 길로 연결되어 있는지, 두 개의 길로 연결되어 있는지를 보고 직렬과 병렬로 나눈다. 하지만, 우리가 실생활에서 볼 수 있는 장식용 꼬마전구는 하나의 전선으로 연결되어 있는 것처럼 보이기 때문에, 학생들은 직렬로 연결되어 있다고 생각한다. 따라서, 구체물을 통하여 학생들이 직접 확인하고, 실험도구들로 직접 모형을 만들어 보면서 오개념을 수정하도록 한다.

관련 개념

전자기 유도 법칙이란?

영국의 물리학자 패러데이는 실험을 통해 도선 주위의 자기장의 변화가 도선에 전류를 발생시킨다는 '전자기 유도 법칙'을 발표하였다.

코일로 감아 놓은 도선의 양끝을 검류계와 연결하고 그 코일 안으로 자석을 집어 넣었다 뺐다 하면 전류가 흐른다는 사실을 보여 주었다. 전지는 연결하지 않고 자석만 코일 속으로 움직였을 뿐인데 검류계의 바늘이 움직인 것이다. 전자기 유도 현상에서 자기장이 없거나 일정한 크기의 자기장이 지속되는 경우에는 전류가 유도되지 않는다. 자기장의 증가나 감소 등으로 자기장의 변화가 있을 때에만 전류가 유도된다.

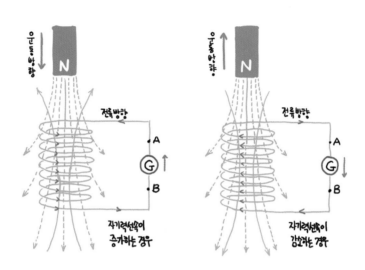

렌츠의 법칙

렌츠의 법칙은 전자기 유도의 방향에 관한 법칙이다. 전자기 유도에 의해 만들어지는 전류는 자속의 변화를 방해하는 방향으로 흐른다. 여기서 자속이란 '어떤 면을 지나는 자기력선의 수'이다. 코일을 향하여 자석을 움직이면 코일 속을 지나는 자속은 증가한다. 이 때 코일에 유도되는 전류는 자속의 증가를 방해하는 방향으로 흐른다. 반대로 자석을 코일에서 빼면 코일 속을 지나는 자속은 감소한다. 이 때 코일에 유도되는 전류는 자속의 감소를 방해하는 방향으로 흐른다.

전자기 유도에 의해 생기는 전류의 방향은 코일 내부의 자속의 변화를 방해하는 방향이다. (a)에서 자석의 N극이 코일에 가까워지면 자속의 증가를 방해하는 방향인 시계 방향으로 전류가 흐른다. (b)에서 자석의 N극이 코일에서 멀어지면 시계 반대 방향으로 전류가 흘러 자속의 감소를 방해한다.

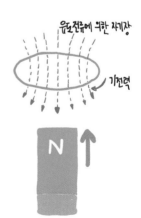

교수 처방 1 **난개념** 전자석은 볼트(못)가 아닌 다른 재료로도 만들 수 있다.

전지, 전구, 전선을 가지고 다양한 활동을 한 후 이를 응용하여 전자석을 만드는 과정은 '전기의 작용' 단원에서 의미 있는 활동이다. 학생들은 흥미롭게 실험활동에 참여하나, 전기가 잘 통하지 않거나, 부품불량 등의 실패요인이 있었다. 여러 시행착오를 거치면서 학생들은 "꼭 전자석은 볼트(못)로만 만들어야 하나요?"라는 질문을 하기도 하였다. 따라서 다양한 재료를 사용하여 전자석을 만들 수 있는 기회를 제공할 필요가 있다.

생각해 보기

교과서에서는 전자석을 만들 때 볼트로 만들고 그 밖의 다른 재료는 제시하지 않는다. 학생들은 이에 대하여 궁금해하며 다른 재료들로 만드는 것이 가능한지에 의문을 갖는다. 전자석의 원리에 대해 알고 난 후, 볼펜이나 연필, 나뭇가지 등을 사용하여 전자석을 직접 만들어 보는 활동을 통해 난개념을 극복할 수 있다.

아래 수업 대화는 앞에서 배운 내용을 바탕으로 학생들에게 전자석의 원리를 학습하고 새로운 재료를 사용하여 전자석을 만들어 보는 과정이다.

교사 [발문] 전선 주위의 나침반은 어떻게 되었나요?

학생 나침반을 두었더니 나침반 바늘이 움직였습니다./나침반 바늘이 일정한 방향을 가리킵니다.

교사 그렇다면 나침반 바늘을 보고 알 수 있는 것은 무엇일까요?

학생 자기장이 발생합니다.

교사 이렇게 전류가 흐를 때, 전선 주위에 자기장이 발생하는 현상을 가지고 만드는 것이 무엇이죠?

학생 전자석입니다.

교사 그렇지요, 전자석은 전류가 흐르면 자석의 성질을 나타내는 자석을 말해요.

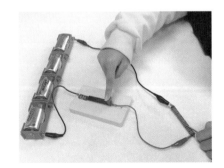

기존에 만든 전자석

전자석의 원리를 그림을 통해 알고 전자석의 재료에 대해 생각해 본다.

교사 [발문] 전자석을 만들 때 사용했던 재료에 무엇이 있었나요?

학생 전선과 볼트(못)가 있습니다.

교사 [발문] 과연 볼트(못)가 아닌 다른 재료들로도 전자석을 만들 수 있을까요?

학생 글쎄요. / 볼트(못)는 자석과 붙기 때문에 사용하지 않을까요?

교사 [설명] 전자석이 되는 원리는 앞에서 배운 내용에서부터 알 수 있습니다. 전자석은 전류가 흐를 때만 자석의 성질을 나타내기 때문에, 전선에 전류가 흐르기만 하면 우리는 자기장을 형성하여 자석을 만들 수 있습니다. 볼트(못)를 중심으로 전선을 감지 않아도 빨대나 나무 젓가락, 분필 등을 감아도 전자석을 만들 수 있습니다.

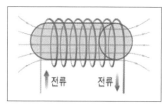

전자석 원리 그림

학생 와 정말요? 신기하다. 우리가 직접 해 볼 수 있을까요?

교사 그럼 선생님이 준비한 재료를 가지고 전자석을 만들어 봅시다.

6학년
2학기

> • 볼트(못)로 전자석을 만드는 이유는 더 큰 자기장을 얻기 위함이다. 전류를 흘려보내 자기장이 만들어지게 되면 그 순간 못도 자석이 된다. 다른 재료들과 함께 볼트(못)로 만든 전자석의 자기장을 비교하면서 전자석의 힘이 어떤 재료가 더 센지 실험해 보면 좋다.

교사 [활동] 그렇다면 직접 자신이 선택한 재료를 가지고 자기만의 전자석을 만들어 보고, 세기를 볼트(못)로 만든 전자석과 비교해 봅시다.

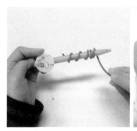
볼펜

분필

나무젓가락

나뭇가지

자기만의 전자석 만들기

학생 와! 볼펜도 전자석이 되네?

교사 여러분이 만든 나만의 전자석과 볼트(못)로 만든 전자석의 힘을 한번 비교해 봅시다. 전지와 전자석을 연결하여 나침반 위에 전자석을 놓아 봅시다.

볼트(못)로 만든 전자석과 여러 가지 재료를 사용한 전자석의 힘 확인하기

학생 볼트(못)로 만든 전자석 아래에 있는 나침반은 많이 돌아가는데, 우리가 만든 전자석은 조금 돌아갑니다.

교사 맞습니다. 우리가 볼트(못)로 전자석을 만드는 것은, 전자석에 더 큰 자기장을 만들어서 전자석의 힘을 더 확실히 확인할 수 있기 때문입니다.

교수 처방 2 오개념 장식용 꼬마전구는 직렬로 연결되어 있다.

12월, 학생들과 같이 교실에 장식용 꼬마전구를 사다가 크리스마스 트리를 꾸미는 활동을 하였다. 불이 들어오지 않는 꼬마전구가 있었지만, 다행히 나머지 전구들은 불이 잘 들어와서 교실에서 멋진 트리를 만들 수 있었다. 전구의 연결 방법에 대해 배운 학생들은 자신들이 아는 지식을 이야기하기 시작했다. "장식용 꼬마전구는 전구가 일직선으로 이어져 있으니까 직렬연결이지."라는 한 학생의 말에 다른 학생들은 모두 고개를 끄덕였다.

실제로 다른 학생들에게 질문을 했을 때에도 다들 직렬연결로 생각하고 있었다. 어떻게 처방해야 좋을까?

생각해 보기

학생들은 실제로 장식용 꼬마전구를 보고 나서 직렬연결을 쉽게 떠올린다. 전구들이 한 줄로 연결되어 있고 스위치 하나로 모든 전구가 꺼지거나 켜지는 것까지 직렬연결의 특징을 보인다. 하지만, 이는 직렬연결이라는 확실한 답이 되지는 않는다. 실제로 장식용 꼬마전구를 관찰해 보고, 직렬연결과 병렬연결의 구분을 명확히 하여 오개념을 처방하도록 한다.

아래 수업 대화는 실생활에서 볼 수 있는 병렬연결의 예시와 실제로 장식용 꼬마전구를 살펴보아 연결 상태를 학습하는 상황이다.

교사 [확인] 우리는 전구의 연결 방법에 대해 배웠습니다. 어떻게 연결 방법을 구분하죠?

학생 전구 두 개 이상을 하나의 길로 연결한 것은 전구의 직렬연결입니다./ 전선 여러 개에 각각 나누어 전구를 한 개씩 연결한 것을 전구의 병렬연결이라고 합니다.

주변에서 쉽게 찾을 수 있는 병렬연결(학교 천장)

교사 [발문] 그렇다면 우리가 겨울에 많이 볼 수 있는 장식용 꼬마전구를 생각해 봅시다. 꼬마전구는 어떤 연결 방법일까요?

학생 [대답] 한 줄로 연결되어 있으니까 직렬연결입니다.

교사 [발문] 그렇다면 교실의 천장을 한번 볼까요? 교실 천장의 등은 어떤 연결 방법일까요?

학생 잘 모르겠습니다.

교사 [설명] 교실 천장의 등은 병렬연결입니다. 천장의 전등에서 하나의 전등 불이 나갔다고 생각해 봅시다. 천장의 전등이 다 꺼지나요?

학생 아니요. 꺼지지 않습니다.

교사 장식용 꼬마전구를 관찰하며, 직렬연결인지 병렬연결인지 자신만의 방법으로 확인해 봅시다.

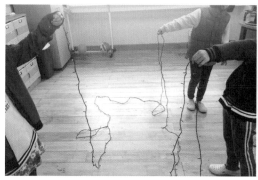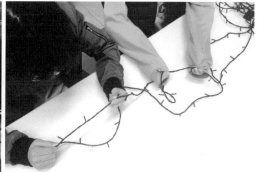
학생이 직접 장식용 꼬마전구를 통해 전구의 연결 확인하기

교사 장식용 꼬마전구를 펼쳐 보니 어떻게 연결되어 있던가요?

학생 한 줄로 연결되어 있다가 두 줄로 연결되어 있습니다.

교사 [설명] 그렇죠. 사실 크리스마스 트리에 연결하는 꼬마전구는 직렬연결과 병렬연결을 같이

사용하고 있습니다. 직렬연결만으로 꼬
마전구를 연결하면 어떻게 될까요?

학생 한 전구가 꺼지면, 이어져 있는 다른 전
구도 다 꺼지게 됩니다.

교사 그러면, 병렬연결로만 연결하면 어떻게
될까요?

학생 꼬마전구가 하나가 꺼져도 나머지는 꺼
지지는 않지만, 스위치나 전선이 너무 많
이 필요할 것입니다.

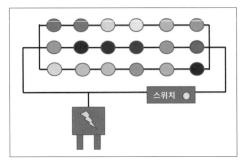

직렬연결과 병렬연결을 동시에 사용한 꼬마전구의
모습을 간단한 그림으로 제시

교사 네, 맞습니다. 꼬마전구는 직렬연결과 병렬연결을 같이 사용하기 때문에 한 전구가 꺼지더
라도, 나머지 전구의 불이 켜져 있습니다. 또한, 많은 선과 스위치가 필요하지 않고 편리
하게 트리에 설치할 수 있는 것이랍니다.

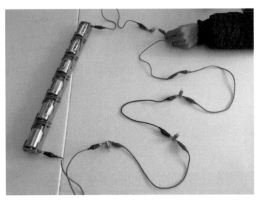 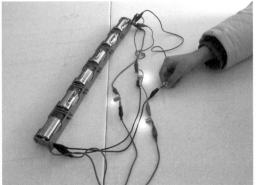

학생이 직접 전선과 전구를 연결하여 꼬마전구의 원리를 직렬연결과 병렬연결로 알아보기

• 꼬마전구들이 켜졌다 꺼졌다 하는 원리는 바이메탈을 사용한 것이다. 전구에 전류가 흘러 열을 받으면 바
이메탈이 한쪽으로 휘면서 자동으로 전류를 차단하게 되는 원리다. 그러다가 잠시 후 바이메탈이 식으면
다시 원상태로 돌아와서 전류가 흐르게 되어 불이 다시 들어오게 되고 이를 반복하는 것이다.

수업 개요

교과	과학		학습 주제	전기회로와 전자석 알기
학습 목표	전기회로와 전자석을 알 수 있다.			

단계	학습 내용 (학습 집단)	교수·학습 활동	PCK 전략			자료(★) 및 유의점(※)
			배움 주춤	배움 전략	배움 원리	
배움 열기	전시 학습 상기(전체) 동기 유발 학습 목표 확인	• 전시 학습 상기하기 –간단한 전기회로 꾸며 보기 • 학습 동기 유발하기 –크리스마스 트리를 제시하여 우리가 아는 내용과 연관짓기 • 공부할 문제 확인하기 –전기회로와 전자석을 알아봅시다.	선개념	시범 관찰 단서	연결 관찰	★전선, 전구, 스위치, 건전지
배움 활동	전자석을 여러 가지 재료로 만들어 보기 (모둠)	• 기존에 만든 전자석 관찰하기 –전자석에 전류를 흘려보내 변화 관찰하기 –전자석의 재료에 대하여 질문하기 • 전자석의 원리 알기 –전자석의 원리를 알고 직접 여러 가지 물체들로 전자석 만들어 보기	난개념	관찰 설명	참여 격려	★ppt, 학습지, 전선, 전구, 스위치, 건전지, 볼펜, 분필, 나무젓가락, 나뭇가지
	장식용 꼬마전구는 직렬연결일까?(모둠-전체)	• 교실 천장을 살펴보고 전구의 연결 방법 확인하기 –학교 천장의 병렬연결에 대해 이야기하기 –크리스마스 트리에 있는 꼬마전구의 연결 방법 토의하기 • 장식용 꼬마전구의 연결을 확인하기 –실제 전선과 전구를 가지고 직렬, 병렬 연결을 해 보고, 간이 크리스마스 트리 만들어 보기	오개념	관찰 발표 실험	칭찬 연결	★전선, 스위치, 전구, 건전지 ※바이메탈에 대하여 설명하기
배움 정리	정리하기 (전체)	• 오늘 학습하면서 알게 된 것 이야기하기 –전자석을 여러 가지 재료로도 만들 수 있음을 알게 됨 –크리스마스 트리에 있는 장식용 꼬마전구는 병렬로 연결됨을 알고 직렬과 병렬연결의 차이를 더 확실하게 알게 됨 • 학습하면서 느낀 점 이야기하기		요약 토의	수용 연결	자기 평가

여름에는 태양과 지구가 가까워서 따뜻한가요?

한눈에 알아보기

◎ 학습 주제

계절에 따라 기온이 달라지는 까닭 알아보기

◎ 성취 기준

지구본을 이용하여 계절별 태양의 남중고도를 측정하고, 계절에 따른 남중고도와 낮과 밤의 길이 및 기온 변화를 설명할 수 있다.

◎ 오개념

태양과 지구와의 거리 때문에 계절에 따라 기온이 변한다.

6
학년

2
학기

지도 요소 ●┄┄┄

●┄┄┄ **상황 진단**

> ## 여름에는 태양과 지구가 가까워서 따뜻한가요?

┄┄┄ **교수 처방**

◎ 오개념 처방

- 전등과의 거리에 따른 열 차이를 손바닥으로 느껴 보면서 거리에 따른 열 차이를 직관적으로 느끼기
- 계절에 따른 태양과 지구와의 거리를 비례식으로 환산하면 10cm와 9.7cm 차이라는 사실을 알기
- 거리를 변화시키지 않고 손바닥 각도를 다르게 하여 손바닥에 느껴지는 열 차이를 알기

- ⊕ 관련 단원 　6학년 2학기 　3. 계절의 변화(7~8/11차시)
- ⊕ 학습 주제 　계절이 변하는 까닭 알아보기
- ⊕ 성취 기준 　핵 과6163-2. 지구본을 이용하여 계절별 태양의 남중고도를 측정하고, 계절에 따른 남중고도와 낮과 밤의 길이 및 기온 변화를 설명할 수 있다.
- ⊕ 학습 목표 　• 지구의의 자전축의 기울기를 달리하여 태양의 고도와 낮의 길이를 측정할 수 있다.
　　　　　　 　• 계절이 변화 원인을 설명할 수 있다.
　　　　　　 　• 태양과 지구와의 거리는 계절 변화에 거의 영향을 주지 않는다는 사실을 알 수 있다.

상황 진단

오개념	태양과 지구와의 거리 때문에 계절에 따라 기온이 변한다.
문제 상황 진단	학생들과 계절의 변화에 대해 수업을 하면서 많은 어려움을 느꼈다. 왜냐하면 야외에서 실험을 진행하므로 교사의 철저한 실험 준비가 필요하기 때문이다. 또한 일상생활과 밀접한 관련이 있는 단원이기 때문에 학생들의 다양한 질문을 받을 수 있다. 계절의 변화에 대한 수업을 마친 후 한 학생이 다음과 같은 질문을 했다. '계절에 따른 기온 변화는 태양의 남중고도 때문이라고 배웠는데 태양과 지구 사이의 거리는 영향이 없나요? 여름에는 태양과 지구 사이의 거리가 가까워서 뜨거운가요?'
	지도서에는 태양과 지구 사이의 거리가 여름보다 오히려 겨울에 더 가깝다고 제시되어 있었다. 학생들에게 거리는 기온에 큰 영향을 주지 않는다고 설명을 했는데 이해가 되지 않는다는 반응이 대다수였다. 그러므로 학생들에게 태양과 지구 사이의 거리 차는 기온 변화에 큰 영향을 주지 않는다는 점을 실험을 통해 살펴보게 할 필요가 있었다.

관련 개념

지구가 여름보다 겨울일 때 더 가까운가요?

　지구는 태양을 초점으로 하는 타원 궤도에 따라 태양 주위를 공전하고 있다. 지구에서 태양까지의 평균 거리는 1억 4960만km인데 지구의 공전 궤도는 타원형이므로 지구와 태양 사이의 실제 거리는 계절마다 조금씩 달라진다. 그런데 북반구의 겨울에 해당하는 1월에는 지구와 태양의 거리가 1억 4710km로 가장 가까워지며, 여름에 해당하는 7월에는 1억 5210만km로 가장 멀어진다. 이와 같은 거리 차이는 지구와 태양의 평균 거리인

1억 5000만km와 비교하여 볼 때 불과 1.6% 정도뿐이다. 거리의 차이에 따라 지구에서 받는 에너지의 차이는 거리의 제곱에 반비례하기 때문에 불과 0.026%의 영향을 주는 정도이다. 따라서 지구와 태양 사이의 거리는 계절의 변화에 큰 영향을 주지 못한다.

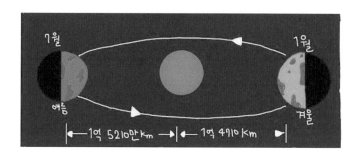

태양의 고도란 무엇인가요?

아침에 해가 뜰 때부터 저녁에 해가 질 때까지 태양의 높이는 계속 변한다. 해가 뜨면 태양의 높이가 점점 높아져 낮 12시 30분에 가장 높고 이후에는 점점 낮아진다. 이 때 태양과 지표면이 이루는 각을 태양의 고도라고 한다. 태양이 지표면과 맞물릴 때 태양의 고도는 0도로 가장 낮고 태양의 높이가 가장 높을 때 태양의 고도는 지표면과 수직인 상태로 90도가 된다. 태양의 고도는 계절에 따라 변하는데 여름에 가장 높고, 겨울에 가장 낮다.

남중고도란 무엇인가요?

태양이 지표면과 수직인 상태이자 남쪽 하늘 가장 높은 위치에 있을 때 지표면과의 고도를 남중고도라고 한다. 하루 중 약 12시 30분쯤 태양이 남중고도의 위치에 있게 되며 이때 그림자의 길이가 가장 짧다.

 교수 처방

교수 처방 오개념 **태양과 지구와의 거리 때문에 계절에 따라 기온이 변한다.**

계절에 따라 기온이 달라지는 까닭을 알아보는 차시를 지도하기 위해 탐구 수업으로 진행하였다. 동기 유발과 가설 설정 과정을 거치고 야외실험을 한 후에 수업 내용을 정리하는 과정에서 학생들에게 질문을 하였다.

"여러분 계절에 따라 기온이 달라지는 이유는 무엇인가요?"

내가 원하는 대답은 '태양의 남중고도 때문에 계절에 따라 기온이 달라진다'였다. 하지만 어떤 학생이 "선생님 저는 지구와 태양과의 거리 때문에 기온이 달라진다고 가설을 세웠는데 아직 해결되지 않았습니다."라고 대답을 하였다.

순간 교사인 나도 태양으로부터 지구가 가까운 때가 여름이고, 거리가 가까워서 여름이 더 덥구나라고 생각했었다. 지도서를 통해 태양과 지구의 계절별 거리는 온도에 영향을 별로 주지 않는다는 사실을 알고 나서, 어떻게 학생들에게 설명해야 될지 고민스러웠다.

생각해 보기

학생들에게 지구의 계절에 따라 기온이 변하는 이유는 '지구의 자전축이 기울어져 태양의 남중고도가 다르기 때문이다'라는 사실을 이해시키기 쉽다. 실험을 통해 학생들이 결과를 눈으로 살펴볼 수 있기 때문이다. 하지만 많은 학생들이 계절에 따른 기온 변화의 요인이 지구와 태양의 거리 때문이라고 예상하기 쉽다. 왜 거리는 영향을 덜 주는지 학생들에게 이해시킬 필요가 있다.

학생들은 태양과 지구 사이의 거리가 여름에 가깝고 겨울에 멀다고 생각한다. 하지만 학생들의 생각과는 다르게 지구와 태양과의 거리는 겨울이 여름보다 가깝다. 이를 통해 태양과 지구의 거리 차는 기온에 크게 영향을 미치지 않는다는 사실을 알 수 있다. 하지만 이러한 설명보다는 거리 차에 따른 계절의 변화가 크지 않다는 사실을 직관적으로 느끼게 할 필요가 있다. 열전구는 태양, 손바닥은 지구의 지표면으로 가정하고 열기를 느끼도록 한다. 열기가 뿜어져 나오는 대상에서 1cm 정도 뒤로 이동하거나 앞으로 이동하게 해서 차이가 있는지 느껴 보도록 하면서 태양과 지구와의 거리와 남중고도에 따른 온도 차이를 알아보도록 한다.

아래 수업 대화는 학생들에게 태양과 지구와의 거리가 계절에 따른 기온 변화에 크게 영향을 미치지 않는다는 점을 실험을 통해 이해하는 장면이다.

교사 여러분은 여름과 겨울 중 어느 계절이 춥습니까?

학생 겨울이 춥습니다.

교사 왜 겨울이 추울까요?

학생 온도가 내려가기 때문에 춥습니다.

교사 겨울에 온도가 왜 내려갈까요?

학생 태양의 열이 적게 전달되기 때문에 온도가 내려갑니다.

교사 왜 태양열이 적게 전달될까요?

학생 지구와 태양 사이의 거리가 멀기 때문에 열이 적게 전달될 것 같습니다.

교사 [설명] 열 전구를 태양이라고 하고 우리 손바닥을 지구의 지표면이라고 생각해 봅시다. 우선, 지구와 태양과의 거리와 전등과 손바닥의 거리를 비례식을 통해 계산해 보겠습니다.

• 지구와 태양과의 거리는 1억 5천만km이다. 가까울 때와 멀 때 500만km 차이가 난다. 즉, 가까울 때는 1억 4750만km, 멀 때는 1억 5250만km가 된다. 지구와 태양과의 거리가 멀 때의 거리를 10cm로 가정한다면 가까울 때는 9.7cm가 된다.

• 지구와 태양과의 실제 거리(멀 때) : (가까울 때)
= 지구와 태양과의 가상 거리(멀 때) : (가까울 때)
152,500,000 : 147,500,000 = 10cm : □
□ = 9.7cm

교사 [설명] 선생님과 함께 실험을 통해 살펴보도록 하겠습니다.

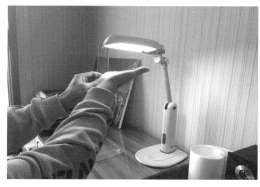

실험 과정

전기스탠드와 손바닥의 거리를 다르게 하여 실험해 본다. 전기스탠드와의 거리를 10cm, 9.7cm로 하여 온도를 직관적으로 느껴 보도록 한다.

1. 스탠드와 열 전구를 준비한다.
2. 전등으로부터 일정한 거리에서 손바닥을 내밀어 본다. 이때 거리는 따뜻한 정도를 느낄 수 있는 거리여야 한다.
3. 전등과 손바닥 사이의 거리를 10cm로 한 후 0.3cm 앞, 뒤로 움직여서 따뜻함에 차이가 있는지 살펴보게 한다.

교사 여러분, 손바닥의 따뜻함에 차이를 느낄 수 있나요?

학생 차이를 느낄 수 없습니다.

교사 [설명] 태양의 열이 전달되는 양은 거리와는 관련이 없다는 것을 알게 되었습니다. 실제로 태양과 지구와의 거리는 여름보다 겨울에 더 가깝습니다.

학생 선생님, 그러면 왜 여름에 기온이 높고 겨울에는 기온이 낮나요?

교사 지금부터 손바닥의 위치가 아니라 각도를 다르게 하여 실험을 다시 해 보겠습니다. 열전구와 손바닥과의 거리를 동일하게 하고 각도를 서서히 다르게 하여 손바닥에 느껴지는 열에 차이가 있는지 살펴보겠습니다.

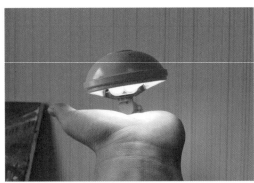

태양과 지구표면의 각도(남중고도)에 따라 온도에 영향을 크게 미친다는 사실을 직관적으로 파악하게 한다. 그 후 교사와의 토론을 통해 내용을 정리한다.

교사 여러분, 손바닥의 따뜻함에 차이를 느낄 수 있나요?

학생 차이를 느낄 수 있습니다.

교사 어디가 더 따뜻한가요?

학생 손바닥을 기울이지 않았을 때 더 따뜻합니다.

교사 여러분, 계절에 따라 기온 변화가 생기는 이유는 무엇일까요?

학생 태양과 지구표면과의 각도가 변하기 때문에 생깁니다.

교사 [설명] 계절에 따라 기온이 달라지는 까닭은 태양의 남중고도 변화에 따른 단위 면적당 에너지양의 차이 때문입니다.

교과	과학	학습 주제	계절에 따라 기온이 달라지는 까닭 알아보기
학습 목표	계절에 따라 기온이 달라지는 까닭을 알 수 있다.		

단계	학습 내용 (학습 집단)	교수·학습 활동	PCK 전략			자료(★) 및 유의점(※)
			배움 주춤	배움 전략	배움 원리	
배움 열기	동기 유발 학습 목표 확인	• 학습 동기 유발하기 –계절에 따른 옷차림 살펴보기 –우리 반 계절별 야외 활동 사진 비교하기 • 공부할 문제 확인하기 –계절에 따라 기온이 달라지는 까닭을 알아봅시다.	선개념	설명 매체	추론 관찰	★그림자료(계절별로 옷차림이 다른 사진)
배움 활동	계절별 기온이 달라지는 까닭 생각하기(전체)	• 계절별 기온이 달라지는 까닭 알아보기 –계절별 기온이 달라지는 까닭을 자유롭게 생각하기 –조사한 내용 발표하기		조사 탐구	관찰	※인터넷을 활용하여 조사한다. ※다양한 방법을 활용하여 조사한 내용을 발표하도록 한다.
	거리에 따른 기온 변화 살펴보기 (모둠)	• 거리에 따른 기온 변화 살펴보기 –실험 결과 예상하기 –실험하기 –실험 결과 발표하기	오개념	설명 유추 발표	관찰	★실험자료(전등) ※실험을 통해 결과를 직관적으로 느낄 수 있도록 한다.
	태양 고도에 따른 기온 측정하기 (모둠)	• 태양의 고도에 따른 기온 측정하기 –실험 결과 예상하기 –실험하기 –실험 결과 발표하기	오개념	설명 유추 발표	연결 추론	★실험자료(전등) ※실험을 통해 결과를 직관적으로 느낄 수 있도록 한다.
	계절별 기온이 달라지는 까닭 정리하기 (개별)	• 계절별 기온이 달라지는 까닭에 대해 정리하기 –계절별 기온이 달라지는 까닭 발표하기		조사 탐구	격려 수용	※다양한 방법을 활용하여 조사한 내용을 발표하도록 한다.
배움 정리	정리하기 (전체) 차시예고	• 오늘 학습하면서 알게 된 것 이야기하기 –계절별 기온이 달라지는 까닭에 대해 알게 됨 –태양과 지구와의 거리는 계절별 기온 변화와 관련이 적다는 사실을 알게 됨 • 다음 시간에 단원 정리해 보기		메모		자기 평가 ※실험 관찰에 내용을 정리한다.

물질은 연소 후에 모두 사라지나요?

학습 주제

물질이 연소할 때 새로운 물질이 생긴다는 것 설명하기

성취 기준

연소 생성물을 확인하는 실험을 통해 연소 생성물의 종류를 말할 수 있다.

오개념

물질은 연소 후에 사라진다.

난개념

양초는 기체상태로 연소한다.

6학년 2학기

지도 요소

상황 진단

물질은 연소 후에 모두 사라지나요?

교수 처방 1

교수 처방 2

오개념 처방

• 연소 후에 물질은 다른 형태로 변한다는 것을 안내된 실험으로 확인하기

• 가설을 세우고 실험을 통해 결과를 확인해 봄으로써 오개념 수정하기

난개념 처방

• 양초의 구성 물질을 분리하여 연소해 보고 양초의 연소와 대조하여 그 특징 이해하기

• 다양한 양초 연소 실험을 통해 양초의 특성 스스로 탐구하기

- ○ 관련 단원　6학년 2학기　4. 연소와 소화 물질이 탈 때 생기는 것은 무엇일까요?(6/11차시)
- ○ 학습 주제　물질이 연소할 때 새로운 물질이 생긴다는 것 설명하기
- ○ 성취 기준　핵 과6153. 연소 생성물을 확인하는 실험을 통해 연소 생성물의 종류를 말할 수 있다.
- ○ 학습 목표　고물질이 연소할 때에 물과 이산화탄소가 생긴다는 것을 설명할 수 있다.

 상황 진단

오개념	물질은 연소 후에 사라진다.
문제 상황 진단	학생들은 생활 속의 경험을 통하여 '불'의 개념을 추상화하여 이해하고 있다. 이번 차시에서는 막연하게 알고 있는 '불'의 개념에서 나아가 '연소'의 개념을 학습하게 된다. 하지만 학생들은 연소가 화학반응으로 인한 현상임을 이해하지 못하고 눈에 보이는 현상을 바탕으로 연소의 특성을 이해하기도 한다. 이로 인해 물질은 연소 후에 사라진다는 오개념이 형성된다. 따라서 '연소'에 대한 실험을 통해 이해하는 과정이 필요하다.
난개념	양초는 기체상태로 연소한다.
문제 상황 진단	초등학교에서 과학적 원리와 개념은 대부분 오감을 활용한 관찰, 탐구를 통해 습득한다. 그런데 몇몇 학습내용은 오감으로 탐구하기에는 한계가 있어 도구를 통한 세밀한 관찰을 수행한다. 양초의 연소 역시 양초가 어떤 과정으로 연소되는지 그 과정을 오감만을 활용하여 관찰하기에는 한계가 있다. 그래서 학생들은 눈에 보이는 현상대로 고체상태의 심지가 연소하는 것으로 이해하기도 한다. 따라서 학생들이 양초의 연소과정을 이해할 수 있는 구조화된 실험을 통한 탐구활동이 필요하다.

관련 개념

양초의 역사

어둠을 환하게 밝히는 양초. 양초의 기원은 정확하지 않지만 옛날부터 알려져 있었던 것으로 보인다. 최초의 양초는 지방에 불을 붙이는 형태였다. 차츰 지방에 나뭇잎을 넣는 형태로 진화하여 지금과 같이 심지를 갖춘 형태로 발전하였다. 이집트, 그리스, 중국 등지의 고대 유적에서 촛대가 발견된 것을 바탕으로 기원전 3세기경부터 현재와 비슷한 심지가 있는 형태의 양초를 사용한 것으로 추정한다. 현대의 양초는 파라핀이 상업적으로 통용되면서부터 대량생산되어 보급되었다.

다양하게 활용되는 양초

양초 연소의 원리

양초의 심지에 불을 붙이면 불꽃 주위의 양초가 녹아 액체 형태가 되고, 모세관 현상으로 심지를 통해 이동하게 된다. 심지를 타고 이동한 파라핀은 심지의 끝에서 불의 열을 만나 기체상태로 변화하여 연소하게 된다.

 교수 처방

교수 처방 1 오개념 **물질은 연소 후에 사라진다.**

'불'은 우리 생활에서 쉽게 접할 수 있는 과학 현상이다. 알코올램프를 활용한 실험에서 불을 이용하는 실험 때문에 흥분한 학생들끼리 서로 불을 켜고, 끄겠다고 하는 모습을 쉽게 볼 수 있다.

이렇게 이미 경험이 있고 좋아하는 불이더라도 잘 모르기 때문에 학생들은 연소가 이루어진 후에 물질이 사라진다고 인식하는 경우가 많다. 이는 연소의 과정을 탐구하는 방법의 어려움에서 기인한 것으로 학생들의 오개념을 수정할 수 있는 안내된 실험이 필요하다.

'연소'는 생활에서 쉽게 볼 수 있는 과학현상이어서 많은 학생들이 관심을 가지고 있다. 하지만 학생들은 연소로 인해 발생하는 현상에 대해 대략적으로 설명할 수 있지만 그 원리와 과정을 명확하게 설명하지 못한다.

이에 학생들이 경험을 통해 습득한 '불'의 현상을 '연소'의 개념과 연결하는 학습 과정이 필요하다. 더불어 연소가 어떤 원리에 의해서 일어나고, 어떤 과정을 통해 발생하는지에 대한 이해가 이루어져야 한다. 이때, 보다 쉬운 이해를 위해 실험을 통한 탐구활동이 수반되어야 하는데, 연소의 과정을 관찰을 통해 학습하는 데 어려움이 있다.

따라서 교사는 연소의 원리와 과정을 파악할 수 있는 안내된 실험을 설계, 제시하여 관점에 의한 탐구활동을 통해 원리를 발견할 수 있도록 안내자의 역할을 수행해야 한다.

아래 수업 대화는 학생들이 안내된 실험을 통해 연소 후의 생성물을 탐구하는 과정이다.

교사 오늘은 연소와 관련된 실험을 해 보겠습니다.

[과제] 양초는 연소 후에 어떻게 될까요?

학생 모두 사라집니다.

교사 왜 물질이 사라진다고 생각했나요?

학생 양초가 줄어들기 때문입니다. / 촛불 위로 그을음 같은 것들이 생겨 올라가 사라졌기 때문입니다.

교사 그럼, 사라진 것들은 어디로 갔을까요? 정말 없어졌을까요? 아니면 혹시 눈에 보이지 않게 변한 것은 아닐까요?

학생 눈에 보이지 않게 되었을 것 같습니다.

교사 실험을 통해 연소 후에 물질들은 어떻게 되는지 살펴보도록 하겠습니다.

교사 [실험 1] 불을 붙인 양초와 붙이지 않은 양초를 놓고 무게 변화를 관찰해 봅시다. 어떤 변화가 발생했습니까?

학생 불을 붙인 양초의 무게는 줄어들었지만 붙이지 않은 양초의 무게는 변하지 않았습니다.

<table>
<tr>
<td align="center">

실험 1

일반 양초와 연소하는 양초의 무게 변화 관찰 실험

</td>
<td align="center">

실험 2

밀폐된 공간에서의 양초의 무게 변화 관찰 실험

</td>
</tr>
<tr>
<td>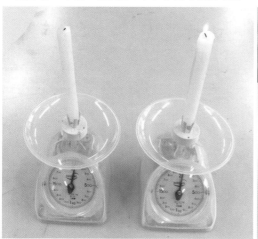</td>
<td>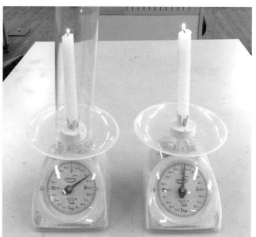</td>
</tr>
<tr>
<td>

- **실험 방법:** 하나의 양초는 불을 붙이지 않고, 다른 하나의 양초에 불을 붙여 크기와 무게 변화를 관찰한다.
- **실험 결과:** 불을 붙인 양초의 무게는 줄어들지만, 붙이지 않은 양초의 무게는 그대로이다.

</td>
<td>

- **실험 방법:** 양초를 물을 채운 비커 위에 놓고 큰 통을 씌워 변화를 관찰한다.
- **실험 결과:** 양초가 연소하는 동안 무게는 동일하게 유지되었다.

</td>
</tr>
</table>

교사　이 실험을 통해 무엇을 알 수 있었습니까?

학생　연소한 물질이 사라졌다는 것을 알 수 있었습니다.

교사　[과제] 그럼, 연소한 물질이 사라진 것이 아닐 수 있다는 것을 증명할 수 있는 실험을 해 봅시다. 어떻게 실험을 구성할 수 있을까요?

학생　[발표] 불을 붙인 양초 주위를 아무것도 통과할 수 없게 합니다.

교사　[칭찬] 좋습니다. 이번에는 불을 붙인 양초에 뚜껑을 씌운 후 무게 변화를 관찰해 봅시다. 실험을 할 때 주의해야 할 점에는 무엇이 있을까요?

학생　비커와 저울의 접시면 사이의 틈으로 공기가 이동할 수 있습니다.

교사　어떤 방법으로 해결할 수 있을까요?

학생　뚜껑 아래 물을 부어 공기가 통하지 않도록 하면 될 것 같습니다.

교사　네. 어떤 변화가 일어나는지 관찰해 봅시다.

학생　[실험 2] 실험을 한다.

학생　[탐구] 시간이 지나자 불이 꺼졌습니다.

교사　무게는 어떻게 되었습니까?

학생 무게는 변하지 않았습니다.

교사 이 실험을 통해서 무엇을 알 수 있었습니까?

학생 [발표] 연소 후에 양초가 눈에 보이지 않는 물질로 변했다는 것을 알 수 있었습니다.

연소하는 양초를 석회수를 채운 집기병에 넣고 그 위를 유리판으로 막는다. 석회수의 색은 뿌옇게 변하고 유리판에 액체가 맺힌다. 푸른색 염화코발트 종이를 통하여 유리판에 맺힌 액체가 물임을 확인한다.

교사 [과제] 위와 같은 실험을 통해 연소 후에 어떤 물질이 생겼는지 확인해 보도록 하겠습니다. 먼저 집기병에 석회수를 담고 연소하는 양초를 넣습니다. 그리고 집기병 위에 유리판을 대 봅니다. 실험을 마친 후에 유리판에 맺힌 액체에 푸른색 염화코발트 종이를 대 봅시다. 어떤 변화가 생겼습니까?

학생 색깔이 붉게 변했습니다.

교사 [단서] 이것을 통해 무엇을 알 수 있습니까?

학생 [발표] 푸른색 염화코발트 종이는 물을 만나면 색이 붉게 변하므로, 물이 생겼다는 사실을 알 수 있습니다.

교사 [단서] 이번에는 석회수가 들어 있던 집기병을 흔들어 봅시다. 색이 뿌옇게 변하는 것을 확인할 수 있습니다. 이를 통해 무엇을 알 수 있습니까?

학생 [발표] 이산화탄소가 생겼다는 것을 알 수 있습니다.

교사 [칭찬] 잘했습니다. [설명] 이번 실험을 통해 물질이 연소하면 연소한 물질(초)이 없어지는 것이 아니라 눈에 보이지 않는 다른 물질(물, 이산화탄소)로 변화한다는 것을 알 수 있었습니다.

교수 처방 2 | 난개념 | 양초는 기체상태로 연소한다.

양초는 일상생활에서 쉽게 볼 수 있고 과학 실험을 할 때에도 보편적으로 쓰이는 실험 도구이다. 학생들은 경험을 통해 양초가 고체상태로 존재하고 열을 가하면 액체로 변한다는 사실을 알고 있다. 하지만 양초가 어떤 원리로 연소하는지 명확하게 알지 못한다. 몇몇의 학생들은 양초의 연소가 심지 또는 고체상태의 양초에서 일어난다고 생각한다. 어떻게 하면 양초의 연소과정을 학생들이 쉽게 이해할 수 있을까?

🧑 생각해 보기

학생들은 일상생활에서 양초를 쉽게 접한다. 또한 연소와 관련된 실험은 학생들이 매우 흥미를 가지는 활동이다. 하지만 이는 학습의 현장에서 적용하기에 여간 까다로운 학습내용이 아니다. 연소의 과정은 눈으로 관찰하기 어렵고, 학생들은 연소의 과정과 결과를 탐구할 수 있는 실험을 스스로 설계하는 데 어려움이 있다. 이에 교사는 실험을 통해 학습내용을 안내하고 이를 바탕으로 학생들이 탐구활동을 할 수 있도록 해야 한다.

학생 스스로 조건을 달리하여 다양한 형태의 양초를 만들어 보는 것 또한 탐구과정이 될 수 있다.

아래 수업 대화는 양초가 기체상태로 연소함을 탐구하는 과정이다.

교사 물질이 연소하기 위해 필요한 세 가지는 무엇입니까?

학생 [발표] 탈 것과 산소, 발화점 이상의 온도가 있어야 합니다.

교사 양초를 연소시켜 보도록 하겠습니다. 양초에서 탈 것은 무엇입니까?

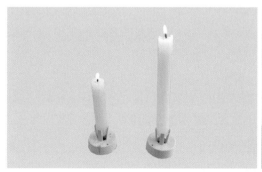

양초가 연소하는 과정을 관찰한다.

양초에 바람을 불어 소화되는 과정을 살펴본다.

학생 심지입니다.

교사 심지만 분리하여 태워 보도록 하겠습니다. 어떻게 되나요?

학생 금방 타 버립니다.

교사 그렇습니다. 심지만 태워 보면 금방 연소해 버린다는 사실을 알 수 있었습니다. 그럼, 심지 말고도 탈 것이 있을 것입니다. 무엇일까요?

학생 심지를 둘러싸고 있는 하얀 물질입니다.

교사 그러면 양초의 옆면을 가열해 보도록 하겠습니다. 연소가 잘 이루어집니까?

학생 연소가 잘 이루어지지 않습니다.

교사 왜 그럴까요?

학생 심지를 둘러싼 것은 탈 것이 아닌 것 같습니다.

교사 [과제] 그러면 양초의 탈 것은 무엇일까요? 실험을 통해 알아보도록 하겠습니다. 먼저 켜져 있는 양초를 바람을 불어 꺼 봅시다. 잘 꺼집니까?

학생 [탐구] 바람을 세게 불었을 때 꺼졌습니다.

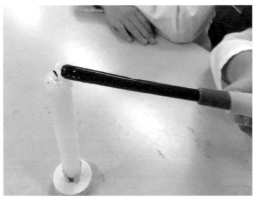

점화기를 심지에 점점 가까이 하여 불을 붙인다. 심지에 닿지 않았는데도 양초에 점화가 이루어진다는 것을 관찰할 수 있다.

양초의 심지부분에 유리관을 대고 유리관 반대쪽 끝에 불을 붙이면 연소가 일어난다.

교사 이번에는 다시 양초에 불을 붙여 보도록 하겠습니다. 다만 심지에 바로 불을 붙이는 것이 아니라 멀리서부터 심지 쪽으로 점점 가까이 와 보도록 하겠습니다.

학생 심지에 불이 닿지 않았지만 연소되기 시작했습니다.

교사 [과제] 왜 이런 현상이 발생할까요?

학생 [발표] 탈 것이 발화점 이상의 온도가 되었기 때문입니다.

교사 [단서] 맞습니다. 그럼, 탈 것은 무엇일까요? 이전 실험에서 확인했듯이 심지 말고도 다른 탈 것이 있을 것입니다.

학생 눈에 보이지 않는 것이 심지 주위에 있는 것 같습니다.

교사 그렇습니다. 눈에 보이지 않는 기체가 심지 주위에 있습니다. 다음 실험을 통해 이를 알아보겠습니다. 유리관의 한쪽 끝을 연소하는 양초의 불꽃에 가까이 대고 유리관의 반대쪽 끝에 점화시켜 보겠습니다. 어떻게 되었습니까?

학생 점화시킨 유리관의 끝에서 연소가 시작되었습니다.

교사 왜 그럴까요?

학생 탈 것이 유리관 끝을 통해 이동했기 때문입니다.

교사 [과제] 그럼, 탈 것은 무엇일까요?

학생 [탐구] 유리관을 타고 나오는 기체입니다.

교사 맞습니다. [설명] 양초는 고체상태의 파라핀이 높은 온도에서 기체가 되어 탈 것이 됩니다. 그리고 이 기체가 된 파라핀이 심지를 타고 밖으로 나와 연소가 이루어지는 것입니다. 양초의 탈 것은 어떤 상태의 물질입니까?

학생 [연결] 기체상태입니다.

교사 그렇습니다. [설명] 이 실험을 통해 양초의 탈 것은 기체상태로 연소한다는 것을 알 수 있었습니다.

6
학년
2
학기

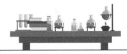

수업 개요

교과	과학			학습 주제	물질이 연소할 때에 새로운 물질이 생긴다는 것 설명하기
학습 목표	물질이 연소할 때에 새로운 물질이 생긴다는 것을 설명할 수 있다.				

단계	학습 내용 (학습 집단)	교수·학습 활동	PCK 전략			자료(★) 및 유의점(※)
			배움 주춤	배움 전략	배움 원리	
배움 열기	전시 학습 상기(전체) 동기 유발 학습 목표 확인	• 전시 학습 상기하기 −연소할 때 나타나는 현상 확인하기 −연소에 필요한 조건 확인하기 • 학습 동기 유발하기 −정월대보름 행사 사진 제시하기 • 공부할 문제 확인하기 −물질이 연소할 때에 새로운 물질이 생긴다는 것을 설명해 봅시다.	선개념	그림 설명 매체	연결 관찰 연결	★영상자료 (연소 영상) ★그림자료 (정월대보름 행사 사진)
준비 단계	연소의 특징 관찰하기 (모둠)	• 연소의 특징 관찰하기 −연소 관찰하기 −연소할 때의 물질의 변화 관찰하기 −탐구한 내용 서로 나누기		탐구	관찰	※안전사고에 유의한다. 동료 평가
이해 단계	연소 후에 생성되는 물질 탐구하기 (모둠)	• 연소 후에 생성되는 물질 탐구하기 −폐쇄된 공간에서 물질의 연소 후의 무게 비교하기 −물질이 연소한 후에 생기는 물질을 관찰할 수 있는 방법 생각해 보기 −연소 후에 물이 생기는 것 확인하기 −연소 후에 이산화탄소가 생기는 것 확인하기 −연소 후에 물질은 사라지는 것이 아니라 새로운 물질로 변환된다는 것 설명하기	오개념 신개념	탐구 발표 탐구 설명	관찰 연결 관찰	★교사는 실험을 안내하지만 실제 학생 스스로 탐구를 통해 학습할 수 있도록 한다. ※탐구자료(염화 코발트 종이) 교사 평가
적용 단계	양초 연소의 특징 탐구하기 (모둠)	• 양초 연소의 특징 탐구하기 −양초를 분해하여 심지만 연소시키고 특징 탐구하기 −양초를 분해하여 파라핀만 연소시키고 특징 탐구하기 −안내된 실험을 통해 양초가 기체가 되어 연소되는 것 탐구하기	신개념 난개념	탐구 대조 발표 설명	관찰	
배움 정리	정리하기 (전체) 차시예고	• 오늘 학습한 내용에 대해 알아보기 −연소할 때 생기는 물질 정리하기 −양초 연소의 특징 정리하기 −학습을 하며 느낀 점 발표하기 • 차시 예고하기 −불을 끄려면 어떻게 해야 할지 알아보기		메모		자기 평가

참고 문헌

김경자, 온정덕(2014), 이해중심교육과정, 교육아카데미.

강기원(2003). "수업 딜레마에 관한 해석학적 사례 연구"-초등 사회과를 중심으로-, 서울대 학교 대학원 박사학위논문.

강기원(2004). "초등 사회과 교실 수업 이해", 『열린교육』, 제12권 2호, 한국열린교육학회, pp.57~58.

강기원(2006). "수업연구 발표대회에 관한 질적 사례 연구", 『사회과 교육』, 제45권 3호, p.242.

강인애(1997). 왜 구성주의인가?: 정보화시대와 학습자 중심의 교육환경. 문음사.

강인애(2007) 구성주의와 교과교육과정-사회과-.

경상남도교육청(2012). 과학과 PCK 중심 수업설계. 경남교육 2012-035.

교육부, 과학과 교사용 지도서 3학년(2016.2).

교육부, 과학과 교사용 지도서 4학년(2016.2).

교육부, 과학과 교사용 지도서 5학년(2016.2).

교육부, 과학과 교사용 지도서 6학년(2016.2).

곽영순(2007). 교육과정 개정에 따른 과학과 내용 교수 지식(PCK) 연구, 한국교육과정평가원 연구보고 RRI-2007-3-3, 한국교육과정평가원.

곽영순(2008). "과학과 교과교육학 지식 유형별 교사 전문성 신장 특징 연구", 『한국과학교육 학회지』, 제28권 6호, pp.592~602.

곽영순 · 강호선(2005). 교사평가 수업평가, 도서출판 원미사.

권낙원 역(2001). 교수 방법. 원미사.

김덕희(2006). 학교단위 수업장학 평가 도구 개발, 경북대학교대학원 박사학위논문.

문공주(2009). 교학교사 교수내용지식(PCK)의 구조와 형성 과정 탐색: 근거 이론에 의한 접근, 이화여자대학교 대학원 박사학위 청구 논문.

민현식(2001). "교수 화법론",『국어 화법과 담화 전략』, 한국화법학회.

박남수(2004). "수업관찰 및 분석방법". 대구대학교 강의자료.

박병태 · 최현동 · 김용근 · 노영민 · 박상민.『교사를 위한 초등학교 과학수업 따라하기』. 이담 북스, 2012.

박성혜(2003). "교사들의 과학 교과교육학 지식과 예측 변인",『한국과학교육학회지』, 제23권 6호, 671~683.

박일수(2012), 백워드 설계 모형을 적용한 단원개발에 대한 예비교사의 경험 기술 연구, 공주 교육대학교.

박태호(1996). 사회구성주의 패러다임에 따른 작문 교육 이론 연구, 한국교원대학교 대학원 석사학위 논문.

박태호(2004). "좋은 국어 수업을 위한 수업 대화 전략과 수준",『어문교육연구』, 제13집, 한국 교원대학교 어문교육연구소.

박태호(2009). 초등 국어 수업 관찰과 분석, 정인 출판사.

박태호(2011). "국어 수업에 나타난 PCK 교수 변환 사례",『학습자중심교과교육연구』, 제11권 4호, pp.103~121.

박태호(2013). 학생 배움 중심의 PCK 수업 컨설팅. 학생배움중심수업코칭전문가직무연수 자료.

백조현 · 박수홍 · 강문숙(2010). 스토리텔링기반 수학과 수업설계전략 모형개발: 확률과 통계 를 중심으로,『교육혁신연구』, 제20권 1호, pp.113~141.

변홍규(1996). 질문제시의 기법, 교육과학사.

서근원(2004). 산들초등학교의 교육공동체 형성에 관한 교육인류학적 접근, 서울대학교 대학 원 박사학위 논문.

서근원(2007). 수업을 왜 하지, 우리교육.

서근원(2011). "아이의 눈으로 수업보기-교육적 실천으로서의 교육인류학의 수업 이해", 교 원능력개발 현장지원 맞춤형 연수, 전라북도교육청.

설양환 · 박태호 외 역(2005). 효과적인 수업 관찰 기법, 아카데미프레스.

양윤정(2007). 교육과정 개정에 따른 미술과 내용 교수 지식 연구(PCK), 연구보고 RRI- 2007-3-6, 한국교육과정평가원.

이경은(2007). 수업 실제에 나타나는 교사의 Pedagogical Content Knowledge에 관한 사례 연 구: 중학교 도형의 성질을 중심으로, 서울대학교 대학원 석사학위 논문.

이경화(1996). "교수학적 변환론의 이해",『대한수학교육학회 논문집』, 제6권 1호. 대한수학교 육학회, pp.203~212.

이병석 역(1999). 교수 원리와 실제. 서울: 원미사.

이연숙(2006). 교수학적 내용지식(PCK) 및 그 표상(PCKr)의 개념적 정의와 분석 도구 개발: 예비 과학 교사의 '힘과 에너지' 수업 사례를 중심으로, 서울대학교 대학원 교육학 석사학위 논문.

이용숙 · 조영태(1987). 국민학교 수업방법, 배영사.

이주섭 외(2002). "학교 교육 내실화 방안 연구(Ⅱ) 국어과 교육 내실화 방안-좋은 수업 사례에 대한 질적 연구-", 한국교육과정평가원.

이혜순(2006). 상징적 상호작용을 통한 수업문화 연구, 경인교육대학교 교육대학원 석사학위 논문.

이흔정(2009). "교사지식의 교수학적 변환 연구", 『교육의 이론과 실천』, vol. 14. no.1. pp.145~166.

의정부과학교사모임. 『과학선생님도 궁금한 101가지 과학질문사전』, 북멘토, 2011.

임성규(2008). "좋은 문학 수업의 기준과 요건-문화 현상으로로서의 초등학교 문학 수업", 『한국초등국어교육학회』. vol. 36, pp.389~418.

임찬빈 외(2004). 수업 평가 기준, 한국교육과정평가원, pp.64~65.

장은아(1999). 수업 중 교사 · 학생의 대화 전략, 한양대학교 교육학 석사학위 논문.

장효순(2009). CORE 개발 과정을 통한 과학 교사의 PCK 변화에 관한 사례 연구, 한국교원대학교 대학원 석사학위 논문.

전영석 · 이현정 · 이수아 · 임미량 · 황현정. 『오개념탈출 프로젝트 과학2』, 아울북, 2009.

정유정(2010). CORE를 활용한 교육실습 수업지도 과정의 의미 탐색, 한국교원대학교 대학원 석사학위 논문.

정유경 · 송향란. 『과학왕이 꼭 알아야 할 알쏭달쏭 엉뚱한 과학』, 한국헤르만헤세, 2014.

정지숙 외 2인. 『초등과학 개념사전』, 아울북, 2010.

정지숙 · 신애경 · 황신영. 『교과서가 훤히 들여다보이는 초등과학 개념사전』, 아울북, 2008.

정정훈 · 김영천(2005). "초등학교 초임교사의 전문성 발달과 딜레마에 관한 사례 연구", 『열린교육연구』, 제13권 2호, pp.71~100.

주은희(2014), 맞춤형 수업이 학습자의 이해와 학습 태도에 미치는 영향.

조벽(2001). 조벽 교수의 명강의 노하오 & 노와이, 해냄.

초등학교 교육과정(2016), 교육부.

최현섭 · 박태호 · 이정숙(2000). 구성주의 작문 교수 · 학습론, 박이정.

한광래 · 최도성 · 전경문 · 김혜경 · 문병찬 · 김영균. 『초등교사를 위한 자연과학』, 형설출판사, 2016.

한희정(2010). 교육과정의 설계와 실행에 구성된 PCK 분석: 초등 영어 교사 사례를 중심으로, 한국교원대학교 대학원 박사학위 논문.

Abell, S.K.(2007). Research on science teacher knowledge. In S.K. Abell and N.G. Lederman (Eds.), *Handbook of Research on Science Education*. Mahwah, NJ: Lawrence Erlbaum Associates, Publishers.

Andrews, D., Hull, T. E., & DeMeester, K. (2010). *Storytelling as an instructional method: research perspectives*. 정옥년, 김동식 역(2013). 스토리텔링 수업 연구. 강현출판사.

Ball, D., L.(1988). Knowledge and reasoning in mathematical pedagogy : examining what prospective teachers bring to teacher education. Unpublished doctoral dissertation, Michigan State, Michigan State University.

Borich, G., D.(2003). Observation skills for effective teaching, Pearson Education.

Brophy, J., & Good, T.(1986). Teacher behavior and student achievement. in M. C. Wittrock(ed.), *Handbook of research on teaching* (3rd ed), New York: Macmillian, pp.328-375.

Chen,W., & Ennis, C. D.(1995). Content knowledge transformation: An examination of the relationship between content knowledge and curricular. *Journal of Teaching & Teacher Education*, *11*, pp.389-401.

Chevallard, Y.(1985). La Transposition Didactique, Grenoble: La Pensee Sauvage.

Clark, H, H., & Schaefer, E. F.(1989). Contributing to discourse. cognitive science, 13, 259-254.

Cochran, K., De, Ruiter., J., & King, R.(1993). Pedagogical content knowing-an integrative model for teacher preparation. *Journal of Teacher Education*, 44(4), 263-272.

Danielson, C., Axtell, D., Bevan, P., Cleland, B., Mckay, C., Phillips, E., Wright, K.(2009). Implementing The Framework for Teaching in Enhancing Professional Practice an ASCD Action Tool, ASCD.

Delaney, K., D.(1997). Understanding social studies for teaching: A sociocultural approach to teacher-interns' learning pedagogical social studies knowledge. Unpublished doctoral dissertation. University of North Carolina.

Duffy, G., Roehler, L., & Herrman, B.(1988). Modeling mental process helps poor readers become strategic readers. The Reading Teacher, 41(8), pp.762-767.

Egan, K.(1990). Educational Development, New York: Oxford University Press.

Fisher., D., & Frey., N.(2008). Better Learning through structured teaching, ASCD.

Florio-Ruane, S., & Lensmire, Timothy, J.(1989). Transforming Future Teachers' Ideas about Writing Instruction P. 28, ERIC Number: ED309440

Gallimore, R., & Tharp, R.(1992). "Teaching Mind in society : Teaching, schooling, and literate discourse" In Moll, L. C(ed), *Vygotsky and education : the instructional implication and applications of sociohistorical psychology*, NY : Cambridge University.

Gess-Newsome, J.(1999). Pedagogical content knowledge: An introduction and orientation. In J. Gess-Newsome and N. G. Lederman (Eds.), *Examining pedagogical content knowledge*. Boston: Kluwer Academic Publisher.

Graeser, A. C., Pearson , N. K., & Magliano, J.P.(1995). Collaborative dialogue patterns in naturalistic one to one tutoring, Applied Cognitive Psychology, 9, pp.359-387.

Grossman, P.(1990). *The Making of a Teacher: Teacher Knowledge and Teacher Education*. New York: Teachers College Press.

Hume, G. D., Evens, M. W., Rovick, A, & Michael, J. A.(1996). Hinting as a tactic in one-on-one, The Journal of Learning Science, 5, pp.23-47.

INTASC(2008). *Interstate New Teacher Assessment and Support Consortium*, ⟨online⟩, *available*, http://www.ccsso.org/intascst.

Lee, E.(2007). Literature review: Pedagogical content knowledge as specialized knowledge for teaching. *Journal of the Korea Association for Research in cience Education*, 27(8), 699-710.

Lee, E., & Luft, J.(2008). Experienced secondary science teachers' representation of pedagogical content knowledge. *International Journal of Science Education*, 30(10), 1343-1363.

Magnusson, S., Krajcik, J., and Borko, H. (1999). Nature,sources,and development of pedagogical content knowledge for science teaching. In J. Gess-Newsome and N. G. Lederman (Eds.), *Examining pedagogical content knowledge*, Boston: Kluwer Academic Publishers.

Marks, R.(1990). Pedagogical content knowledge: From a mathematical case to a modified conception. *Journal of Teacher Education*, 41, 3-11.

McArthur, D., Stasz, C., & Zmuidzinas, M.(1990). Tutoring techniques in algebra, cognition and instruction, 7, pp.197-244.

National Board for Professional Teaching Standards.(2001). Five Core proposition, [online], available: http://www.nbpts.org.

NCATE(1998). *Program standards for elementary teacher preparation(review and comment edition)*, Washington DC : Author.

Park Soonhye(2007). "Teacher efficacy as an affective affiliate of pedagogical content knowledge" 한국과학교육학회지, 제27권 8호, pp.743-754.

Park(2005). A study of PCK of science teachers for gifted secondary students going through the National Boards certification process. unpublished doctoral disseration, University of Georgia, Athens.

Park, S., and Oliver, S.(2008). Revisiting the conceptualization of pedagogical content Knowledge(PCK) : PCK as a conceptual tool to understand teachers as Professionals. *Research in Science Education*, 38(3), pp.261-284.

Roehler, L., & Duffy, G.(1991). Teacher's instructional action. In R. Barr, M Kamil, P. Mosenthal, & P.D.

Rosenshine, B., & Stevens, R.(1986). *Teaching functions*, in M. C. Wittrock(ed.), Handbook of research on teaching(3rd ed), New York: Macmillan, pp.376-391.

Rowe, M., B.(1974). Wait-time and rewards as instructional variables, their influence in language, logic and fate control. Part 1: wait time. J. Res. Sci. Teaching 11, pp.1-94.

Shulman, L., S.(1986). Those who understand: Knowledge Groth in Teaching, Educatonal Researcher, Vol, 15, No. 2, pp. 4-14.

Shulman, L., S.(1987). Knowledge and teaching: Foundations of the new reform. Harvard Educational Review, 57(1), 1-22.

Shulman, L., S.(2004). The wisdom of practice: essay on teaching, learning, learning to teach, Jossey-Bass A Wiley.

William, R., Veal., & James, G., MaKinster. (1999). "Pedagogical content knowledge taxonomies". *Electronic Journal of Science Education*, 3(4). Retrieved February, 26, 2003.

Wilson, S., M.(1988). Understanding historical understanding : Subject matter knowledge and the teaching of U.S. history. Unpublished doctoral dissertation. Stanford University.

Zemelman, S, Daniels, H., & Hyde A.(1998). *Best practice new standard for teaching and learning in America's school(2nd edition)*, NH : Reed Elsevier, Inc.

저자 약력

박태호 한국교원대학교 대학원 박사
한국교육과정평가원 연구원
유타주립대학교 방문 교수
현) 공주교육대학교 교수

김규섭 2007 공주교육대학교 초등교육(교육학)학 학사
전국교육자료전 과학과(2012), 창체(2015, 2016) 1등급(푸른기장)
수업실천사례연구대회 과학과 1등급(2012), 3등급(2013~2015)
교육부 · 한국과학창의재단 STEAM교사연구회장(2012~2013), 자문위원(2016)
충남교육청 과학과 1급 정교사 자격연수 강사
충남교육청 소프트웨어ICT교과교육연구회 및 명품수업연구회 총무
현) 의당초등학교 교사(교육부 파견)

김경애 2005 공주교육대학교 교육대학원 초등교육상담 석사
충남교육청 수업탐구 교사공동체(수업코칭) 회장
한국큐앤이학습연구회충남지회장(2017)
현) 신관초등학교 수석교사

김현옥 2006 공주대학교 교육대학원 특수교육학 석사
충남과학발명품 특성화 연구대회 2등급(2005), 과학정보연구대회 1등급(2006)
충남교육청 직무연수(협동수업, 학급경영) 강사
충남교육청 수업탐구 교사공동체(자기주도학습) 회장
현) 공주신월초등학교 수석교사

김주현 2003 공주교육대학교 교육대학원 초등체육학 석사
전국발명품대회 1등급(2005), 과학과 수업연구대회 1등급(2007, 2008)
2010 충청남도교육청 수업명인
2015 개정교육과정 통합교과 및 안전한생활 연구(2014~2016.교육부)
현) 충청남도교육청 공주교육지원청 장학사(교육부 파견)

김수진 2013 한국교원대학교 교육대학원 교육행정학 석사
현) 공주교육대학교부설초등학교 교사

김태우 2012 공주교육대학교 초등교육(과학교육)학 학사
현) 상서초등학교 교사

노영수   2012 공주교육대학교 교육대학원 윤리교육학 석사
　　　　　현) 반포초등학교 교사

류성창   2017 공주교육대학교 교육대학원 교육행정학 석사
　　　　　한국과학창의재단주관 STEAM교사연구회 총무(2016)
　　　　　수업연구대회 과학과 2등급(2016), 충남교육자료전 과학과 2등급(2016)
　　　　　현) 의당초등학교 교사

소재석   2007 공주교육대학교 초등교육(윤리교육)학 학사
　　　　　현) 덕암초등학교 교사

우성제   2010 공주교육대학교 초등교육(과학교육)학 학사
　　　　　현) 공주신월초등학교 교사

유지은   2015 진주교육대학교 초등교육(음악교육)학 학사
　　　　　현) 의당초등학교 교사

정석준   2008 공주교육대학교 초등교육(수학교육)학 학사
　　　　　현) 신관초등학교 교사

CoRe 질문을
활용한 배움중심

성취기준 중심의 오개념, 난개념 이해학습

발행일 2017년 11월 23일 초판 발행

지은이 박태호, 김규섭, 김경애, 김현옥, 김주현, 김수진, 김태우, 노영수, 류성창, 소재석, 우성제, 유지은, 정석준

발행인 홍진기 | **발행처** 아카데미프레스 | **주소** 413-756 경기도 파주시 문발동 출판정보산업단지 507-9

전화 031-947-7389 | **팩스** 031-947-7698 | **이메일** info@academypress.co.kr

웹사이트 www.academypress.co.kr | **출판등록** 2003. 6. 18 제406-2011-000131호

ISBN 979-11-6136-005-8 93370

값 23,000원